新时代国际传播理论与实践研究丛书

当代中国与世界

对外传播

优秀案例研究

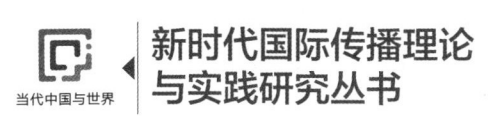

2022

于运全 ◎ 主编

外文出版社
FOREIGN LANGUAGES PRESS

朝華出版社
BLOSSOM PRESS

图书在版编目（CIP）数据

对外传播优秀案例研究.2022 / 于运全主编. -- 北京：朝华出版社，2023.12
（新时代国际传播理论与实践研究丛书）
ISBN 978-7-5054-5287-9

Ⅰ.①对… Ⅱ.①于… Ⅲ.①中外关系—传播学—案例—2022 Ⅳ.①G219.26

中国版本图书馆CIP数据核字（2023）第224789号

对外传播优秀案例研究（2022）

主　　编	于运全
副 主 编	谭　震
策划编辑	黄　蕙
责任编辑	韩丽群　刘小磊
责任印制	陆竞赢　崔　航
装帧设计	杜　帅
排版设计	愚人码字
出版发行	朝华出版社
社　　址	北京市西城区百万庄大街24号　　邮政编码　100037
订购电话	（010）68996522
传　　真	（010）88415258
联系版权	zhbq@cicg.org.cn
网　　址	http://zhcb.cicg.org.cn
印　　刷	天津市光明印务有限公司
经　　销	全国新华书店
开　　本	710mm×1000mm　1/16　　　字　　数　275千字
印　　张	20
版　　次	2023年12月第1版　2023年12月第1次印刷
装　　别	平
书　　号	ISBN 978-7-5054-5287-9
定　　价	78.00元

版权所有　翻印必究·印装有误　负责调换

总　序

深化新时代国际传播理论与实践研究
向世界展示真实立体全面的中国

中国外文局局长　杜占元

国际传播能力是综合国力的重要体现，加强国际传播能力建设是事关大国全球话语权和影响力提升的重大战略任务。党的十八大以来，以习近平同志为核心的党中央高度重视国际传播工作，习近平总书记就加强我国国际传播能力建设发表一系列重要讲话、作出一系列重要论述，将我们党对国际传播工作的规律性认识提升到新的高度。2021年5月31日，中共中央政治局就加强我国国际传播能力建设进行第三十次集体学习，习近平总书记在主持学习时发表重要讲话，进一步明确了新时代国际传播工作的时代使命和目标任务，对全面加强和改进国际传播工作、构建具有鲜明中国特色战略传播体系作出战略部署，并专门强调要加强国际传播的理论研究，掌握国际传播的规律，构建对外话语体系，提高传播艺术，为新时代国际传播工作提供了根本遵循。

当前，受多重因素影响，世界百年未有之大变局加速演进，中国与世界的关系正在发生根本性变化，信息技术革命引发的全球传播格局和舆论生态变革加速推进，我国国际传播工作正处于新的关键时期。一方面，我国国际传播领域面临一系列新的时代议题和具有基础性、战略性、前瞻性的重大问题，需要我们从理论层面持续深化研究，予以科学解答；另一方面，近年来我们围绕增强国际传播能力开展了许多有益探索和实践，需要通过系统总结形成新的规律性认识，以紧跟时代步伐、引领实践创新。同时，国际传播作为具有很强实践性的专业学科，需要进一步增强理论与实践相结合的应用研究，汇聚各方面的新观点、新思维，在国际传播理论研究上取得重大创新、重要突破。

在这一背景下，中国外文局所属当代中国与世界研究院、外文出版社、朝华出版社等精心策划编辑的"新时代国际传播理论与实践研究"丛书，现在与广大读者见面了。作为中国外文局重点出版项目，这套丛书以习近平新时代中国特色社会主义思想为指导，扎根于新时代各战线开展国际传播的创新探索、丰富实践，聚焦国内外国际传播领域理论前沿，紧扣当前国际传播工作重点难点，汇聚权威专家学者、资深业界人士等高质量成果，旨在为国际传播领域科研、教学、培训、实务等各界提供参考借鉴。

丛书内容丰富，涵盖了国际传播理论与实践研究的各重要领域，从习近平新时代中国特色社会主义思想对外宣介、对外话语体系创新、国际传播理论、国际传播人才培养、传播策略和传播效能、国际传播领域新技术、地方国际传播能力建设等方面，总结实践经验，持续深化对国际传播系统性的学理研究。第一辑首批推出了《新时代治国理政对外传播研究》《新时代对外话语体系建设实证研究》《从形象到战略：中国国际传播观察新视角》《新形势下国际传播的理论探索与实践思考》4种著作。接下来，我们将持续汇聚更多知名学者和研究力量，共同开展这项具有重大意义和深远影响的理论研究工作，推出更多高质量成果。

中国外文局是承担党和国家对外宣介任务的国际传播机构，70多年来，用几十种语言向国际社会讲述中国故事、传播中国声音、促进中外人文交流和文明互鉴。新阶段新征程上，我们正在以习近平总书记致中国外文局成立70周年贺信精神为指引，奋力建设世界一流、具有强大综合实力的国际传播机构。我们衷心期待，在社会各界关心关注、共同努力下，进一步发挥国际传播研究优势和智库特色，将"新时代国际传播理论与实践研究"丛书打造成为汇聚各方智慧、交流借鉴提高的平台，持续推出服务理论研究、实际工作、人才培养的经典好书、精品力作，为引领国际传播创新发展发挥积极作用，为展示真实立体全面的中国提供学理支撑和实践指引，为中国走向世界、世界读懂中国作出新的更大贡献。

目 录

第一部分 推进文明交流互鉴：增强中华文明传播力影响力 1

以地方特色文化服务国家外宣大局　助力构建人类命运共同体
——浙江打造"和合文化全球论坛"国际高端对话活动品牌
..................3

深化中外茶文化交融互鉴　用心向世界讲好"福茶"故事
——第三届海丝国际茶文化论坛..................10

讲好中华文化故事　推动文明交流互鉴
——以实施"江西文化符号"对外推广为例..................18

推动多元文明交流互鉴　打造中华文化走向世界新范式
——第八届尼山世界文明论坛全球传播的新尝试、新突破....28

合撰"双边史"，架起"连心桥"
——"中国与丝绸之路沿线国家友好关系史丛书"项目........36

"推进文明互鉴，讲好中国故事"之南京篇章
——"一路繁花，和合共生"全球共创传递活动案例解析....44

第二部分 创新国际传播话语：讲好中国式现代化故事..................51

用镜头记录时代发展　让世界读懂中国故事
——以《行进中的中国》等优秀外宣纪录片为例..................53

"皖美"绽放"制造世界"　精彩呈现"创造美好"
——以重大活动为平台讲好现代化美好安徽故事..................63

向世界讲好湘西十八洞村故事..................71

聚焦世界奇观　舞出蝴蝶效应　讲好中国生态文明故事
　　——以云南红河"蝴蝶大爆发"国际传播为例 ……………… 79
着眼大国制造　讲好中国故事
　　——广西柳州以"名企外宣"加强国际传播能力建设案例 … 86

第三部分　区域化和分众化表达：展现可信、可爱、可敬的中国形象 ……… 95

盐城市运用湿地世遗资源展示美丽中国形象 ………………………… 97
国际传播视域下西藏外宣纪录片的传播策略
　　——以西藏外宣纪录片《你好！新西藏》为例 ……………… 101
"澜湄万里行"中外媒体大型采访活动
　　——以"请进来""走出去"促进澜湄流域国家交流互鉴 …… 105
以精心服务达到精准引导
　　——2022张家口媒体接待站全力以赴做好媒体服务工作 …… 111
"小活动"推动"大外宣"
　　——以"感知鄂尔多斯"中外友人共度中国节文化交流活动为例
　　……………………………………………………………………… 119
"IZE+"国际朋友圈建设
　　——四川国际传播中心壮大国际传播声量的实践和路径 …… 125

第四部分　跨文化传播探索：推动中华文化更好走向世界 …………… 135

创新视听表达　传播中国声音
　　——以短视频《"鲁班"出国记》为例 ………………………… 137
冬奥会中的跨文化与对外传播启示
　　——以河北日报外宣视频《当皮影遇到冬奥会》为例 ……… 145

以书为媒　向世界讲好大美吉林故事

　　——多媒体融合出版　有效提升国际传播力……………153

"中国节日"系列节目2022季海外推广项目案例分享……161

巴蜀文化搭桥梁　国际传播结硕果

　　——外籍友人"走读四川"活动的传播实践和探索……169

如何让正能量成为大流量

　　——《七彩云南　世界花园》宣传片"破圈"效应带来的启示

　　……………………………………………………………176

展示传统文化魅力　擦亮对外宣介窗口……………………184

第五部分　城市品牌塑造：地方名片讲好中国故事……191

全世界都可以相信北京

　　——北京创新讲好"双奥之城"的中国故事……………193

发出国际最强音，用海媒讲好"冰城"故事………………202

泉甲天下　拾藏泉城

　　——济南市用"泉名片"讲述中国故事……………………210

后疫情时代跨文化传播城市形象的实践探索

　　——武汉在德国"中国节"设展传播英雄城市形象……219

链接全球资源　创新国际表达

　　——面向海内外讲好黄山"国际会客厅"的故事………226

飞向全世界的中国名片

　　——山东潍坊用超级IP风筝讲好中国故事的探索与启示……231

第六部分　"Z世代"国际传播：影响"影响未来的人" …… **241**

依托"汉语桥"中文教育向海外"Z世代"讲好山西特色中国故事
……………………………………………………………………… **243**

阿斯图开创中俄人文交流合作领域的新路径
　　——高校联盟创新对外传播的成果与思考 …………………… **246**

展示大国自信的大融合国际传播实践
　　——"Z世代"中日韩青少年系列交流活动案例解析 ………… **254**

促进"Z世代"文化交流　传播中华优秀传统文化
　　——重庆开展"亚欧青少年自然探索大赛"的探索与思考 …… **261**

弘扬历史文化　聆听美丽中国
　　——成都创新孵化"民乐也疯狂"短视频IP ………………… **268**

第七部分　创新方式方法：探索提升国际传播效能新路径 …… **275**

"外眼看贵州"外宣品牌探索地方国际传播新路径 ……………… **277**

中华优秀传统文化创新走进美国中小学课堂
　　——"秦兵马俑数字教育"国际传播案例 …………………… **283**

搭建视听传播的"广西枢纽"　畅通面向东盟的"视听桥梁"
　　——以第四届中国—东盟视听周为例 ………………………… **289**

与时代同频共振
　　——宁波微电影节的文化出海之路 …………………………… **297**

搭建世界级传播平台　奏响对外宣传最强音
　　——桂林国际传播能力建设的实践探索 ……………………… **304**

第一部分

推进文明交流互鉴:
增强中华文明传播力影响力

以地方特色文化服务国家外宣大局 助力构建人类命运共同体

——浙江打造"和合文化全球论坛"国际高端对话活动品牌

中共浙江省委宣传部

为深入贯彻落实习近平总书记关于和合文化重要论述精神，充分挖掘阐释和合文化历史价值、当代价值和世界意义，2021年12月9日，浙江省政府新闻办会同中国外文局、台州市政府，在台州市天台县共同发起并举办"2021和合文化全球论坛（HCGF）"。论坛紧扣当前国际形势，围绕国家对外战略，以"和合文化与人类命运共同体"为主题，邀请10余个国家的前政要、国际组织代表、外国驻华使节以及相关领域专家学者等近200人参会，交流学术、畅谈观点，取得丰硕成果，引发国内外广泛关注。论坛对外展示了浙江良好国际形象，推动了和合文化在全球传播，以地方优秀特色文化对外传播推动中华文化"走出去"，为助力构建人类命运共同体注入了和合力量。

一、文化为媒，搭建国际高端对话平台

和合文化是中华传统文化的重要组成部分，是中华传统文化中最有价值的核心文化之一。习近平总书记曾在《之江新语》中指出："我们的祖先曾创造了无与伦比的文化，而'和合'文化正是这其中的精髓之一。'和'指的是和谐、和平、中和等，'合'指的是汇合、融合、联合等。"这种"贵和尚中、善解能容、厚德

载物、和而不同"的宽容品格，是我们民族所追求的一种文化理念。党的十八大以来，习近平总书记又在多个国内外重要场合重提和合理念、和合文化。

文化是民族的，也是世界的，以文为媒，以文化人，能够促进民心相通。浙江天台县是和合文化的发源地，为世界提供了和合文化的鲜活样本。在天台县举办"和合文化全球论坛"，从学术交流的角度，研究和对外阐释和合文化的深刻内涵，通过实地考察，让与会嘉宾亲身感受和理解以和合文化指导现代社会建设的生动实践，对于扩大和合文化全球影响力，推动中华文化走出去，具有特殊重要意义。

论坛以主旨演讲和学术研讨为主要形式，邀请中国外文局局长杜占元、日本前首相鸠山由纪夫、联合国前副秘书长金垣洙、马耳他共和国驻沪总领事韩弥敦、韩国21世纪韩中交流协会会长金汉圭等权威性强、知名度高、影响力大的中外嘉宾，为论坛致辞或做主旨演讲，实现以和合之道促进世界多元文化交流交融、世界文明互学互鉴，以和合理念促进国际社会交流思想、凝聚共识、共谋发展、合作共赢。

活动期间，还举行了"中华文化国际传播合作基地""和合文化海外驿站"等授牌仪式，以视频形式发布《中国关键词》多文种系列图书、"天台山和合文化"研究丛书等，以不同的载体向世界诠释和合文化的独特魅力。

二、思想为核，传递中国先进价值理念

习近平总书记指出："中华民族历来是爱好和平的民族。中华文化崇尚和谐，中国'和'文化源远流长。"和合文化传承至今，从"和合二圣"发展到"协和万邦"，蕴含着天人合一的宇宙观、协和万邦的国际观、和而不同的社会观、人心和善的道德观，是中国传统价值理念的集中体现，是东方思想的一颗明珠。

当今世界正经历百年未有之大变局，世界格局"东升西降"，但"西强

第一部分　推进文明交流互鉴：增强中华文明传播力影响力

"天台山和合文化"研究丛书发布仪式

东弱"态势依旧，地缘政治冲突升级。针对美西方大搞意识形态对立，试图孤立打压我国的复杂形势，浙江正面应对，大胆创新，通过举办"和合文化全球论坛"，对外积极阐释和合文化中"贵和尚中、善解能容、厚德载物、和而不同"的思想，倡导国际社会要"美美与共、平等对待、合作共赢"，有效对冲美西方舆论影响。

活动设置主论坛和3个平行分论坛，分论坛主题分别为"坚持和睦共荣，实现包容发展""坚持和衷共济，实现文明对话""坚持和谐共生，实现绿色发展"。论坛邀请和合学泰斗张立文、知名学者钱文忠和韩震、巴黎大学国际关系研究员比拉尔·纳维、马来西亚汉文化研究中心吴恒灿等39位国内外各领域专家学者，做主题对话和交流发言，深入探讨并高度评价习近平总书记通过在多个国际场合讲述和合故事、传播和合理念，将和合文化思想成功运用于外交、全球治理和治国理政的生动实践。

通过论坛，对外充分展示了中华民族爱好和平，与世界各国人民和平共处、友好往来、不称霸的民族文化基因，形成了以和合文化作为构建人类命运共同体的文化依托和哲学依据的重要共识，为全球构建人类命运共同体理念作出积极贡献。

与会嘉宾纷纷表示，和合理念给当今世界和平发展提供了全新的中国思路和中国方案，能增进国际互助合作，引导国际社会走出对立分歧、走出经济危机、走出价值观冲突，体现了中国智慧和中国担当。

三、传播为要，形成立体长效国际影响

以对外文化交流活动助力讲好中国故事，传得开、传得远、传到外国受众心里是关键。近年来，浙江深刻把握国际传播的规律特点，以国际新媒体平台为主要传播阵地，主动谋划拓展国际传播平台渠道，在全国率先建成了省市县三级新媒体国际传播矩阵，建立了一支组织化、规模化的出海队伍，利用国际重要会议和重大活动，主动设置话题，积极开展对外传播。

此次"和合文化全球论坛"，浙江精心策划，做好会前预热、会中传播、会后延伸，加强省内媒体联动，借力中国外文局旗下多语种传播渠道和央媒、外媒等平台，采用线上与线下融合、传统媒体与新媒体结合、国内与国外同步传播的方式，全面、立体、多角度开展对外宣传工作，着力扩大论坛覆盖面和影响力，在海外形成了和合文化传播声浪。

论坛举办前夕，创作多媒体传播产品，策划制作开幕式专题片《和合之源》，拍摄制作专题节目《美国小伙儿遇见天台：探寻中国文化的"和合"符号》，推出生动鲜活的系列海报、短视频等新媒体产品，通过中国外文局所属平台渠道，向全球五大洲主要国家通讯社和主流外媒网站进行发布和推广传播。

论坛期间，开展多场景直播，借助中国外文局品牌栏目"第三只眼看中

国"的《慧眼看中国》《高恩带你看中国》以及中国日报网、浙江新闻客户端、天目新闻客户端等对开幕式系列活动进行全程直播。积极构建全媒体传播网络,人民日报、新华社、中央广电总台、光明日报、中国日报、中新社等央媒刊发论坛活动报道,央视"新闻直播间"对论坛进行重点报道,同时聚合微信、抖音以及脸书、推特等海外社交账号平台,进行全程全媒全球传播。策划多元互动,通过现场报道、深度观察、专家访谈、图片故事等多种形式,多角度、立体式报道中外嘉宾沉浸式感受和合文化魅力。活动期间,相关媒体共发布报道1000余篇,全网相关信息250万条,阅读量逾8000万次,相关话题讨论量达30.6万次。

论坛结束后,牢牢把握活动营造和合文化国际传播氛围契机,创新打造和合文化海外落地项目,持续推进常态化交流,让中华文化不仅"走出去",而且"住下来"。高标准建设和合文化海外驿站,谋划成立全球和合文化联盟,联合天台与法国维尼小镇共同打造和合小镇,联合世界三大戏剧节之一的法国阿维尼翁艺术节创办"和合文化国际戏剧节"等,着力将台州打造为和合文化全球传播基地,让"和而不同、美美与共"的中国声音、浙江精彩在世界长久传扬。

四、担当为先,服务国家对外工作大局

浙江是中国革命红船起航地、改革开放先行地、习近平新时代中国特色社会主义思想重要萌发地。浙江省第十五次党代会提出,要在高质量发展中奋力推进中国特色社会主义共同富裕先行和省域现代化先行,为浙江锚定了新征程的发展方向。地方外宣是国家外宣工作的重要组成部分,是对外展示中国形象的具体依托。作为世界看中国的"重要窗口",浙江有条件也有责任主动担当,积极探索以省域外宣实践服务国家外宣工作大局。

为此,浙江积极打造"和合文化全球论坛"国际高端对话活动品牌,为地方发挥文化资源特色开展对外传播探路,并形成机制。2021年论坛期间,浙江

和合文化海外驿站授牌仪式

日本前首相鸠山由纪夫做线上主旨演讲

省政府新闻办与中国外文局签署了《战略合作框架协议》；中国外文局、浙江省政府新闻办和台州市政府共同签订了《机制化举办和合文化全球论坛框架协议（2022—2024）》，决定"和合文化全球论坛"永久落户浙江天台，各家每年机制化合作举办配套国际会议和相关交流活动，将"和合文化全球论坛"打造成议题重大、规格高端、成果突出、影响广泛的全球高峰论坛。

下一步，浙江将继续紧密围绕全国外宣工作大局，以"重要窗口"的目标定位，落实浙江省委"对内出成果、出经验、打造标杆；对外多参与、多发声、展示形象"的指示要求，进一步挖掘梳理以和合文化为代表的浙江文化元素的历史价值和当代价值，推动和合理念等成为国际社会应对全球性问题的广泛共识和世界话语，助力推动中华文化走出去，提升国家文化软实力，为构建人类命运共同体作出积极贡献。

（作者供图）

深化中外茶文化交融互鉴
用心向世界讲好"福茶"故事
——第三届海丝国际茶文化论坛

中共福建省委宣传部　福建日报社东南网

2022年6月27—29日，第三届海丝国际茶文化论坛在"中国白茶之乡"福建省福鼎市举办。活动由福建省委宣传部、省农业农村厅、省文化和旅游厅、省归国华侨联合会、宁德市委、宁德市人民政府作为指导单位，福建日报社、宁德市委宣传部联合主办，由东南网、福鼎市委、福鼎市人民政府承办，吸引茶界专家学者、驻华使节、在闽国际友人、在闽华人华侨以及茶商代表等200余人参加活动，有力促进"福"文化、"福茶"与世界茶文化的交融互鉴，构筑了海丝国际文化交流合作新桥梁。

活动充分发挥福建日报全媒体矩阵联动优势，通过央媒、省级融媒体、市县级融媒体以及海外华文媒体、社交平台广泛传播，形成海内外传播全覆盖，掀起"福"文化、"福茶"宣传热潮。据不完全统计，含福建日报媒体矩阵、东南网媒体矩阵、央媒省媒和子网及网盟矩阵、宁德市县两级媒体以及境外媒体在内，总发稿量超800篇（条），各平台传播量约2.2亿。

一、突出主题引领，以茶为媒打开文化"出海"窗口

为深入贯彻落实习近平主席向首个"国际茶日"系列活动致信的精神，按

照习近平总书记来闽考察时作出的"要统筹做好茶文化、茶产业、茶科技这篇大文章"的重要指示，在两届海丝茶文化论坛顺利举办的基础上，本届论坛紧扣"海丝茶道 福茶飘香"主题，充分发挥福建海丝核心区和万里茶道起点的独特优势，进一步整合挖掘中国茶文化资源，融合国际元素与现代科技，打响"福"字号品牌，弘扬"福"文化、"福茶"文化，增强中国茶文化在海内外的影响力，让"三茶"赋能新发展阶段新福建建设。

论坛采用线上与线下结合、中英双语同步的形式举行，除福建福鼎的主会场外，在日本东京开设分会场，以茶为媒、以茶会友、共享茶道。论坛邀请到了斯里兰卡、日本、新加坡、老挝、伊朗、德国、菲律宾、坦桑尼亚、泰国、韩国等10个国家的19名驻华使节代表出席，论坛还邀请了40多个国家的在闽国际友人、华侨华人，以及本地茶商、各级媒体代表等参加论坛，外宾占活动总人数的30%以上。论坛开幕式使用中英双语主持、全程同传翻译和多语种交传翻译，特邀驻华大使现场致辞，充分体现论坛国际化的特征。

日本东京分会场

二、特邀国际传播大"咖论"论"道",主旨论坛亮点"吸睛"

本届论坛从组织到国际传播,国际化特色明显,不仅有许多外国驻华使节和友人参会,论坛还特别开设"报人与茶"分论坛,由福建日报"做东",特邀国际传播的头部央媒报纸以"线下+云端"方式相聚,交流茶中事、杯中情,共叙"报人与茶"精彩故事。分论坛由福建日报社总编辑潘贤强主持。人民日报(海外版)副总编辑李舫从"茶是一个人的修为""茶是中外友好交往的媒介""茶是国际交流传播的使者"三个维度进行分享。中国日报社副总编辑王浩认为,中国茶文化是中国文化重要的组成部分,是媒介国际交流传播所热衷的话题、催化剂,特别是福建名茶"大红袍"一次又一次成为我国对外交流的重要媒介,这充分说明了茶文化在国际传播中的重要地位。福建日报全媒体记者据此组织采写并发布了《第三届海丝国际茶文化论坛:报人线上线下共叙"报人与茶"的那些事》《无由持一碗,寄与爱茶人》等稿件。

"报人与茶"主题分论坛

"报人与茶"分论坛举办当日,《福建日报》还在"深读"版面配发《报人与茶》整版报道,通过新闻史、报人传记、相关著作、茶文化研究等多领域综合报道,展现了众多知名报人与茶的故事。

在综合大量材料的基础上,报道从报与茶的缘起入手,让两者的关系不仅停留在报人爱喝茶上,而且上升为"茶香滋养报人精神,报人则将茶道精神演绎得分外瑰丽",提出"报人笔端汹涌澎湃的不仅是对理想生活的追求,更是对中华民族伟大复兴的翘盼",与结尾处今日中华茶文化在世界范围内广泛传播形成呼应。报道注重挖掘福建元素,林白水、邹韬奋、邓拓等与福建渊源深厚的报人在文中皆有体现,展现出福建作为茶叶主产区的深厚茶文化底蕴。

三、聚焦"茶文化、茶产业、茶科技统筹发展",深挖茶文化的历史厚度和新兴时尚,探讨茶产业茶科技进步助力乡村

中国工程院院士、湖南农业大学教授刘仲华以连线方式发来视频祝福,福建省科学技术协会副主席、国家特色专业茶学带头人、福建农林大学教授杨江帆进行主题为"以《中国茶叶谱系》为基础创新驱动茶业数字化发展新格局"的主旨分享,宁德市及有关县(市、区)领导,宁德白茶、红茶茶企代表,专家代表以"'三茶'统筹助力乡村振兴"和"幸福宁德 绿色发展"为主题的倾情分享,为走好乡村振兴战略,探索振兴茶产业、弘扬茶文化的路径提供了有效参考。

四、深化媒体融合实践,浓墨重彩组织报道,对外传播提质增效

(一)把准导向、分工明晰,统筹推进整体宣传

福建日报社及东南网聚焦论坛主题,分阶段逐步推进论坛活动宣传。报社社长亲自抓,总编辑全面抓,东南网管委会带领执行团队落实具体部署,形成有效的领导指挥和推进体系,在策划论坛方案、办好"国际茶日"、服务使节

会见、跟进重点文章、承担"报人与茶"分论坛等方面分工清晰明确，推进有条不紊。

（二）全媒体组合出拳，全面跟进论坛报道

论坛举办前夕，东南网策划推出大型融媒体专题以及活动预告短视频、原创微信公众号文章《为何偏偏是福鼎？！》、中英文双语svg原创微信漫画《福建，好喜欢你的"茶里茶气"！》、"海丝茶道　福茶飘香"新浪话题等适合网络传播的产品，为活动宣传预热。6月27—28日，福建日报全媒体和东南网派出记者分组跟随嘉宾参访福鼎的本土风光，感受福建茶文化深厚底蕴，了解当地白茶生产制作和白茶文化发展脉络，点面结合，书写福建"三茶"统筹发展成效。

6月29日，东南网面向全球对论坛进行全程直播，除东南网自有直播平台外，直播链接还分发至央视频、环球时报、起点新闻、今视频、看度、抖音、微信视频号、咪咕、快手、斗鱼、yy、搜狐等媒体平台，包括启动仪式、文艺表演两场直播在内的系列活动总点击量超2450万次。论坛进行的同时，场外同步开设福建日报全媒体演播厅，主持人与斯里兰卡驻华大使帕利塔·科霍纳、国家级非物质文化遗产传承人后代梅传銮、本届"王中王"获奖茶企代表蔡佳绸、非洲籍留学生大卫等人面对面交流，就三茶融合、科技力量赋能茶产业发展、茶文化传承推广等话题深入探讨。

福建日报社及东南网发挥报网互动的优势，对论坛启动仪式、"报人与茶"分论坛、主旨报告、2个主题分享等环节进行翔实的宣传报道，网端即时播报、报端深度整合，先后刊发《2022年第三届海丝国际茶文化论坛在福鼎开幕》《杨江帆：创新驱动茶业数字化发展新格局》《"茶文化、茶科技、茶产业"这篇大文章如何做？听听这些大咖这样说》等文章，推出原创网评《做好"三茶"文章，"福茶"大有可为》，为论坛营造良好舆论氛围。

截至7月5日，福建日报全媒体矩阵及东南网（含闽南网、海峡网）共发布图文报道及新媒体稿件近350篇、短视频8条、嘉宾访谈视频14条。

（三）精心部署策划，持续深化对外传播

本届论坛报道深度融入国际传播理念，借各国国际友人的"嘴"和"笔"开展对外宣传、交流互鉴，传播中国茶文化，讲好"福茶"故事。东南网海外分站发挥在地人脉优势，邀请到斯里兰卡、美国、马来西亚、澳大利亚等国懂茶爱茶的知名人士为论坛寄语；在论坛启动仪式连线日本分会场，由日本茶文化爱好者现场讲述喝福鼎白茶的感受和中日两国茶文化的渊源与发展，安排在日华侨华人与福鼎现场嘉宾在线互动，积极讲好中日茶文化交流交往故事；在闽国际友人也自发地在个人脸书、照片墙、推特等社交平台开展论坛相关活动传播，共计60余条。

活动得到人民日报、光明日报、环球时报、中国日报等央媒的关注报道，通过其对外传播优势，扩大中国茶文化的国际影响力，据了解，环球时报、中国日报及其英文客户端采用英文对本届论坛进行报道，中国日报还在其脸书和推特开展二次传播；《人民日报（海外版）》也已要求主办方提供报道情况，准备在其矩阵平台上刊播，分享茶文化国际传播的故事；《光明日报》及其客户端也发布《以茶为媒，打造"有福"福鼎》等文章；《人民日报（海外版）》以《一杯福茶香飘"一带一路"》为题进行了报道，微信公众号同步予以转载。

同时，美国侨报网、菲侨商网、阿根廷华人网、菲律宾联合日报、英国侨报网、日本龙之升中文台、非洲时报、英国富中传媒、迪拜新闻网、美国新闻网、韩国新华网、美国华商网、阿根廷华通网、西非在线、斯里兰卡镜报等美国、英国、日本、澳大利亚、菲律宾、阿根廷、斯里兰卡10余家华文媒体及英文媒体对本届论坛进行了广泛的报道及推宣。

五、活动反响热烈，外国驻华使节、国际友人纷纷点赞

斯里兰卡驻华大使帕利塔·科霍纳、老挝驻广州总领事沙婉萍、意大利

Ru Project文化交流协会副会长孔令鹏、塔吉克斯坦的留学生李小龙、巴基斯坦的福建农林大学植物保护学院博士生Abdul Waheed等外国驻华使节、侨领、留学生接受了东南网的采访，他们在采访中表达了自己对中国茶、福建茶的喜爱，认为茶是世界友谊和团结的种子，是连接人心的情感纽带，搭建茶文化展示窗口、经贸合作平台和文化交流桥梁需要建立一个开放共享的平台，通过本届海丝国际茶文化论坛了解到很多中国福建的茶文化内容，未来也希望可以将更多的"福茶"和"福茶"文化内容传播到自己的所在国，让所在国的民众了解福建，感悟中国。东南网刊发了相关人物专访报道。

参加论坛的外国驻华使节对论坛赞赏有加，有多位驻华使节在自己的微信朋友圈对活动进行了宣传，还有使节通过省外办表达了助力海丝沿线国家经贸往来与国际传播的意愿和想法。韩国驻广州总领事馆领事朴恩喆还主动表示，有兴趣跟东南网一起在韩国或中国合作举办下一届海丝国际茶文化论坛。他们建言，可以通过茶文化论坛这个载体，将文化交流扩展到各国的有历史厚度的饮食内容，开展"茶与咖啡""茶与红酒""茶与比萨""茶与意面"的对话，通过对话这种形式，将中国与他国、中西方文化关注者拉到一起进行跨越大洋的文化分享和交流，让更多的人参与到交流中来，开展层次更丰富、形式更多样的文化交流，拓展国际交流空间，开展经贸合作，促进中外民心相通。

六、取得丰富成果，尽展特色"福"文化、"福茶"魅力

除主论坛外，论坛系列活动也精彩纷呈。5月23日，在福州举办了"国际茶日"座谈会，法国总领事及众多在闽外国友人出席，并发表了热情洋溢的讲话；论坛开幕当日上午，发布了《福建省茶产业发展报告（2021）》《福建省茶产业发展报告（2022）》，并举行《茶坐标——标杆千年福建茶》新书首发式，举办"海丝茶道·福茶飘香——虎年福鼎献白茶"文艺表演，为下午论坛正式启动充分预热；在论坛启动仪式上，出席论坛的领导为"海丝国际杯"第三届斗茶赛获奖单位、茶企颁发牌匾，举行了"福"文化及福茶海外宣传员聘请仪式，8名宣传员在传播"福"文化、讲好"福茶"故事上，充分展现海外侨胞的使命和担当，日本、英国、澳大利亚、新西兰等国家的华侨华人代表与福鼎当地茶企签订合作协议，通过民间友好协作、优势互补，把福建的好茶带到世界各地，向世界展现福建"福茶"的魅力。

第三届海丝国际茶文化论坛的顺利举办深化了中外茶文化的交流和互鉴，打造了海丝文化传播特色品牌，是福建统筹做好"三茶"发展在文化宣传领域的有力抓手，论坛取得的成果为省级主流媒体向外探索走好振兴茶产业、弘扬茶文化之路的新征程提供了源源不断的动力，推动我们朝着让世界人民认识中国茶、了解中国茶、爱上中国茶的目标不断前进，踏实走好诠释、传承和弘扬中华传统文化的每一步。

（作者供图）

讲好中华文化故事　推动文明交流互鉴
——以实施"江西文化符号"对外推广为例

中共江西省委宣传部

江西素有"物华天宝、人杰地灵"之美誉，时间流淌过这片丰饶的土地，留下了辉映史册的杰出人物、弥足珍贵的人文资源、璀璨辉煌的红色文化、内涵丰富的传统文化、风景独好的绿色文化……这些独具特色的文化资源是中华优秀传统文化的缩影，在讲好中国故事、传播好中国声音中发挥着重要作用。

近年来，江西深入贯彻落实习近平总书记关于加强和改进国际传播工作，增强中华文明传播力影响力的重要指示精神，依托文化资源禀赋，着力提炼展示中华文明的精神标识和文化精髓，大力实施"江西文化符号"对外推广，将红色文化、陶瓷文化、山水文化、戏曲文化、书院文化、农耕文化、商业文化、中医药文化、书画文化、青铜文化、道教文化、佛禅文化、理学文化、科举文化、茶文化、赣菜文化、古村文化、客家文化、豫章文化、庐陵文化、临川文化、浔阳文化、袁州文化、饶信文化等24种具有代表性的特色文化进行系统梳理、归纳、研究、提炼、推广，综合运用出版、影视、融媒体、交流等多种表现形式，以文化为载体和纽带，以江西特色为切入点，以文化符号作为整体品牌进行打造，为深化文明交流互鉴，推动中华文化更好走向世界，展示可信、可爱、可敬的中国形象贡献力量。

一、以文塑桨：用文字传播中华文化之深厚

出版物作为文化交流的载体，在文明交流互鉴中起着举足轻重的作用。围绕特色文化资源，江西省委宣传部策划打造了"江西文化符号丛书"，其中第一辑英文版于2022年2月出版，丛书在策划编撰、呈现形式、宣传推广等方面精耕细作，受到了海内外关注，版权已输出至尼泊尔、巴基斯坦、埃及、泰国等多个国家和地区，签订了50项版权输出合同，力图通过底蕴深厚的文字与精美个性的画面，向世界传播中华文化，讲好中国故事。

一是立足国际视野，打造外宣精品。"江西文化符号丛书"（第一辑）英文版有12册，依循在国际上有影响、历史上有地位、对国际社会有借鉴三个维度，遴选出红色文化、陶瓷文化、山水文化、书院文化、戏曲文化、农耕文化、中医药文化等12种文化。丛书围绕"融""正""专""新""特""精""美"的编撰要求，精心打磨。"融"，是指丛书着眼融通中外，立足国际视野，在文字风格上兼顾中华优秀文化的特色和外国读者思维模式；"正"，是指导向正确、对外传播正能量；"专"，是指体现文化和学术层面的专业性；"新"，是指内容既注重文化源远流长的历史特征，更延伸文化的美好前景及其在当下生生不息的生命力；"特"，是指选取在世界范围内最具代表性的标志性内容；"精"，是指以打造精品的标准来组织实施，力求做到简约不失准确、生动不失文雅；"美"，是指图文并茂，精美雅致，在设计元素运用上既结合了中国传统文化的儒雅之风，又融入了国际阅读审美，能让读者沉浸在美好的文化意境中产生共鸣。

二是丰富呈现形式，吸引海外读者。丛书通过采用现代技术，以全媒体交互形式呈现。专门制作了英文版电子书和有声书，国外读者仅需使用手机扫描二维码，就能随时随地轻松读到、听到、看到、感受到丛书的内容，真正全方位、立体化、多角度地将江西文化元素穿珠成链，开启丰富的中华文化之旅。

"江西文化符号丛书"（第一辑）英文版

"江西文化符号丛书"（第一辑）中文版

读者可在《红色文化》中品读"为有牺牲多壮志，敢教日月换新天"的革命岁月，在《山水文化》中观览"庐山天下悠、三清天下秀、龙虎天下绝"的秀美壮丽，在《庐陵文化》中见识"三千进士冠华夏，状元之乡金庐陵"的艳冠群芳，在《陶瓷文化》中领略"中华向号瓷之国，瓷业高峰是此都"的非凡卓绝，在《中医药文化》中了解"药不到樟树不齐，药不过樟树不灵"的出类拔萃，凡此种种，不一而足。

三是精心筹划推广，增强对外传播力。丛书出版后，围绕"江西文化符号"这一主题，在线上线下、国际国内等多个重要场合开展了形式多样的活动。其中，在第二十八届北京国际图书博览会上举办了"《江西文化符号丛书》走进'一带一路'沿线国家暨图书多语种版权输出签约仪式",在第七十四届法兰克福书展(云展)上举办了"《江西文化符号丛书》之《戏曲文化》推介活动",受到海外分会场的专家以及国内外众多媒体的关注。2022年9月,由中国外文出版发行事业局、中共江西省委宣传部联合主办的"2022战略传播论坛"上,"江西文化符号丛书"(第一辑)英文版首次展示,受到与会嘉宾的一致好评。

二、以文传声：借影像展示中国文化之壮美

面对国际传播的新形势新要求,江西充分运用影视文艺作品、纪录片、短视频等手段,通过国内外多种媒介将特色文化符号提炼出来、展示出去,切实增强传播的吸引力和影响力。

一是打造优秀影视文艺作品。江西联合国内外知名影视公司和电影人,依托江西文化符号进行策划、创作,推出高水准、国际化的影视文艺作品。比如围绕红色文化,推出了《邓小平小道》《可爱的中国》《信仰者》《八子》等影视文艺作品,向世界讲好中国共产党的故事。其中,2022年推出的人物传记电影《邓小平小道》位居猫眼榜单2022年传记片、国产传记片内地票房榜双料第一,抖音电影榜排名第二。影片成功入围法国尼斯国际电影节,获得最佳外语片原创剧本、最佳外语片导演、最佳外语片剪辑、最佳外语片原创音乐、最佳服装等五项大奖提名,荣获第55届休斯敦国际电影节铜雷米奖,第七届中加国际电影节最佳传记电影奖等诸多国际荣誉。该作品精准地将对外推广的切入点定位在"真情实感"上,让外国观众通过影片细腻的表达,感受人类共通的感情。法国电影委员会前COO、著名电影评论家Franck Priot接受采访时对该片给予了高度评价："电影《邓小平小道》针对性讲述邓小平从一代领袖变身普通工人那三年的故事,这也是一种将故事限制在一个非常简单的事实上的方式,让它更人性化、更容易被理解。"

二是推出高质量外宣纪录片。江西通过联合专业机构制作纪录片的方式不断增强文化符号对外推广的深度和厚度，找准国际受众的关注点、兴趣点，着力将国际化的视听体验呈现给海外观众。比如，围绕绿色生态文化，2022年策划制作反映长江江豚繁衍生息的外宣纪录片《江豚归来》，反映白鹤种群迁徙，以及中国政府为保护这一国际濒危物种所做出的巨大努力的外宣纪录片《白鹤之约》，都入选了中宣部有关重点项目；围绕陶瓷文化，制作18集纪录片《匠心冶陶——景德镇传统手工制瓷技艺》，完整记录了72道手工制瓷工艺、135名制瓷工匠，拍摄600多场次的制瓷场景，相继推出英文、德文、日文版，英文版连续18天在英国天空电视台播放；围绕红色文化，2022年联合中央新闻纪录电影制片厂（集团）等单位摄制3集纪录片《星火》，并推出英文版，全景式展现了1927年至1937年，中国共产党以武装斗争反抗国民党反动统治，开辟中国革命新道路的历史画卷；围绕中医药文化，2022年制作外宣片《江西良方　妙手济世》；围绕江西义门陈氏宗族文化制作外宣片《义门流芳》等。

三是开展国际传播媒体合作。聚焦江西文化符号，突出"Z世代"需求特点，与人民日报、新华社、中央广播电视总台、中国日报等中央主要媒体合作，分专题、成系列地制作外宣融媒体产品，并向海外传播。联合制作了《一片宋瓷在白舍》《抚州：一个有戏有梦的地方》《埃及小伙景德镇探寻700余年青花传奇》《李白的眷恋》《白芍飞上天》《书院余音》《江西茶，香天下》《毛笔之城》《揭秘海昏侯》等文化符号系列外宣短视频，推出《从万年稻到万年米》《金溪古村落》《乐平古戏台》《石城灯彩》等图文产品，在滕王阁、井冈山、武功山、景德镇、崇义上堡梯田、赣南围屋等地开展网络直播。2022年以来，相关产品已累计被全球超过2000家媒体平台发布，部分成为热点"爆款"。同时，发挥"网红"和商业平台的传播效能，联合新华社、"芝麻开门"海外网红工作室、卜多门账号发起"乐逛景德镇陶瓷集市"直播活动，参与人数过万；与哔哩哔哩合作推出《我是你的瓷儿》，受到海内外青年欢迎，视频播放量超2000万次。

三、以文润心：促交流呈现中华文化之广博

传播中华优秀文化，推广好"江西文化符号"，既要"走出去"也要"请进来"，既要"练好内功"也要"做好外功"，既要"以我为主"也要"借好外力"。

一方面，立足自身特色"请进来"。江西着力将文化符号具体化、项目化，不断增强文化的体验感、参与感和互动性，吸引更多的外国人士亲身感受中华文化的独特魅力。我们借国家平台之力，常态化开展国际人文交流活动。2022年，与当代中国与世界研究院共同主办"国际青年中国行"走进江西活动，邀请了8个国家的在华国际青年赴"千年瓷都"景德镇、"中国最美乡村"婺源参访，实地感受陶瓷、山水、戏曲等特色文化符号，人民日报、新华社、中央广电总台记者随团采访报道，取得了良好的外宣效果。我们紧扣特色优势，创造性打造文化推广品牌项目。从2019年起，江西省人民政府、中国野生动物保护协会共同主办鄱阳湖国际观鸟周，每两年一届，通过开展国际观鸟比赛、《鹤舞鄱湖·牵手世界》主题演出、国际白鹤论坛等活动，让海内外朋友真切感受中国江西的山水之美、人文之美、发展之美。同时，持续举办景德镇国际陶瓷博览会、汤显祖戏剧节暨国际戏剧交流月、"Z世代"瓷缘文化交流、"洋景漂"的中国节日等文化推广活动。

另一方面，创新交流方式"走出去"。近年来，江西针对海外不同地域、不同人群的特点，积极打造文化"走出去"项目，特别是面对新冠肺炎疫情的影响，着力创新和丰富形式，以特色平台和活动为载体，多样化讲好"江西文化符号"的故事。打造了"丝路瓷行"国际交流品牌，在德国、南非、希腊等国开展陶瓷文化展示交流活动，并在此基础上，于2022年举办"丝路瓷行——

第二届鄱阳湖国际观鸟周开幕式

国际青年走进江西体验陶瓷文化

天涯共此时"中秋陶瓷文化国际交流系列活动，用"云同步"形式设置了景德镇和英国剑桥两个会场，通过视频连线的方式实现了中英双方共品文化、共促交流，全球超过800家媒体平台对活动进行了报道。同时，建好用好各类海外传播平台，在葡萄牙、瑞典、加拿大等国设立中医药体验中心，开展中医药文化推广活动。此外，于2022年启动"我眼中的江西文化符号"首届江西国际传播短视频大赛，面向全球征集、评选外宣短视频，获奖作品通过抖音、抖音国际版等国内外平台向全球推介。

2022年"丝路瓷行——天涯共此时"中秋陶瓷文化国际交流活动

四、启示与思考

党的二十大报告指出，"深化文明交流互鉴，推动中华文化更好走向世界"。通过实施"江西文化符号"对外推广，我们对讲好中国故事、传播好中国声音，展现可信、可爱、可敬的中国形象有以下几点体会。

一是要坚持国家站位，以塑造精品展示"可信"的中国形象。做好对外文化推广必须树立全局意识、全球视野，自觉融入国家外宣工作大局，充分挖掘和发挥本地的区域特色，将讲好地方故事与讲好中国故事有机结合起来，着力打造精品、塑造品牌，这样才能真正为增强中华文明传播力影响力作出积极贡献。我们在"江西文化符号"对外推广中，积极服从服务党和国家外交大局，主动融入共建"一带一路"，立体式、多角度展现中华优秀传统文化的魅力。比如，"江西文化符号丛书"在策划之初就按照高品质精品外宣项目打造，以文字、图片、有声书等交互形式展示江西特色文化，并通过线上与线下活动结合、国内与国外推广结合，努力打造"江西文化符号"的品牌形象，助力中华文化"走出去"。

二是要注重互动体验，以真情实感塑造"可爱"的中国形象。习近平总书记指出，讲好中国故事，传播好中国声音，展示真实、立体、全面的中国，是加强我国国际传播能力建设的重要任务。我们在对外推介"江西文化符号"的过程中深深感受到，世界文化多元多样，我们既要尊重各个国家的传统，还要思考如何更好地将中华文化的精髓分享给世界。这需要我们从语言、风俗、国情等各方面去考量，用小切口呈现大主题，小故事折射大时代，找到国际社会共同关心的话题，让海外受众感同身受，产生共鸣。电影《邓小平小道》正是以情感这一全人类共通的感受为切口，尝试以"情"为纽带连接世界观众，获得了国际市场的肯定。目前，江西正在制作"江西文化符号丛书"（第二辑）中英文版，以及外宣图书精粹版、系列短视频等产品，也将不断在增强互动感、体验感，提升共情、共鸣上持续发力。

三是要坚定文化自信，以创新创造展现"可敬"的中国形象。越是民族的越是世界的，越能深入人心。"江西文化符号"是中华优秀传统文化的缩影，经过千年的积累和沉淀，具有独特的魅力和价值。因此，我们在对外推广中，主动选取对世界有深远影响的主题和内容，如千年前已远销欧洲的江西景德镇的外销瓷、扬名中外的江西樟树的中医药、世界稻作的起源地之一江西万年县……无论是"造船出海"还是"借力扬帆",均充分发挥高新技术手段,不断推陈出新,开展多种多样的文化交流活动,引导外国朋友主动认识、理解、接受、认可中华文化,并通过他们讲述中国故事、传播中国声音,不断扩大国际的"朋友圈"。

(作者供图)

推动多元文明交流互鉴
打造中华文化走向世界新范式
——第八届尼山世界文明论坛全球传播的新尝试、新突破

中共山东省委宣传部（山东省人民政府新闻办公室）

2013年，习近平总书记在山东曲阜视察时发表重要讲话，对推动中华优秀传统文化创造性转化、创新性发展提出明确要求。2022年，习近平总书记在党的二十大报告中强调，要"增强中华文明传播力影响力。坚守中华文化立场，提炼展示中华文明的精神标识和文化精髓，加快构建中国话语和中国叙事体系，讲好中国故事、传播好中国声音，展现可信、可爱、可敬的中国形象。加强国际传播能力建设，全面提升国际传播效能，形成同我国综合国力和国际地位相匹配的国际话语权。深化文明交流互鉴，推动中华文化更好走向世界"。作为践行习近平总书记重要指示要求的山东实践，推动多元文明交流互鉴、中华优秀传统文化走向世界的重要平台，尼山世界文明论坛自2010年创始以来，至2022年已连续举办8届，思想感召力、学术引领力、国际影响力不断提升，搭建起中外专家学者碰撞思想、凝聚共识的多层次、高端化对话平台。

2022年9月26—28日，"中国（曲阜）国际孔子文化节 第八届尼山世界文明论坛"在曲阜尼山成功举办，600余位中外专家学者现场参会，260余位中外专家学者云端交流，海内外60余地同步祭孔，8位外国政要、前政要视频致辞，31个国家的48位驻华使节出席活动，43个国际友城的近200位代表、21位

外国名校校长线上参会。论坛设主会场和25个分会场,共举办开闭幕式、祭孔大典、孔子教育奖颁奖等42项主题活动。30余家中央及省市媒体、网络平台、境外媒体的190位记者与会报道,实现全国、全网、全球宣传推广,共推出各类产品稿件1130篇(条),全网相关话题阅读量超8亿次,成为展示中华文明的重要窗口、促进不同文明互鉴的高端平台,为推动构建人类命运共同体发挥着越来越重要的作用。

一、文化为魂:在推动多元文明交流互鉴中弘扬全人类共同价值

习近平总书记指出:"文明因交流而多彩,文明因互鉴而丰富。"世界文明交流互鉴是大势所趋,构建人类命运共同体是众望所归。第八届尼山世界文明论坛紧跟国际国内大局大势,秉持人类命运共同体理念,找准文明交流互鉴的切入点,以"人类文明多样性与人类共同价值"为主题,以世界眼光拓展国际间的对话交流,激发思想共鸣、凝聚思想共识,搭建起集聚各方研究成果、传播全人类共同价值的新平台。

一是突出弘扬全人类共同价值。论坛深入学习贯彻习近平总书记关于构建人类命运共同体的重要论述,响应联合国开展世界不同文明对话的倡议,共同探索多元文明的相融途径,特别是立足世界百年未有之大变局和中华民族伟大复兴战略全局,突出价值引领,超越以零和博弈、强权政治为基础的传统国际关系学说,以大格局、大视野精心策划论坛主题、设置交流话题,多维阐发"和平、发展、公平、正义、民主、自由"的全人类共同价值,鲜明地展示当今中国对人类进步发展的积极追求和现实回应;突出时代关切,紧扣中国之问、世界之问、人民之问、时代之问,深刻揭示人类命运休戚与共的时代命题;突出文明互鉴,坚持平等、互鉴、对话、包容的文明观,广泛凝聚不同文明的思想共识,促进人类共同发展,得到与会嘉宾和专家学者的积极响应和高度赞同。所罗门群岛总理索加瓦雷表示,中国恪守承诺,捍卫世界文明多样

性，推动世界和平与发展，打造人类命运共同体，正是当今世界所需要的。

二是突出打造人文综合论坛。更加注重人文综合性，拓宽论坛涵盖领域，开启了由学术论坛向人文综合论坛转型升级的新篇章，展现了各美其美、美美与共的人文风采和大国胸怀。擦亮学术底色，强化主论坛学术支撑作用，面向全球发布论坛主题、征集论文，诚邀海内外专家学者共赴文明之约，收到高质量学术论文105篇。围绕"文明互鉴与创新发展""中华文明与世界文明"等议题，与会专家学者提出了许多具有前瞻性、思想性、创新性的真知灼见，呈现了一场精彩纷呈的思想盛会、智慧盛宴。突出人文特色，深耕人文沃土，设立了中医药论坛、青年论坛，首次增设文物、文学、报告文学、艺术、儒商文化、华侨华人、中外名校校长论坛，在更广领域、更多层面展开研讨交流；创新策划中华儒学经典集成《儒典》新书发布会，以文会友、以文载道；启动大型文脉工程《齐鲁文库》编纂工程，着力打造齐鲁文化最丰富、最完备的集大成之作，立起新时代山东"文化泰山"。

三是突出提升论坛规模层级。更加注重国际化，更为开放包容地与世界深度拥抱。扩大国际邀约，加强与外交部的沟通对接，更大力度邀请国际嘉宾，外国政要前政要出席人数、驻华使节集中来访人数，均为历届之最。齐聚名家"大咖"，陈来、郭齐勇、杨国荣、孔垂长、王学典等知名专家，以及俄罗斯总统文化顾问弗拉基米尔·托尔斯泰、国际知名汉学大师安乐哲、中山大学特聘研究员汉伊理等齐集尼山"论道"，让本届论坛熠熠生辉。丰富外事活动，首次举办孔子与托尔斯泰思想对话会、中希古典文明对话会，让思想的光芒跨越时空、超越国度；创新开展驻华使节齐鲁文化行、国际友城市长对话，成立中日韩出版协作共同体，推动更多领域实现合作共赢。

四是突出丰富中华文化体验。更加注重创造性转化、创新性发展，以丰富多彩的展示体验活动，让与会嘉宾沉浸式感受传统文化的魅力、好客山东的真情、好品山东的地道。创新策划"可参观"活动，举办中华优秀传统文化经典全国书法篆刻名家精品展，融书法篆刻和国学经典于一体，寄理于物、寓文于展。创新策划"可视听"活动，精心打造"孔子与世界思想家"大型沉浸式光影秀，用现代科技展开史诗画卷、呈现视觉盛宴。创新策划"可体验"活动，组织与会嘉宾参观考察尼山圣境大学堂、鲁源新村、龙湾湖艺术小镇等地，开展"六艺"、中医药、中华服饰现场体验及"新鲁菜"品尝等活动，充分展现传统文化活态传承之美。

二、讲好故事：以全球传播推动中华优秀传统文化走向世界

习近平总书记在党的二十大报告中强调要推动中华文化更好走向世界。走向世界就要用世界听得懂的语言。第八届尼山世界文明论坛广聚海内外媒体，通过中、英、日、韩、阿、西、法、俄等8种语言向全球传播，传播的广度、深度、热度都有新提升，实现了用世界语言讲中国故事、传播中华文化的新突破。

一是开展合作传播，全方位、多角度展现论坛盛况，对外呈现中华传统文化的深厚内涵。首先，直播实现大流量。与中国国际电视台（CGTN）开展深度合作，在其官网、客户端和脸书、推特、优兔等海内外平台对论坛开幕式、第十七届联合国教科文组织孔子教育奖颁奖典礼暨中外青年学生孔子文化周启动仪式、壬寅年祭孔大典三场活动进行直播，并配备实时同声传译，全球阅读量356万次，视频观看量47.2万次，覆盖海外受众2.3亿人，多维度呈现尼山论坛盛况，展示儒风雅韵的文化盛典，开启沉浸式"国之大典"体验。其次，传播方式有创新。策划推出"子曰""遇见孔子"全球网络征集互动活动，邀请全球网友分享他们喜爱的孔子名言警句。在优兔社区发起"孔子知识知多少"投票活动，就孔子生活的年代、出生地、与世界其他文化名人的对比等展开问答互动。再次，报道产品有亮点。围绕论坛各项活动、儒家文化等元素，推出多种报道产品，海内外社交媒体平台爆款频出。微博话题"2022尼山世界文明论坛"累计阅读量

达1亿次，登上微博热搜榜第七名。原创系列海报《寻找孔子》全球阅读量达1260万次。

二是强化深度传播，分语种、分区域弘扬儒家文化，引发海外受众强烈共鸣。首先，策划制作重磅英文专题。CGTN官网、客户端建立"2022中国（曲阜）国际孔子文化节　第八届尼山世界文明论坛"专题页，集中呈现重点活动精彩直播、高端专访、原创系列视频等内容。中国日报在全平台开展传播，《中华手造·山东手造精品展走进尼山论坛　向世界展示传统文化之美》等多篇原创稿件被美通社、法新社等800余家海内外知名媒体及机构转载。山东英文网制作《倾听尼山·这场世界级论坛向全球发出山东声音》英文专题并在中国日报网首页显要位置推广。其次，打造多语种个性化传播产品。用好英、法、西、阿、俄五语种大V网红工作室，推出多语种报道，确保实现传播语种的精准覆盖。针对英语受众人群，在脸书平台推出"杰西卡《论语》小讲堂"系列产品，以"图片展示+文字讲解"的形式向海外网友介绍儒家思想。针对日韩国家受众，推出开幕式、祭孔大典图文、短视频系列报道，激发亚洲中华文化圈对儒家文化的共鸣。再次，推出系列深度报道节目。CGTN英语频道推出高端访谈节目《发现孔子——孔子思想与当今世界》，对莫大伟、贝淡宁等国际知名历史文化学者进行专访，讲述儒家文化的渊源以及在世界上不断扩展的影响力。《文化速递》栏目通过对论坛的报道，深度挖掘孔子哲学思想中蕴含的中国智慧。

三是突出全媒传播，多形式、多维度向国际推介儒家文化，推动中华优秀传统文化破圈出海。首先，多形式融媒体报道层出不穷。CGTN在中国文化和旅游专页China Plus账号集群推出《曲阜印记》系列融媒报道，用图文、视频等形式，展示当地历久弥新的文化遗产，介绍当地考古发现的文物遗存。图文帖《好吃客：曲阜早点》全球阅读量达423万次，图文帖《孔府：中国第一"民宅"》全球阅读量达368万次，组图海报《曲阜孔庙：中国人的精神圣殿》全球阅读量达368万次。其次,境外媒体传播实现新突破。香港大公文汇传媒聚焦尼山论坛上的山东手造元素,刊发《非遗里的"孔子" 山东手造惊艳亮相》。《香港商报》发布的原创稿件获港澳台及海外用户点击量21.9万次,短视频《留学生哈林:四国留学,深感开放包容可贵》在发布后12小时内,总点击量达11.2万次。再次,海媒账号集群联动推介实现"出圈"。山东省政府新闻办官方脸书、推特账号以及济宁、济南等地市官方账号,大众网·海报新闻、齐鲁网·闪电新闻、齐鲁晚报·齐鲁壹点、中国山东网·感知山东等媒体账号与CGTN等中央外宣媒体密切联动,统一添加"Confucius"NishanForum2022话题标签,发布《精彩来袭 记者提前探馆尼山大讲堂》《在中国大使齐鲁行イベントのメンバーは曲阜源新村を訪問》等多语种帖文。

三、思考启示:推动中华文化"走出去"的使命担当与创新突破

至2022年,尼山世界文明论坛历经八届十二载,一步步前行,一点点提升,以越发深入深刻的思想对话、日趋丰富多彩的文化交流、更加开放多元的传播宣介,深入地阐释了中国是什么样的文明和什么样的国家,展示了中国人的宇宙观、天下观、社会观、道德观,增进了海内外对人类文明多样性与人类共同价值的深刻认同,为更好构筑中国精神、中国价值、中国力量创造了良好国际环境。尼山世界文明论坛在传播实践中,始终秉持了推动中华文化"走出去"的使命担当,始终坚守着创新突破的拼劲闯劲,主要有四点思考启示:

一是坚持国家站位,以国际视野谋划和开展对外文化交流。讲好中国故事、传播好中国声音,是历史赋予宣传思想文化战线的光荣使命,更是外宣战线的重要政治任务。面对百年变局和世纪疫情交织影响,国际环境更趋复杂严峻和不确定,推动多元文明交流互鉴,打造人类命运共同体,促进世界和平与发展,符合世界各国的根本利益,也是提高我国文化软实力和中华文化影响力的重要途径。山东始终把办好尼山世界文明论坛作为服务国家对外工作大局、

推动中华优秀传统文化走出去的重要平台载体，集全省之力持续打造，久久为功，不断创新，全面提升，在此过程中得到了中央领导、各部委的悉心指导和海内外各界人士的大力支持，第八届尼山世界文明论坛在各方面均实现了新突破，就是坚持国家站位、勇于担当的生动体现。

二是深挖文化资源，用好用足优秀传统文化优势。习近平总书记强调，要更好推动中华文化走出去，以文载道、以文传声、以文化人，向世界阐释推介更多具有中国特色、体现中国精神、蕴藏中国智慧的优秀文化。作为儒家文化发源地、中华文明重要发祥地，山东文化资源丰富，是开展对外宣传的富矿，也是需要坚持不懈地创新思考的课题。在论坛举办和传播的实践中，我们打通文化挖掘、展示、交流、推广各环节，把论坛变成以文载道、以文传声、以文化人的综合性舞台，既充分展示了文化"两创"最新理论成果和实践成果，在多元文化的交流互鉴中更好地推动中华优秀传统文化"走出去"，也从儒学的研究阐发、普及教育、实践养成、传承传播等方面全方位展示孔子思想和儒家文化的精髓与魅力，打造了独具特色的山东文化传播国际名片。

三是强化策划引领，贴近海外受众精心设计选题。坚持无策划不宣传、无创新不宣传。第八届尼山世界文明论坛首次提出全球传播目标，精心制订全球传播方案，分语种、分区域、分受众精心策划选题，以最有关注度、共情点的主题话题，更具时代感、国际范的传播方式，更加精准有效、丰富多元的传播渠道，对外深度报道第八届尼山世界文明论坛，更好地激发思想共鸣、凝聚思想共识。尤其是围绕尼山论坛、孔子故里、儒家文化等多主题展开创意策划，运用现场直播、深度解读、嘉宾访谈等多种手段，推出系列重点报道和融媒产品，更好触及全球受众，有力有效扩大国际影响。

四是注重合作传播，最大程度凝聚外宣工作合力。中央要求我们要打好国际传播的人民战争。本次论坛中，我们创新外媒邀请方式，通过中宣部对外新闻局向160家驻华外国媒体发出邀请，英国《经济学家》、法国国际广播电台等9家外国媒体报名参会，数量创历史新高。CGTN、中国日报等中央外宣媒体依托国际传播优势，多视角、多维度对外推介中华优秀传统文化，海内外社交平台爆款频出，为全球传播实现大流量奠定坚实基础。越南人民电视台、日本大富电视台、越南人民报、越南通讯社、意大利安莎通讯社、韩国中央日报均对论坛进行了报道，有力壮大了全球传播声势和效果，推动正能量实现大流量。

合撰"双边史",架起"连心桥"
——"中国与丝绸之路沿线国家友好关系史丛书"项目

中共甘肃省委宣传部　甘肃省社会科学院

国之交在于民相亲,民相亲在于心相通。民心相通作为"一带一路"倡议"五通"建设的重要内容之一,是"一带一路"建设的社会和民意基础,是最基础、最坚实、最持久的互联互通。近年来,甘肃省积极融入、主动服务"一带一路"大局,充分发挥甘肃省社科院陇原特色新型智库作用,创新实施了"中国与丝绸之路沿线国家友好关系史丛书"国际合作项目,用友好史实讲述"友好"故事,向世界展示了中国与"一带一路"沿线国家互利共赢、友好合作的广度和深度,为促进"一带一路"民心相通架起了文化桥、友谊桥和心灵桥,为高质量共建"一带一路"营造了良好舆论氛围,为全面促进"一带一路"务实友好合作发挥了重要作用,深化了人文交流,丰富了多元互动人文交流的大格局。

一、在共建"一带一路"大局中凝聚共识

"中国与丝绸之路沿线国家友好关系史丛书"项目(简称"双边史")是在共建"一带一路"倡议的大背景下,由中国智库与"一带一路"沿线国家智库联合实施的大型文化丛书编撰国际合作项目。"双边史"项目源于"一带一路",服务于"一带一路",是对促进"一带一路"民心相通内涵的创新实

践，是对千百年丝绸之路精神的继承与弘扬。"一带一路"不是独角戏，而是大合唱。"双边史"正是由"一带一路"沿线有关国家智库共同联合书写，凝聚着民意民智和发展共识，反映了各国政府和人民对共建"一带一路"倡议的积极响应和大力支持，体现了各国对携手共建人类命运共同体、高质量共建"一带一路"的美好愿景。

"双边史"项目从《中国—哈萨克斯坦友好关系发展史》（以下简称《中哈史》）起步。2016年2月，在首届丝绸之路（敦煌）国际文化博览会筹备期间，甘肃省委宣传部领导率团访问哈萨克斯坦，拜会了哈方文化部部长阿雷斯达别克和首任总统图书馆馆长卡西姆别科夫。时任驻哈萨克斯坦大使张汉晖向甘肃访问团和哈方提出合作编写双边史的创新思路，双方初步达成合作意向。2016年10月，甘肃省社科院牵头主动与哈方首任总统图书馆接洽，哈方为此项目专门成立了"哈萨克斯坦中国研究中心"，双方正式签署战略合作协议。2017年10月，哈萨克斯坦首任总统图书馆副馆长沙伊梅尔格诺夫一行来甘肃访问交流期间，甘肃省社科院与哈萨克斯坦中国研究中心双方就《中哈史》书稿内容、体例等具体工作达成原则共识。2018年12月，《中哈史》被中宣部确定为重点对外文化交流项目中唯一的著作类项目。经过中哈两国智库团队不懈努力和反复沟通协商，双方最终形成内容、格式统一的中、俄文书稿。2019年4月，国家新闻出版署批复同意《中哈史》出版，并于同年6月在中国书籍出版社正式出版。

2018年1月，塔吉克斯坦总统战略研究中心在了解"双边史"项目后，主动与甘肃接洽。塔吉克斯坦外交部第一副部长沙姆西津佐达签发文件，批准其总统战略研究中心与甘肃省社科院合作，共同编写《中国—塔吉克斯坦友好关系发展史》（以下简称《中塔史》）。2018年2月，塔吉克斯坦总统战略研究中心主任胡德别尔基·哈力克纳扎尔一行访问甘肃省社科院，双方正式签署合作协议。2018年12月，塔吉克斯坦总统拉赫蒙签署总统令，批准《中塔史》项目合作实施。总统令由塔吉克斯坦外交部经中国驻塔大使馆送中国外交部。该项目在塔吉克斯坦上升到了国家层面。2019年6月，《中塔史》俄文版（译名为《中国和塔吉克斯坦：从历史友谊到战略合作伙伴》）出版发行仪式在塔吉克斯坦首都杜尚别举行。时任中国驻塔吉克斯坦大使刘彬、塔吉克斯坦总统战略研究中心主任卡吉尔佐达·迪洛瓦尔出席，中塔双方专家等150多人参加会议。2020年12月，国家新闻出版署批复同意出版，《中塔史》中文版正式出版。

《中国—塔吉克斯坦友好关系发展史》（俄文版）发布会

2021年1月，首批成果《中哈史》《中塔史》中文版在甘肃兰州公开发布，"双边史"项目国际影响进一步扩大，项目驶入快速发展轨道。2021年5月，甘肃省社科院分别与白俄罗斯国家科学院、乌兹别克斯坦国家科学院历史研究所签订了《中国—白俄罗斯友好关系发展史》《中国—乌兹别克斯坦友好关系发展史》合作编撰协议，作为中白、中乌建交30周年献礼工程。2021年9月，甘肃省社科院又与西班牙圣保罗大学签署《中国—西班牙友好关系发展史》合作编撰协议，该项目首次拓展到了欧洲传统大国，延伸到了古丝绸之路最西端。2022年，甘肃省社科院又先后与马来西亚马中友好协会、塞浦路斯欧洲大学分别签署了《中国—马来西亚友好关系发展史》《中国—塞浦路斯友好关系发展史》合作协议。同时，阿塞拜疆、吉尔吉斯斯坦、阿联酋等国家智库机构与甘肃省社科院沟通协商合作事宜，"双边史"项目正逐步向中亚、西亚、欧洲及海上丝绸之路沿线国家全面延伸，前景可期。

参加成果首发式的哈萨克斯坦、塔吉克斯坦嘉宾及留学生代表

二、在融古铄今中开拓创新

坚持以史为鉴，立足双边友好往来，开辟了"一带一路"人文交流合作

的新领域。"历史是最好的教科书"，悠悠丝路承载着千百年来中国与世界各国人民之间友好交往的历史。"一带一路"沿线国家智库学者共同合编"双边史"，体现了对丝绸之路精神的传承和发扬。"双边史"项目秉承和平友好、互利共赢主题，寻找共鸣点，把准切入点，尊重"一带一路"沿线国家人民的精神创造和文化传统，聚焦双边关系史中友好往来的事件、人物与故事，力避学术上尚无定论或现实中尚存争议问题，着力讲好中国与"一带一路"沿线国家和人民风雨同舟、携手共进的故事，着力讲好中国与伙伴国友好交往、务实合作的故事，着力讲好中国坚持和平发展、开放共赢的故事，以实质性成果展现了共建"一带一路"中的文化作为，丰富了"一带一路"人文交流合作内涵，在促进民心相通领域开拓出新空间、新方向。

开创了中国与"一带一路"国家合作编撰国际关系史的新模式。它超越了传统上单边撰写国别史或关系史、各说各话的做法，内容注重从"友好"视角把握中国与"一带一路"沿线各国关系发展的主流与主线，系统回顾中国与有关各国友好交往的历史渊源，客观总结各国在丝绸之路经济带和海上丝绸之路发展进程中的历史贡献，全面梳理中国与各国自建交以来在政治、经贸、文化、科技等领域的深度合作，深入阐释新时代共建"一带一路"的历史逻辑、时代内涵和发展愿景。在写作方式上，力求平实叙事、通俗生动，尽量回避史料中偏向性的表述，着力讲好丝绸之路上各国人民之间真诚友好、真实生动的典型故事，在话语优化中提高"一带一路"故事的亲和度和认同度，推动"丝路精神"和"共商共建共享"理念深植人心。

突出智库支撑引领作用，凝聚学术共识，形成了国际智库合作的新范例。"双边史"项目的成功推进，离不开各级部门、各方力量的通力协作、相向而行。"双边史"项目通过国家间智库合作，汇聚学术力量，传播理性声音，使各国人民在文化认同上找到最大公约数，画出最大同心圆，实现对共建"一带一路"的情感认同和价值认同。"双边史"形成了由中国与相关国家智库共同编写双方认可的友好关系史的新范例，也为新时期东西方文化交流和"一带一路"沿线国家文化合作注入了新动力。《中哈史》和《中塔史》作为该项目首批成果，开创了"两个第一"：中国与"一带一路"沿线国家智库合作完成出版的第一批双方认可的双边友好关系史，也是中国历史上第一批国与国智库机构联合出版的史书，极具学术价值、历史价值和政治意义。

三、在互信互鉴中绽放异彩

经过6年多的不懈努力，"双边史"项目国内外影响力不断扩大。哈萨克斯坦因《中哈史》项目而设的"中国研究中心"，现在已发展成为独立的学术合作机构，目前已与20多个中国高校和科研单位签署了合作协议，全面展开了对华友好合作。2018年8月，哈萨克斯坦21家主流媒体代表团来甘肃访问，回国后就《中哈史》编撰进行了《友谊的历史：从过去到现在》等专题报道，在哈萨克斯坦国内引起了极大关注。而塔吉克斯坦总统战略研究中心与甘肃省社科院合编《中塔史》项目，更是引起了上至国家元首，下至该国外交部、经济部门、学界、新闻界的高度重视。

2021年1月5日，"双边史"项目首批成果《中哈史》《中塔史》中文版在甘肃兰州举行首发式后，中国、哈萨克斯坦、塔吉克斯坦等主流媒体均做了深入报道。央视新闻客户端、中国新闻网、搜狐、新浪等我国国内各大门户网站、报纸杂志也争相报道和转载。《中国日报》2020年1月15日英文版，专题向海外介绍了"双边史"助力"一带一路"建设的详情及意义。

随着"双边史"项目合作范围的不断扩大，项目内涵正持续深化，综合效益正不断显现。合作编撰"双边史"项目，已经初步培育了一支比较稳定的人才项目团队，也形成了一套相对规范高效的"双边史"工作机制，为文化交流合作向高质量纵深发展奠定了良好的基础。随着"项目带人才、人才促项目"工作模式的发展，甘肃省社科院与丝绸之路沿线国家有关智库以项目为纽带，不断整合现有人才资源，建立起优势互补、跨界融合的人才培养平台，推动不同学科的研究力量高水平汇集和高质量孵化，不断凝聚团队优势，激发创造活力，加快构建"双边史"人才"新高地"，为共建"一带一路"、塑造开放发展新优势提供智力支撑和人才保障。

四、在守正笃实中行稳致远

"双边史"承载着促进文化交流、深化民心相通的时代使命。在百年未有之大变局加速演进、世纪疫情交织叠加、地缘政治紧张局势升级、全球治理备受考验等错综复杂国际环境下，"一带一路"倡议作为全球发展和互利共赢的中国方案，其时代价值和重要意义将更加凸显。"双边史"项目将始终着眼于"一带一路"建设大局，积极作为、因势利导，不断扩大交流合作，通过讲好"一带一路"故事，不断凝聚人心、提振信心，推动共建"一带一路"高质量发展。

进一步强化精品意识。深耕"一带一路"市场，紧扣时代主题，以对历史和人民负责的态度，不断提高项目成果质量和国际影响，不断扩大国际人文交流朋友圈，探索促进共同发展的新路子，为共建"一带一路"搭建新平台、提供合作新机遇，努力将项目打造成"一带一路"民心相通的样板工程和国际文化交流的新典范，持续为高质量共建"一带一路"和中国特色大国外交贡献智库力量。

进一步完善协同机制。不断强化政策支撑和要素保障，积极争取国家层面的指导和支持，不断拓宽项目渠道和合作领域，积极为项目合作对接、考察交流、成果出版、宣传推介等方面开辟便捷通道。同时，持续深化与各级政府部门、外事机构、智库单位、社会团体之间的合作，不断优化资源配置，创新合作模式，提高工作实效，加快形成上下联动、左右协同的科学高效的运行机制。

进一步深化外拓内联。积极参与国家层面的文化交流和文明对话活动,加强与国内外主流媒体之间的合作,深化与各国孔子学院、驻外分支机构及国内智库单位、国别研究中心等机构的合作交流,稳步推动项目成果多语种出版,创新推动数字化传播。抢抓中国与"一带一路"沿线国家建交周年时间节点,举办高层次成果发布会和学术研讨会,整体推出系列成果,不断扩大项目影响力。在讲好中国与丝绸之路沿线国家之间友好故事的基础上,传播好中国声音,展现可信、可爱、可敬的中国形象,深化文明交流互鉴,推动中华文化更好走向世界。

(作者供图)

"推进文明互鉴，讲好中国故事"之南京篇章
——"一路繁花，和合共生"全球共创传递活动案例解析

中共南京市委宣传部

"一路繁花，和合共生"全球共创传递活动由南京市委宣传部主办、南京市文投集团承办，自2020年启动以来，每季从一个国际关切的共同话题出发，围绕源于南京的一件文物或艺术作品，利用社交媒体平台发出全球邀约，线上联动全球参与者在自有传播渠道分享传递，线下突破新冠肺炎疫情带来的物理阻碍，借力国际活动平台与来自不同国家和地区具有影响力的组织机构与个人进行共创落地展示，在一次次的交流互鉴中推动城市文化走出去，实现全球友谊的繁花盛开。

三年来，活动得到国际社会的广泛关注，累计吸引来自全球五大洲30个国家的近300个国际组织、NGO、文化机构、科技企业、高校、艺术家与Z世代青年共同参与，海外社交媒体平台总曝光量超500万次，并引发百余家境内外主流媒体的全媒体宣传。中国驻荷兰大使谈践给予高度认可："这是双方文化交流的重要成果，向世界生动讲好中荷友好故事，进一步深化了两国人文交流和民间往来。"伦敦市政厅和副市长贾斯汀·西蒙斯在社交媒体平台为活动点赞。中国驻荷兰大使馆、荷兰国家旅游局以图文视频形式宣传。活动英文稿件被收录入新华社稿库，有效传播城市文化，深化人文交流互鉴，促进民心相知相通。

当前，世界百年未有之大变局正在加速演进，世界进入新的动荡变革期，国际关系日趋紧张，文化隔阂日益加重。习近平总书记在党的二十大报告中强调，尊重世界文明多样性，以文明交流超越文明隔阂、文明互鉴超越文明冲突、文明共存超越文明优越，共同应对各种全球性挑战。活动用共情搭起跨文化沟通的桥梁，为增进国际共识与理解、在文明交流互鉴的视域下探索城市文化国际传播的新范式。

一、城市国际传播面临的现实挑战

（一）疫情给"走出去"带来困境

以往城市开展的一些"文化走出去"活动如"中国南京周"等，更多采用事件营销进行推广，并采用传统媒介进行宣传，短时间内能触达海外受众并产生良好效果，但传播效果缺乏持续性。新冠肺炎疫情的全球性暴发，让物理上的"走出去"活动受阻，国际间的面对面交流成为困难。如何创新传播形式、拓展传播渠道成为"文化走出去"的重要挑战。

（二）文化差异带来传播壁垒

以往城市国际传播中，较多通过直观的城墙、非遗等文化符号在展览展示，论坛对话中以"自说"向海外受众传播城市形象，宣传意味较重，实际效果有限。由于对文化内容的挖掘不够，尚未突破文化差异壁垒。加之近几年疫情所带来的歧视话语和行为，让跨文化沟通任务愈发艰巨。如何在传播过程中寻求共性，以文化包容弥合文化差异成为亟须解决的问题。

（三）传播主体缺乏国际性

以往的城市传播活动中，政府发挥"领导者"作用，搭建平台，通过市区联动，组织不同领域的企业，以及高校、团体、市民等"走出去"，但参与主体以本土化为主，较难得到境外受众广泛认同。有效调动国际社会力量参与的积极性、创造性是提升国际传播有效性的关键。

二、困境下的实践与探索

新冠肺炎疫情所带来的冲击与挑战迫使我们思考，如何在当前形势下有效开展城市文化"走出去"行动，催生出以互联网和新媒体为基础的文化传播形式，实现全球范围内的互动与共享。在传播的过程中，不仅要准确传递自身的文化精神内涵，更需要考虑不同的文化背景，创新叙事表达，从而更好地弘扬全人类的共同价值；要充分调动国内外各类行动主体的国际传播能力，形成多层次、立体化、可持续的城市文化国际传播。

（一）全球"微笑"重聚，增进疫后友谊与共识

2020年，全球处于共抗新冠肺炎疫情的艰难时期，数以千计的文化基础设施相继关闭，重要节事面临取消或延期，经历巨大冲击的文化机构急需信心重构。联合国教科文组织也发起一系列提升文化韧性的行动与倡议，使各国不同文化部门与机构在危机中变得更加强大与团结。

在此背景下，我们在当年7月30日国际友谊日当天，呼应联合国"友谊推动和平文化的构建"的倡导，以一枚"微笑"的南京六朝人面纹瓦当作为起点，邀请国内外博物馆、美术馆、高等院校、艺术展会、展演团体等文化机构组织，在境内外社交媒体分享有文化内涵的微笑作品。瓦当是中国古建筑常用的构件之一，六朝时期的人面纹瓦当主要出土于南京地区，人面纹瓦当所塑造的微笑，不仅展现出动人的艺术感染力，也很好地彰显了南京文化底蕴。

国际社会对微笑传递活动发起的共情传播给予广泛正向反馈，全球五大洲14个国家的58个文化机构参与传递活动，帮助人们在亲近人类文明遗珍中汲取战胜困难的力量，在线上的交流互动中绽放共抗危机的友谊之光。英国曼彻斯特博物馆收藏馆副馆长布莱恩·西奇（Bryan Sitch）表示，很高兴南京能够发起这项活动，希望以开阔的历史观和亲善的态度在全球新冠肺炎疫情蔓延的时期与中国保持和提升友谊；旧金山公共图书馆分享了一段微笑书籍的卡通动

画，并配文"我们在今天庆祝由联合国发起的世界友谊日，来自世界各个国家、各种文化的友谊可以促进和平，并在不同社群间建立桥梁。"

活动英文宣传稿件被收录入新华社稿库，人民网、新华网、中国日报网、新浪英语频道、专注可持续发展的奥地利媒体World News Monitor、委内瑞拉综合性新闻媒体Tubazo、印度尼西亚媒体Indosinpo等国际媒体均对文章进行转载，体现南京在面对新冠肺炎疫情下全球共同危机的城市思考与担当。

（二）中荷文化融合，繁荣民间交流与合作

2022年是中荷建交50周年，南京与荷兰众多城市都保持着友好往来，埃因霍芬是南京的国际友城，中欧班列"蒂尔堡—南京"也于2022年实现双向对开，两地日益密切的交流合作所带来的相同情感、共同追求、共同价值，为国际传播提供了获得海外受众认同的主题。我们主动把握中荷建交50周年这一契机，开展系列线上线下活动，进一步生动讲述中荷友好往来。

荷兰素有"花卉王国"的美誉，花也是对外交流的友好使者与亮丽名片。活动通过中科院南京地质古生物研究所分享的"南京花"（世界最古老的花朵化石）为起点发起花的传递，吸引了世界最强大的技术中心之一——荷兰Brainport创新园区、荷兰设计基金会、英国普利茅斯艺术大学等全球50多家机构与艺术家在境外社交媒体分享与花相关的案例作品。我们持续以"花"为文化符号，邀请曾参与过南京长江大桥亮化工程的埃因霍芬灯光节策展人哈尔·霍兰茨、江苏省非遗传承人赵树宪与青年艺术家，将两地元素"梅花"及"郁金香"相结合，创作非遗绒花技艺与灯光科技融合的艺术装置，作为中荷建交50周年献礼。

此外，我们重视与具有国际影响力的线下文化活动合作，实现"借船出海"。首先，将南京非遗文化融入当地非遗节日，贡多拉之夜是荷兰世界级旅游目的地羊角村的百年非遗节日游船活动，我们联动埃因霍芬灯光节与羊角村旅游管理部门，以南京标志"大报恩寺塔"及《十竹斋笺谱》中的"蝴蝶"为主要设计元素，共同创作了两艘以非遗技艺秦淮灯彩为主体的灯光艺术装置船，并在活动现场30余艘游船中首发，向2万余名欧洲游客一展中国历史文化名城风采。其次，让城市历史文化亮相国际展示平台，联合南京艺术学院设计学院与荷兰艺术专业规模最大院校之一的方提斯应用科技大学，围绕南京与荷兰的城市历史文化为主题进行艺术创作，创意描绘城市文化的保护利用与创新发展。近40幅平面艺术共创作品在荷兰设计周（欧洲三大设计展之一）期间于南京与埃因霍芬的文化交流平台友宁馆落地展示，此次展览被荷兰设计周组委会纳入官方活动，覆盖逾35万参观者。

活动得到中国驻荷兰大使馆支持，被纳入中荷建交50周年系列活动，新华社、新华每日电讯、中新社光明网、人民日报海外版、海外网、中国侨网等国际媒体及斯滕韦克兰市知名报刊 *de Kop Krant van Steenwijkerland*、中国驻荷兰王国大使馆、荷兰国家旅游局、荷兰在线、欧洲留华同学会官方公众号均以图文或视频形式宣传本次活动，将进一步促进未来南京与羊角村在文化、旅游等领域的合作。

（三）国际青年联动，守护共同的遗产

青年是世界的未来，广泛团结影响世界青年，对于争取未来的民心民意、培养知华友华力量、营造良好舆论环境，具有重要意义。文化遗产是全人类文明的重要结晶，也是我们开展对外文化交流活动的重要抓手。

2021年12月，为迎接联合国教科文组织《保护世界文化和自然遗产公约》签订50周年，我们以"共同的遗产，共同的世界"为主题，通过国际社交媒体平台，向世界各地的青年艺术家、国际组织及文化创新企业、高校学生等邀约开展艺术共创活动，让青年通过自己的艺术创意描绘出所在国家或城市的文化符号与故事，以艺术的形式表达对于保护历史文化遗产的决心和愿景。

活动征集到来自中国、英国、法国、西班牙、柬埔寨、哈萨克斯坦、尼日利亚、利比里亚等15个国家的近30位青年创作者的艺术作品，用摄影、数字媒体艺术、平面设计、手绘等不同形式表达世界各地历史文化遗产之美。我们将作品内容融入25个高2米、4米、6米不等的"Together"系列气球装置，在老门东、大报恩寺、夫子庙、中山陵音乐台等30处全城文化遗产地标进行落地展示，以这样一种醒目的展现方式唤醒公众对保护文化遗产的热情与共鸣。

此外，我们在南京以及全球知名文化地标策划了一场年轻人喜爱的、容易接受的全球快闪活动，让他们能对身边的历史文化遗产有更深入的理解。南京作为活动大本营，有近20位中外青年代表，尤其是来自"一带一路"沿线国家的青年，在明城墙上用大提琴、二胡、长笛及非洲鼓等乐器共同演奏并合唱《从茉莉花到图兰朵》。同时，联动来自世界各地的青年在英国温莎城堡、尼日利亚拉各斯大学、阿联酋迪拜之框，以及埃及金字塔等海外四个快闪现场挥喊活动旗帜与口号，并为活动送上自己的祝福与期许，通过合作创新，共同为历史文化名城的可持续发展贡献青春力量。

活动受到人民日报（海外版）、央视新闻、光明日报、中新网、中国网、欧洲时报等境内外媒体广泛传播，活动短视频全网播放量破5000万次，进一步展现南京作为历史文化名城的多元与包容。

三、启示与思考

（一）以多元渠道推动人文交流

后疫情时代，基于文化差异的社会冲突更为明显，也为城市文化国际传播带来挑战。无论是文化产品还是活动的对外传播，都需要找到更加有效的方式。随着时代的发展，社交媒体传播一定程度上规避了文化传播因新冠肺炎疫情影响而产生的空间壁垒。未来，要努力探索国际传播的路径和方法，从以脸书、推特、照片墙为主要传播阵地模式扩展到海外音视频等平台，拓宽可触达的渠道，推动人与人之间更好的共情。

（二）以全球对话传播中国理念

全球一体化下，各国的联系越来越紧密，讲好中国故事更要重视国际间的交流和对话。未来，要深入了解不同国家的历史文化背景，研究不同舆论场的传播理念、语言表达习惯，主动站在国际化、全球化的高度思考问题、解决问题，设置前沿议题吸引全球参与，充分体现"人类命运"的"共同"性，让国外受众主动接受并传播中国故事。

（三）以资源整合搭建行动平台

只有构建"多主体、立体式的大外宣格局"，才能让世界更好了解中国。未来，要凝聚参与文化与多元主体的力量，将传统国际传播理论中的国家主义和民族主义与社会力量中的个体叙述结合，并以文化为纽带，搭建不同领域主体间合作的平台，加深南京与海外城市的交往与友谊，让城市文化更易被海外受众接受与认可。

第二部分

创新国际传播话语：
讲好中国式现代化故事

用镜头记录时代发展　让世界读懂中国故事
——以《行进中的中国》等优秀外宣纪录片为例

中共上海市委对外宣传办公室（上海市人民政府新闻办公室）

"一个国家没有纪录片，就像一个家庭没有相册。"作为传承历史、展现形象、对话文明的"国家相册"，纪录片以其纪实特征成为跨越文化和时空的重要载体，具有独特的思想价值、文化价值、艺术价值和传播价值，是对外讲好中国故事，让世界更好感知中国的有效传播方式。为充分发挥纪录片"润物细无声"的传播优势，上海积极探索外宣纪录片制播路径创新，以上海实践、中国视角、国际视野，深耕纪录片内容与中国话语的创新表达，向世界展示真实、立体、全面的中国和开放、创新、包容的上海，旨在通过纪录片外宣推动对外讲好中国故事不断取得新进展、新突破。

一、创新视角呈现中国式现代化取得的非凡发展成就

当前，中国的发展举世瞩目为对外讲好中国故事提供了丰富的题材、鲜活的话语和全新的语境，如何通过国际化、创新性的叙事视角向世界展现党和国家这些年实现的历史性变革和取得的历史性成就，是外宣纪录片要思考的重要问题。

叙事视角对叙事有着重要的影响，因为叙事视角的选择决定了叙事的重点和非重点，并表明了对叙述内容的一种态度。不同的视角呈现不同的视野和

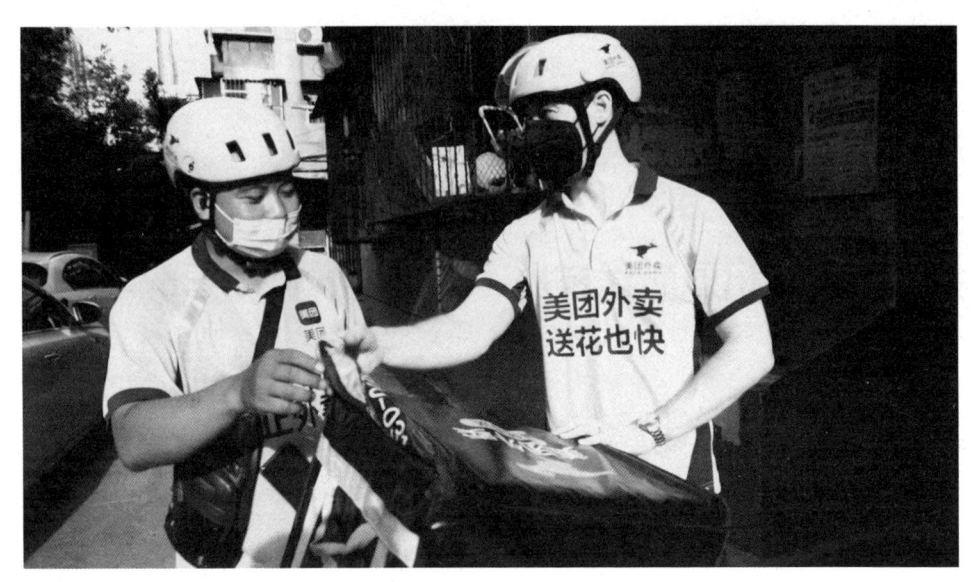

主持人安龙与外卖小哥交流

图景,在很大程度上影响叙事的客观性、真实性和完整性。而纪录片的叙事视角,指的是组织现实素材的角度,即如何用事实为受众"讲述故事"。在定位为对外宣传的纪录片中,尤其要注意讲述事实的角度,以期适应海外受众的需要,实现区域化、分众化传播。

(一)国际视角探讨"中国模式"

为展现精准扶贫、精准脱贫的中国方案和新冠肺炎疫情防控常态化下经济快速发展的中国经验,上海广播电视台纪录片中心联合英国雄狮电视制作公司在全国脱贫攻坚表彰大会期间适时推出中英双语纪录片《行进中的中国》第一季。

纪录片全片采用外籍主持人为主要叙述者,以国际视角和旁观者姿态去观察、发现、分析"中国主张、中国智慧、中国方案",串起了一个个故事和案例。该片主持人安龙和珍妮都是外籍,其中安龙还是一个"中国通",操着一口流利的汉语,人物形象立体丰满。他们深入广袤的中国大地,现场观察并采访,通过亲身体验带领外国观众走进中国,传递对中国当前发展的直观感受。

既能有效弥合国外受众与中国文化之间的文化差异，又能带给中国观众新奇之感。

主持人珍妮与少数民族绣娘一起刺绣

这种带有旁观意味的国际视角，由于角度独特，力图追求客观与真实呈现，且在一定程度上降低了传受者之间的文化差异，往往能取得比较好的国际传播效果。20世纪，美国著名记者埃德加·斯诺只身探访延安，写下《红星照耀中国》一书，就曾在西方社会引发强烈反响。这些案例充分说明，外宣纪录片传播的关键在于，要以开放的姿态，让"别人来讲自家的故事"，而非"自己来讲自己的故事"。

（二）普通人视角铺展"中国智慧"

中国的脱贫攻坚工程，举世瞩目。经过长期努力，中国如期完成了新时代脱贫攻坚目标任务，现行标准下农村贫困人口全部脱贫，贫困县全部摘帽，近1亿贫困人口实现脱贫。世界上数字最庞大的脱贫人群、数不尽的脱贫案例，如何向世界讲述？

中国首创、时代特色、地域广泛、行业典型是《行进中的中国》第一季对于故事和案例选择的关键词，而故事和案例的核心则在于"人"。纪录片作品里从不缺乏波澜壮阔的宏大叙事，但普通人身上发生的故事往往更能打动人心。这些普通人的人生故事有各自的关键词：自强、坚韧、乐观、豁达。他们的共同点是：在新冠肺炎疫情肆虐的冲击下，在全国脱贫攻坚的背景下，他们通过自强不息的奋斗书写个人命运，而这种内驱性的个人奋斗，又反过来为中国社会的发展注入蓬勃生机，也为中国取得的历史性成就提供了最真实的注脚。

纪录片的主角以农民工、女性、网红、弱势群体等为主，都是国际社会普遍关注的人群。例如，在生态扶贫的案例中，纪录片从全球关注的气候变化谈起，介绍了中国东南部与西北部地区截然不同的环境条件。随后，镜头相继对准甘肃古浪和浙江杭州，腾格里沙漠南缘的护林员、中国互联网企业技术开

《行进中的中国》第一季获"美国电视界奥斯卡"泰利奖两项银奖

发人员、外籍主持人分别从各自的亲身经历出发，三重角度共筑故事，讲清了一名普通中国人如何通过互联网、城乡联手等模式参与生态扶贫。仅此案例背后，纵向来看，几代中国人在脱贫道路上的不懈奋斗浓缩在了护林员的家族故事里；横向来看，新时代数以亿计的脱贫事业奋斗群像隐隐浮现，"因地制宜、精准发力"的中国智慧也呼之欲出。

《行进中的中国》第一季在海外播出后，获得第13届芝加哥独立电影节最佳纪录片奖、第43届美国泰利奖电视纪录片和电视新闻专题两项银奖等重量级国际奖项，提高了海外受众对于中国脱贫攻坚工作的感知度和认同感。许多海外观众在观看节目后认为中国的脱贫攻坚取得了积极成效，有匈牙利观众表示："节目的播出让我们深入了解中国为世界发展作出的巨大贡献。"

二、创新叙事向世界展示真实、立体、全面的中国

在媒体竞争日益加剧、国际纪录片市场呈现全新发展态势的情况下，外宣纪录片的叙事结构与手法也要与时俱进，创新表达，才能在佳作林立的竞争中真正立得住、叫得响、传得开、走得远。

（一）问题叙事，展现多元复杂、多样魅力的中国形象

为迎接党的二十大胜利召开，纪念"中国梦"提出十周年，上海广播电视台纪录片中心在第一季的基础上，与探索频道联合出品《行进中的中国》第二季，以"问题"穿起全片，更贴合海外受众的思维习惯，在叙事结构上也更趋成熟。

"提出问题—多方质疑—反复考证—解决问题"，既是西方常见的论述方式，也是纪录片常用的故事化叙事技巧之一。一个个富有深意的问题，既可以看作是故事化讲述的楔子，也可以看作是故事讲述之前的一个悬念，会让观众对接下来的讲述充满好奇，还会期待如何解答这一问题。例如，纪录片分集《经济》在开篇就告诉观众，新冠肺炎疫情给全球经济带来了严重的冲击，作

为世界第一大外贸国、第一大外资吸收国、全球第二大消费市场，中国经济的行进方向牵动着整个世界。面对紧张的外部环境，中国提出"构建以国内大循环为主、国际国内双循环相互促进的新发展格局"，着重强调提振内需、深化改革、鼓励创新、实现科技自立，以及进一步扩大对外开放。随后，纪录片抛出一系列问题：中国将如何进一步融入世界经济大循环？中国经济如何转向高质量发展阶段？在新一轮逆全球化浪潮下，中国如何深入对外开放？至此，观众的好奇心也被最大程度地激发了出来。

纪录片正是通过西方受众熟悉的提问方式，如中国制度是如何运行的？中国能为世界经济注入活力吗？科创正在如何改变中国？中国能实现对生态治理的承诺吗？中国人能共享发展成果吗？围绕制度、经济、科创、生态、民生等世界各国关心关注的共性话题，展示了一份"中国答卷"。通过直面问题与不断发问的叙事策略与叙事逻辑，告诉国际社会中国面临的情况是多元复杂的，改革进程注定要有一个漫长的过程；但多元化的中国社会同样充满魅力，她在不断探索中朝着正确的方向前进，这才是一个真实的、行进中的中国。

（二）复调叙事，生动阐释中国价值与中国道路

在叙事手法上，纪录片采用了复调叙事的创作手法，多种叙事声音并存，且每种声音都有鲜明的个人色彩。纪录片通常围绕问题，采访来自国内外的不同对象，让多元主体发声，以此来完成影像的书写，从而构建一种立体、多元、斑斓的影像效应。也正是在多元化的复调书写中，向受众呈现出许多对立、矛盾、冲突的观点，以不避矛盾、真实呈现的态度，有效增强纪录片的客观性，不仅向受众传递了中国价值与中国理念，更以生动有趣的方式向受众阐述真实的中国故事。

纪录片采访了一批中国政府官员和相关负责人，以及社会影响力较大、公众知名度较高的海外中国问题专家学者。如全国政协副主席、香港特别行政区前行政长官梁振英，IMF前全球副总裁、清华大学国家金融研究院院长朱民，国家能源局发展规划司副司长宋雯，上海市人民政府副秘书长、上海市城市运行管理中心主任徐惠丽；哈佛大学肯尼迪政府学院创始院长格雷厄姆·艾利森，中国问题专家、《中国30年》作者罗伯特·库恩，伦敦政治经济学院亚洲研究中心高级客座研究员马丁·雅克，国际知名政治学家、《贤能政治》作者贝淡宁等。依托他们的讲述和对中国政治体制的研究、观察，在理论中进一步延展对中国发展道路、发展模式的认知。一些原本抽象的观念与价值，也在主持人与被访者的对话互动中逐渐厘清。

例如，纪录片分集《制度》对全国两会制度、"一国两制"方针，以及全过程人民民主等具体内涵进行了深入探讨。罗伯特·库恩研究发现，"中国两会所有的代表和委员都是从基层逐级选举或推荐产生，他们代表着国家的各行各业，向领导人建言献策，为这个国家的发展提供最佳建议。"以此为论点，纪录片将镜头对准云南省少数民族地区，通过对全国政协委员资艳萍的实地采访，通过她的履职案例生动诠释两会制度的运行过程。复调叙事在提升理论高度的同时，也把海外受众不易理解的概念进行了深入浅出的讲解，经历了一种类似文化上的"降维"的过程，最终抵达能为海内外观众理解接受的维度。

三、创新渠道提升外宣纪录片的国际影响力

在流媒体平台强势崛起的时代，外宣纪录片要善于与多元主体合作、综合运用多种传播媒介，拓宽覆盖面，扩大影响力。

（一）广交朋友、借梯登高，形成集聚传播效应

一方面与国内外媒体加强合作扩大声量，包括国内兄弟省份电视台、中央媒体，以及国外合作媒体等。《行进中的中国》第一季在2021年全国脱贫攻坚总结表彰大会当晚，先后在东方卫视、中国国际电视台（CGTN）、美国

Sinovision、北美新媒体ODC等海内外电视和新媒体平台播出，随后被译成意大利语、匈牙利语分别登陆意大利BFC和匈牙利ATV Spirit电视频道。第二季还在江苏、浙江、安徽长三角多家电视台联动播出。被翻译成各国语言后，在探索频道国际平台的多个主要国家和地区黄金档播出，形成集聚传播效应。

另一方面借助国际影展、国际活动主动"出海"。纪录片《大上海》阿拉伯语版、英文版在迪拜世博会举办期间落地阿联酋。其中英文版宣传片在迪拜世博园内的世博会博物馆展馆滚动播出468小时，其间展馆接待参观者115383人次。阿联酋最主要的新闻媒体、排名第一的报纸《宣言报》（*Al Bayan*）和发行量最大的报纸《海湾报》（*Alkha*）对《大上海》阿拉伯语版开播分别进行了专题报道。此外，《大上海》还登陆2021年戛纳电视影视展览会（MIPCOM，全球最重要的电视传媒展览会，是业界公认的规模最大也最具影响力的国际专业视听与数字内容交易市场）线上展会，设单独访问页面和留言互动通道，展期5个月，获得一致好评。

（二）新旧融合、优势互补，拓宽纪录片覆盖范围

随着数字多媒体技术、网络技术和移动通信技术的快速发展，几乎所有的传统媒介的传播特性都被打破和重新聚合，各类媒介形式之间随着相互打通而出现了相互融合的趋势。传统电视端的产品可以通过聚合类视频平台、短视频app、社交媒体平台等网络媒介走向更广泛的受众，进行点对点的互动，进而实现个性化、分众化的传播；网络媒介也能够充分利用传统电视长期积累起来的公信力和良好的受众基础，实现优势互补。这些变化都在悄然改变全球受众对信息的接收习惯。

基于此，上海的外宣纪录片借鉴了"中央厨房"式的编辑做法，一次生产、多元生成、多渠道传播。如上海广播电视台纪录片中心与国家地理联合打造的《永远的行走：与中国相遇》从一开始就被设计成融媒体产品，以突破性的长纪录片、短视频、图文等融媒体矩阵面向海内外受众。早在东方卫视和国

第二部分 创新国际传播话语：讲好中国式现代化故事

家地理等传统电视端播出之前，纪录片相关短视频等融媒体内容已先行与全球受众见面。2021年，上海广播电视台纪录片中心、国家地理及行走的主角——美国人类学家、文化学者、《国家地理》特约撰稿人保罗·萨洛佩科个人的14个海外社交媒体账号已通过短视频、短图文、长文等形式，将他在中国的所见所闻实时传递给世界。目前，已发出超800条推文，收获超40万次互动，触达数亿海外用户。在上海广播电视台纪录片中心国际传播新媒体Doculife的照片墙账号下，有海外粉丝留言："对于只看到中国大城市照片的我们来说，这样的中国真有趣！"

《永远的行走：与中国相遇》融媒体产品在海外社交平台宣推

61

四、结语

上海市委外宣办将继续以"文化大推广 推广大文化"理念，积极探索外宣纪录片全球化表达、区域化表达、分众化表达，不断开拓纪录片海外推广渠道，扩大知华友华国际传播"朋友圈"，进一步推动纪录片产业发展与行业协作，让更多的海内外纪录片受众感受中华文化和中国精神的时代精华。

（作者供图）

"皖美"绽放"制造世界" 精彩呈现"创造美好"
——以重大活动为平台讲好现代化美好安徽故事

中共安徽省委宣传部

经国务院批准，2022年9月20日至23日，2022世界制造业大会在合肥成功举办。本次大会共有国家部委领导、外国驻沪驻穗领事、外省（区、市）领导，院士及专家学者，国际组织及境内外商协会、境外500强及跨国公司、央企、知名企业负责人等4621名嘉宾参会，举办各类重要活动38场次，围绕制造业高质量发展深入探讨交流，为推动制造业加速向数字化、网络化、智能化发展，促进国际制造业加强合作、互学互鉴贡献了安徽力量。

会议期间，共有95家境内外新闻媒体与会报道，200多家外省（市、区）媒体、门户网站、社交平台参与全媒传播。各级各类媒体在重要版面、时段、位置共刊（播）发原创稿件3000余篇（条）、整版报道60余个，转载转发报道总量35997篇（条），全网传播量超过6亿人次。突出反映党的十八大以来制造业领域发展的创新实践和巨大成就，生动展示安徽推进高质量发展的勃勃生机和美好前景，向海内外呈现了一场精彩的世界级制造业盛会。

一、借势造势，高站位高规格策划

德国前总统武尔夫表示，在全球范围内打造一个高端的制造业国际合作交流平台，是时代发展的必然。世界制造业大会是迎接党的二十大胜利召开关键时期举办的一次国际性制造业盛会，是充分发挥地方优势特色，更好服务国家对外工作大局的具体行动。需要以国际化视野全方位高品位策划，聚合各级各类宣传资源，全力唱响大会主题。

德国前总统武尔夫视频致辞

（一）以系统思维统筹推进大会宣传

总结往届宣传工作经验，借鉴国家和长三角先发地区重大活动宣传工作做法，精心制订方案。明确5个方面宣传重点，在央媒宣传、对外宣传、网络宣传、专题宣传、圈层传播和热点引导等6个领域创新发力。按会前、会中、会后三个阶段，列出27项重点任务清单，实行清单化、闭环式管理。成立大会新闻中心，建立媒体服务、现场协调、宣传联络和内容供给机制，充分调动与会媒体和有关单位共同参与大会宣传。多次召开大会宣传策划会、新闻通气会、报道协调会，与活动组织方和重点媒体一对一梳理信息点、新闻点，研究传播点、发力点，组织引导媒体重质求效，实现"小切口呈现大主题、小故事反映大变化、小视角折射大时代"的宣传效果。

（二）以创新思维实现重点宣传突破

高端发声引热大会议题。2022年7月20日，省委主要负责同志率4位省委常委出席"中国这十年·安徽"主题新闻发布会，重磅阐释"传统农业大省"向"新兴产业聚集地"跨越式发展的历史成就。7月9日，央视播出省政府主要负责同志《对话》节目专访，揭秘安徽制造业"逆袭"密码。9月17日，省政府分管副省长接受央视《智造中国》节目专访。多位省领导亲自参与推动预热宣传，在社会面和专业圈引起强烈反响。高质量宣传片演绎大会主题。制作一部高质量的宣传片是大会宣传的重头戏。安徽日报、安徽广播电视台抽调精干力量组成摄制团队，精益求精、不断打磨，以国际化视野讲述安徽制造业在长三角、全国、全球产业链、价值链中的地位和贡献，介绍安徽制造光荣辉煌的历史、生机勃勃的现在和前景可期的未来。一些与会嘉宾反映：宣传片大气磅礴，震撼人心，安徽制造业的发展成就令人刮目相看，看后让人心潮澎湃、心生向往。互动访谈助推大会话题。组织省直主要新闻单位先后采访70余位要客，形成"权威说、大家议"的互动效应。

2022世界制造业大会在合肥滨湖国际会展中心开幕

（三）以底线思维把牢舆论导向走向

做好大会宣传，精彩是追求，安全是底线。严格落实意识形态工作责任制，压实主办主体责任，对各主要活动牵头单位开展意识形态安全培训，明确在嘉宾邀请、展览展示、论坛演讲、权威发布等环节中需要注意的7个方面36类问题。布展完成后，对大会5.9万平方米展厅文字、图片和视频进行现场审查，逐一把关。强化宣传工作纪律，要求各级新闻媒体管好各类传播平台，在"三校三审"的基础上，对新闻通稿、背景素材及重要稿件开展"提级审核"，确保稿源准确无误。

二、融合报道，多维度多媒体传播

业内专业人士表示，自2018年开始举办的世界制造业大会，为推动安徽制造业转型升级增添新动能。自2022世界制造业大会启动以来，大会宣传得到省内省外各方面大力支持，大会宣传预热充分，报道精彩。

（一）主流媒体报道浓墨出彩

中央和省级主要新闻单位在重要版面、时段持续推出一批有深度、有分量的权威报道，有力提升大会传播能级。20多家中央主要新闻单位推出报道648篇，省级主要媒体推出报道1137篇。《人民日报》刊登3个整版6篇重磅稿件，头版推出《新兴产业集群发力　创新驱动后劲十足　安徽制造向"新"而行》《安徽制造业展现新活力》等报道，全面展示大会丰硕成果和安徽制造业特色亮点。新华社播发《喜迎二十大｜安徽：激发活力争创新优势》等专电《新华每日电讯》刊发新华社通稿《2022世界制造业大会聚焦"智""高""新"》《触摸中国制造"新脉动"——2022世界制造业大会观察》。中央广播电视总台央视《新闻联播》栏目播出《2022世界制造业大会开幕》，在重点时段开展《精品安徽·皖美智造》专题推介，中国之声《新闻和报纸摘要》栏目播出《2022世界制造业大会今天在安徽合肥开幕》专题报道。安徽日报、安徽广播电视台、安徽新媒体集团统一开设"制造世界·创造美好"专栏，集纳刊发稿件，全方位、多角度展示制造强省建设的进展成就。

（二）新媒体产品创意出新

各级新媒体平台综合运用H5、动漫、微视频、数据新闻、直播报道等，推出一批现象级融合传播精品，在网上广泛推送转载。新华社"新华全媒"刊发《古今"对话"感受制造之美》，通过拼版照片将体现安徽制造业高质量发展的部分展品与文物、古老技艺进行对比，让受众在古今变化中感受制造之美，各大网站纷纷转载。新华网《凝集行业智慧 共话发展趋势——往届世界制造业大会成果回顾》网络阅读量达252万次。《安徽日报》文章《安徽制造"皖美"绽放》等具有穿透力的综述报道，在微信朋友圈刷屏。光明日报·光明网《元宇宙、空天网、类脑产业……盘点世界制造业大会上那些"上天入海"的未来产业》，引发青年群体广泛关注。安徽日报、安徽广播电视台、安徽新媒体集团等省内主流媒体强化移动传播，推出《记者带你云探馆》等深受受众喜爱的视频直播产品。

（三）网络平台协同出圈

整合各类信息终端平台，通过集中推送、智能推荐、互动答题、跟帖讨论等方式，着力提升人群覆盖面和精准到达率。全网推送稿件。争取国家网信办支持，全网加推《卫星见证安徽制造这十年》《聚焦2022世界制造业大会 看见创新开放的安徽》《新兴产业集群发力 创新驱动后劲十足 安徽制造向"新"而行》等6篇重点稿件。加大圈层传播。针对企业家、投资家、科学家三类重点人群，在重点区域微信朋友圈推送《决策》杂志稿件《为什么是安徽？》，点击量超过15万次，真正影响有影响力的群体。利用学习强国平台上线大会专项答题，推动广大党员干部关注了解大会情况。定向推送信息。铁路12306以短信、微信形式向长三角铁路站点推送大会信息，触达人群超过100万人。百度、新浪、凤凰、网易、今日头条、抖音、快手等商业网站和平台，通过搭建品牌搜索专区、设置开屏海报、开设超级话题等，提高大会曝光率。

举办大国重器展

（四）国际传播借船出海

协调各类国际传播资源，突出报道国际化、贴近度、故事性，力求让外国人听得懂、听得进，让世界级盛会产生世界性影响。大会宣传覆盖亚、欧、北美和澳大利亚等重点国家和地区，向海内外发出了安徽制造业发展强音。新华社连线耶路撒冷分社、欧洲总分社、曼谷分社等，开展多语种、融合态报道，推出英文全媒头条《中国制造为世界提供更多可能》。国际在线发挥平台优势，报道覆盖德国、俄罗斯、韩国、日本等，浏览量达830.5万余次。《中国日报》刊登英文整版报道。中新社多篇稿件被《南美侨报》《印度尼西亚日报》等转载。工信部及部分驻外使领馆、参展商海外社交账号转载大会消息。安徽广播电视台协调香港TVB神州新闻台每天播出大会报道，新闻综合广播通过北部湾之声、全澳华语广播电台、纽约中文电台播发录音专题报道，新媒体平台TVB anywhere覆盖海外用户数超过70万。

三、体会与思考

世界制造业大会是经国务院批准的，安徽省举办的规模最大、层次最高、内容最丰富的制造业盛会。2019年习近平主席向大会亲致贺信，进一步提升大会能级。连续5年成功举办后，大会向着打造国际制造业交流合作的高端平台迈出了新的重要步伐，呈现出影响力越来越大、联动性越来越强、带动力越来越足的鲜明特点。通过全媒体、沉浸式宣传报道，最大限度发出了安徽制造强音，有力展示了现代化美好安徽形象。

（一）要以主动设置议题提高内外发声"驾驭力"

重大活动往往受到境内外广泛关注，是对外宣介的重要机遇。要结合活动特色亮点，深入分析媒体关注点和兴奋点，全面整合各种资源，加强预制联动，打出一套具有一定地方特色的外宣"组合拳"。要积极寻找宣传话题交汇点、话语共同点、情感共鸣点，把"我要说"和"我想了解"结合起来，多措并举、精准有效展示安徽制造业高质量发展的勃勃生机和开放合作共赢的胸怀。

（二）要以全媒体传播提高宣传报道穿透力

传播方式的变革，舆论形式的多变要求构建全媒体传播格局，从不同传播途径实现社会信息的交互。除了中央和省市主要新闻单位的宣传报道，更要求聚焦重大活动主题，不断拓展传播渠道，充分依靠传统媒体和新兴媒体、国内媒体和国外媒体、主流媒体和商业平台、大众化媒体和专业性媒体各种传播媒介，建立全方位、立体式的传播矩阵，形成覆盖广泛、同频共振的大宣传格局。2022世界制造业大会期间，直接参与转载转发的主要新媒体单位就达到200余家，有力提升了宣传报道速度、广度和热度。

（三）要以宣介特色优势提高发展环境感召力

党的十八大以来，安徽制造业实现高质量发展，总量和质量迈入全国第一方阵，受到各方面广泛关注。在宣传中突出展示安徽在长三角、全国乃至全球的地位和优势，广泛利用"外眼""外嘴"推介安徽制造业发展巨大潜力和澎湃动力，以地方成功实践的小切口突出讲好中国故事。透过世界制造业大会这张可与黄山、黄梅戏媲美的安徽"新名片"，让世界看见中国制造"新图景"，感知中国制造"新气象"。

（作者供图）

向世界讲好湘西十八洞村故事

湖南省人民政府新闻办公室

贫困是当今世界面临的重大难题，消除贫困是人类的共同使命。2013年11月3日，习近平总书记来到湖南湘西十八洞村考察，首次提出"精准扶贫"重要理念，作出"实事求是、因地制宜、分类指导、精准扶贫"重要指示。自此，"精准扶贫"从十八洞村走向全国，照亮了千村万户的脱贫之路，改变了近1亿贫困百姓的命运，创造了人类减贫史上的奇迹。作为"精准扶贫"首倡地，十八洞村顺利完成脱贫攻坚任务后，积极推进乡村振兴，呈现出"产业兴旺、生态宜居、乡风文明、治理有效、生活富裕"的新图景，实现了从深度贫困苗乡到小康示范村寨的幸福蝶变，成为中国脱贫攻坚与乡村振兴的一张亮丽名片。近年来，湖南积极盘活用好各方资源，生动讲好十八洞村故事，向世界提出中国减贫方案、分享中国减贫经验、贡献中国减贫智慧。

一、拍摄扶贫电影，展现脱贫攻坚壮阔历程

在精准扶贫方略的指引下，湖南同全国一样，夺取了脱贫攻坚战全面胜利。以十八洞村脱贫故事为原型，湖南省委宣传部倾力打造大型史诗歌舞剧《大地颂歌》，并拍摄改编成电影。通过音乐、戏剧、舞蹈、电影等多种艺术手段，全景再现扶贫路上涌现的真实人物和典型事例，生动诠释了伟大脱贫攻坚精神，是中国开展反贫困斗争的生动写照。2021年5月电影《大地颂歌》上

映后，译制成英、法、阿、俄、西5种语言版本，在海外进行宣传推广。美国中文电视台、美国汉天卫视、美国优视、法国国家电视台TV5、比利时法语区电视台、香港有线、澳门有线等9家境外电视台播出，总覆盖人群达5000万。此外，通过中英双语图文、宣传片、视频切条和整片直播等形式，在脸书、推特、优兔、照片墙等海外社交平台发布150条贴文，播放量达360万。其中，脸书的整片直播浏览量达5.6万。

由歌舞剧改编的电影《大地颂歌》在美国汉天卫视播出

电影《大地颂歌》的宣传推广，引起了海外广泛关注，老挝驻长沙总领馆表示希望将电影引入国内播出。2022年1月26日，湖南与老挝以视频连线方式举办电影《大地颂歌》老挝首映式。老挝政府副总理吉乔、时任湖南省委书记张庆伟、老挝中宣部副部长劳葆松、老挝驻中国大使坎葆、时任中国驻老挝大使姜再冬、湖南省委宣传部部长杨浩东等160多位领导嘉宾在现场或线上出席活动。活动以线下为主，线上线下相结合的方式举行。活动设置了老挝万象、湖南长沙两个会场，运用5G技术进行视频连线，实现万象市、长沙市、沙湾拿吉省、乌多姆赛省、琅勃拉邦省及老挝驻中国大使馆等"六方"同屏互动。湖

第二部分　创新国际传播话语：讲好中国式现代化故事

南省委书记、省人大常委会主任张庆伟在致辞中表示，希望通过这次活动，为彼此增进了解、扩大共识、深化合作打开新的窗口，全面拓展与老挝各地在经贸、人文、旅游、教育等领域的合作，为共建"一带一路"、构建中老命运共同体作出新的更大贡献。湖南省委常委、省委宣传部部长杨浩东表示，此次电影《大地颂歌》走进老挝，旨在以电影为媒介，向老挝人民宣介中国精准扶贫的实践与经验，进一步诠释"消除贫困是人类的共同使命"的深刻内涵，促进中老两国好邻居、好朋友、好伙伴更好地拓展服务合作。老挝中宣部副部长劳葆松·纳翁赛在致辞中表示，人民的脱贫工作是老挝人革党和政府在发展社会经济中优先解决的一项工作。为实现这一目标，不可或缺的一项工作就是继续接受友好国家、特别是中国湖南省的支持和帮助，学习借鉴经验。电影体现的中国和湖南省的脱贫成就，将成为老挝党和政府及老挝人民实现脱贫以及摆脱欠发达国家行列的宝贵经验。

电影《大地颂歌》老挝首映式万象会场

人民日报、新华社、央视新闻联播、老挝人民报、国家电视台、巴特寮通讯社等中老主流媒体推出了50多篇报道，产生了广泛影响。其中，《人民日报》刊发《电影〈大地颂歌〉老挝首映式暨抗疫物资捐赠仪式举行》报道，央视《新闻联播》播出快讯《扶贫电影〈大地颂歌〉老挝首映式举行》，新华社播发了活动消息稿，参考消息网刊发稿件《外媒关注：中国脱贫电影在老挝上映》，另一方面，老挝媒体积极报道反响热烈。《老挝人民报》刊发报道称，电影《大地颂歌》用艺术再现了中国扶贫成就的典型事例，诠释了伟大脱贫攻坚精神，将为老挝摆脱欠发达国家行列提供宝贵经验。此外，电影《大地颂歌》还在老挝中央电视台LNTV1和LNTV3频道、老挝商业电视台、老挝中央电视台万象频道、乌多姆赛频道、沙湾拿吉频道、琅勃拉邦频道播出；老挝新闻文化和旅游部副部长接受媒体采访，高度评价中国和湖南省脱贫的成就，表示电影将为老挝人民实现脱贫提供有力借鉴。

二、打造精品图书，宣介中国减贫成就经验

围绕精准扶贫与乡村振兴主题，结合国际社会关切，我们积极打造外向型图书，以生动案例对外讲好中国人民勤劳奋斗、脱贫奔小康的故事，分享中国减贫脱贫的成就经验。

2021年12月3日，中老铁路正式通车，成为高质量共建"一带一路"的标志性工程。把握这一国际关注热点，中南传媒联合老挝共青团中央出版社推出《十村记·精准扶贫路：十八洞启航》老挝文版，以习近平总书记视察十八洞村、首倡"精准扶贫"战略思想的场景为引，用十八洞村的鲜活故事展示了该地转变思路、推进乡村建设、探索产业发展模式、实现村民回乡创业、老少安居乐业的脱贫奔小康的真实历程，诠释了创造"中国奇迹"的制度逻辑。2022年是中哈两国建交30周年。配合习近平总书记出访哈萨克斯坦，中南传媒推出《大国小村》哈萨克文版，以十八洞村整村脱贫的经验叙事，清晰呈现精准扶贫给中国农村贫困人口带来的命运变化，记录新时代中国脱贫攻坚的生动实

践，彰显中国特色社会主义制度优势。

此外，中南传媒还推出《乡村国是》阿拉伯文版，《托起全面小康中国梦：精准扶贫在华夏》俄文版，以优质图书全面展示与传播中国共产党带领各地区脱贫攻坚的成就，宣扬"中国智慧"和"中国方案"，凸显中国为全球扶贫事业作出的积极贡献。继阿拉伯文版，该书英文、俄文、西班牙文版也将陆续在海外出版。该书多个外文版入选中宣部"丝路书香工程""中国当代作品翻译工程"及"经典中国国际出版工程"等重点项目。

三、举办专题培训，建设国际减贫交流基地

2021年，湖南省花垣、凤凰、吉首、麻阳4个县市被国家乡村振兴局评定为首批全国脱贫攻坚交流基地，十八洞村、菖蒲塘村、竹山村、隘口村、楠木桥村5个村被评定为首批全国脱贫攻坚考察点，形成了环十八洞村全国脱贫攻坚交流基地。自挂牌以来，以十八洞村为代表的脱贫攻坚基地共接待各类来访团1.4万余个72万余人次，其中涉外团组72组2600余人，中国减贫故事在国际社会得到广泛传播。

2022年9月13日，由国家乡村振兴局主办，中国国际扶贫中心和湖南省乡村振兴局承办的全国脱贫攻坚交流基地建设及国际传播能力提升培训班在湘西州开班。来自全国脱贫攻坚交流基地的15个省（区、市）有关工作人员共100余人参加培训。

培训班采用"理论学习+实地考察"模式进行"充电"。引导学员胸怀国内国际两个大局，用心用情向世界讲好中国减贫与乡村振兴的故事。培训班邀请中宣部国际传播局、外交部新闻司、北京外国语大学、中国国际问题研究院、中央广播电视总台CGTN新媒体编辑部等单位专家和学者做专题辅导授课。其间，学员们走进花垣县十八洞村、凤凰县菖蒲塘村进行现场观摩，交流分享巩固脱贫攻坚成果和乡村振兴有效衔接的经验。在花垣县十八洞村，学员

们看到了什么叫"跳出十八洞发展十八洞"的"飞地经济"。当地通过采取"贫困户+农头企业+产业项目"的产业扶贫新模式，在花垣县农业园区流转1000亩土地建设精品猕猴桃基地。这一模式解决了十八洞村人多地少的难题。猕猴桃产业园自挂果以来，累计为十八洞村分红604万元。

四、借助外媒外嘴，讲好精准扶贫首倡地故事

我们积极邀请外国驻华使节、媒体记者到十八洞参观采访，宣介精准扶贫的成就与经验。2013年以来，共组织16批次外媒记者专题采访活动，邀请了100多家外国媒体近300名记者到十八洞参访报道，在海外媒体发稿800多篇（条），推动"精准扶贫"成为世界贫困治理的具有标志性意义的中国方案和中国智慧。

2022年8月，来自德国、日本、朝鲜、新加坡、西班牙等国家和地区的境外媒体和部分中央媒体记者30余人深入十八洞村采访报道，记者们重走习近平总书记当年考察路线并采访有关当事人，真切感受"中国脱贫攻坚的成功密码"。同时，精心安排长龙宴、拦门酒等互动环节，让记者们充分感受苗族人民的幸福生活和热情好客。西班牙埃菲社记者彭岩寛接受央广总台采访时表示："乡村振兴和减贫的目标，就是让生活在乡村的人们过上更好的生活，这几天采访中，我们看到了中国乡村的发展，在这里生活非常舒适。"

此次活动突出融合传播，创新话语表达和传播方式，多角度、多媒介、多语种讲好乡村振兴故事。一方面，中央媒体对外报道形成声势。新华社发布双语报道《中外媒体赴湖南采访推进乡村振兴情况》，央视《新闻联播》播发《"中外媒体湖南行"记录乡村振兴新图景》，中国国际电视台（CGTN）连续刊发3条英文报道。国务院新闻办官方网站刊发系列图文、视频报道。另一方面，境外媒体广泛报道扩大影响。日本朝日电视台推出《聚焦湖南文旅产业发展　助力乡村振兴》等2篇报道，新加坡《海峡时报》刊发报道《依靠帮扶

第二部分 创新国际传播话语：讲好中国式现代化故事

"中外媒体湖南行活动"走进十八洞村

脱贫的中国农村》，西班牙埃菲社推出《湖南农村：中国消除绝对贫困后的第一年》，香港《南华早报》网站报道《中国抗击极端贫困之战已经结束》。通过这些报道，国际舆论场兴起了一波乡村振兴热潮，让世界更好地了解中国乡村发展变化。

在开展国际传播，推动十八洞村走出去的过程中，我们积累了一些经验，也获得了一些启示：突出思想引领是讲好十八洞村故事的灵魂。始终聚焦宣传阐释习近平总书记的"精准扶贫"重要论述，结合国外受众关注点和兴趣点，精心设置议题，梳理挖掘感人故事，设计采访路线，增进国外受众对精准扶贫、乡村振兴的理解与认同。创新方式方法是讲好十八洞故事的关键。近年来，我们通过新闻报道、文艺作品、理论研讨、对外交流等丰富多样的形式，推出了大型史诗歌舞剧《大地颂歌》、电视专题片《从十八洞出发》、电视剧《江山如此多娇》、交响叙事组歌《苗寨的故事》、花鼓戏《桃花烟雨》、图

外国记者在十八洞村采访

书《立此存照》等一批精品，全方位展现十八洞村的减贫成就与经验。拓展渠道平台是讲好十八洞村故事的支撑。坚持"走出去"与"引进来"相结合。加强与中央媒体、港澳台媒体、海外华文媒体的合作，借助国家高端平台发声，提升对外传播效果；同时积极邀请外国政要、外媒记者深入考察采访，借助外媒外嘴外脑，将十八洞村故事传播得更广更远。

（作者供图）

聚焦世界奇观　舞出蝴蝶效应　讲好中国生态文明故事
——以云南红河"蝴蝶大爆发"国际传播为例

云南省人民政府新闻办公室　红河州人民政府新闻办公室

云南省红河哈尼族彝族自治州金平苗族瑶族傣族自治县境内生态环境良好，森林资源优质，自然原始的生态环境和动植物的多样性、丰富性为蝴蝶的繁衍提供了良好的寄居条件。经过成千上万年的演变，孕育出了神奇的中国云南·红河蝴蝶谷。每年5—7月，数亿只蝴蝶在此破茧而出，形成中国唯一、世界罕见的"蝴蝶大爆发"奇观。2022年蝴蝶爆发季，云南省委宣传部提前策划统筹、精准设置议题、巧用叙事话语、实现有效国际传播。我们通过"蝴蝶大爆发"的经典事例，全力宣传好习近平生态文明思想在云南的生动实践，宣传好云南生物多样性保护的丰硕成果，切实将"蝴蝶大爆发"打造成为云南继2021年大象"北上南归"之后的又一国际传播优质品牌、优秀案例。

一、基本情况

2022年4月起，云南省委宣传部开始着手策划中国云南·红河蝴蝶谷"蝴蝶大爆发"的相关宣传报道工作，于当年5月上旬正式拉开序幕。其间通过慢直播、媒体集中采访、云直播、国际媒体联动等形式持续曝光，至当年7月上旬掀起高潮，受到了境内外主流媒体、自媒体、网民的高度关注。据新华睿思数据云图分析平台统计，2022年5月20日至6月25日期间，全网有关红河蝴蝶谷

"蝴蝶大爆发"的信息超2.8万条，其中媒体转载报道超6800篇，超过千家境内媒体网站、700多家境外媒体报道关注，多个话题登上各传播平台热搜榜高位。"Rare' Butterfly Explosion' Forms in China's Biodiverse Yunnan"谷歌搜索结果超11700个，雅虎搜索结果超290万个。据不完全统计，相关信息境内阅读量超过8亿人次，海外阅读量超过5.6亿人次。

二、主要做法

（一）策划主题，设置议题

积极与生态环境、林业草原、森林消防、农业农村、文化旅游等部门以及中国林业科学研究院、西南林业大学、云南大学等机构和高校保持密切对接，分时段、分批次从不同角度、不同维度设置多个主题议题，充分拓展宣传报道的深度、广度和厚度。

1. 围绕环境保护和生物多样性做好预热报道

在2022年国际生物多样性日（5月22日）召开媒体通气会，提前向各级新闻媒体集中释放相关信息，进行预热推介。在2022年世界环境日（6月5日）向境内外全面推介中国云南·红河蝴蝶谷生态文明建设的实践。

2. 围绕蝴蝶生长的四个阶段做好跟踪报道

以"蝴蝶大爆发"为"圆心"，拓展聚焦蝴蝶"卵、毛毛虫、蛹、成蝶"四个阶段，充分延伸"报道链"，邀请国内知名蝴蝶方面专家进行解读，推出《科学家揭秘中国·红河蝴蝶谷："天时地利人和"造就全球罕见生态景观》专题报道，提升报道真实性、权威性、趣味性。

3. 围绕节日节点做好拓展报道

在2022年"5·20"网络情人节设置"梁山伯与祝英台的化蝶传说"议题，在2022年六一国际儿童节设置"蝴蝶的儿童时代""蝴蝶成年礼——破茧的高光时刻"等议题，设计具有拓展性的话题，形成了丰富多样的议题矩阵，

第二部分 创新国际传播话语：讲好中国式现代化故事

成群成片的蝴蝶在幽幽山林间翩飞起舞

新生的蝴蝶正在吸食花蜜

在海外媒体和社交平台广泛传播。

（二）联动采访，形成国际传播合力

红河州金平县位于中越边境，为切实做好新冠肺炎疫情防控工作，采取"分批集中采访+主动通联素材"的模式，降低疫情风险，提升传播效率。

1.分批采访

由于"蝴蝶大爆发"高峰期集中在一周左右，实地采访采取报名采访的方式，将中央、省、州、县四级媒体60余人分为三批次，分时段有序开展采访。

2.云上连线

不能到达蝴蝶谷现场采访的记者采取网络"云采访"的方式，打破空间限制，扩大采访范围。

3.分类供稿

安排本地记者拍摄800余张图片和300余分钟视频，按需求向国内外媒体供稿，增加国际传播量。

（三）多形态呈现，分众传播

以蝴蝶为"圆心"，用贴近不同受众的精准传播方式，实现全球化表达、区域化表达、分众化表达，增强国际传播的亲和力和实效性。

1.网络慢直播全程记录羽化成蝶过程

统一输出直播信号，协调60余家新闻媒体和海外账号进行羽化成蝶过程的云上慢直播，2022年5月27日至6月10日持续推送。

2.行进式直播探秘生态蝴蝶谷

安排3路记者到"蝴蝶大爆发"集中点、马鞍底小学、滮水岩瀑布等地，开展体验式、行进式直播，当日全网观看人次突破1000万。

3.科普海报吸引专业爱好者

针对在蝴蝶谷中发现的中国最大、最小、最古老的珍稀蝶种，推出2组系列海报，普及稀有蝴蝶品种的相关知识。

4.一线故事彰显独特视角

推出《24年的坚守》《"蝴蝶奶爸"的一天》人物专题，讲述生态文明建设守护者的故事，并在境内外媒体平台广泛推送，以普通工作者的独特视角，讲述生物多样性保护的生动故事。

三、经验总结

（一）聚焦奇观，宣介习近平生态文明思想

中国云南·红河蝴蝶谷"蝴蝶大爆发"的集中宣介，是云南精心策划的一场主题外宣活动。蝴蝶在生物链中属于较为"脆弱"的生命体，但在中国依然繁衍生息，翩翩起舞，并形成生物多样性聚集区，与当地百姓和谐共生，此次宣介真实地讲述了基层一线共建地球生命共同体的精彩故事。这是对习近平总书记致2022年六五环境日国家主场活动贺信精神的积极响应和生动实践。

（二）以蝶为媒，传播中国传统文化

蝴蝶，在中国传统文化中有着特别的含义，梁山伯与祝英台化蝶的故事，在中国家喻户晓，流传深远，一曲《梁祝》为蝴蝶赋予了"爱情"这一寓意。以蝴蝶为载体，推出《在诗词中赏蝶：翩翩舞态 诗以咏蝶》《在歌曲中唱蝶：蝶舞如诗 美景如歌》，介绍与蝶相关的古诗词、歌曲，向全球讲述"中国式浪漫"，推出《破茧成蝶！看蝴蝶的高光时刻》蝴蝶"生命链"高清延时视频，展示破茧成蝶的生命力量，润物细无声地传递中国文化，提升了国际传播的故事性和吸引力，使中国蝴蝶、中国生态在国际舆论场持续"圈粉"，引起海外受众的广泛关注。

（三）巧借外嘴，打造外宣新名片

坚持站在世界看中国，站在全国看云南。2022年6月16日通过新华网发布 *Rare 'Butterfly Explosion' Forms in China's Biodiverse Yunnan* 英文报道及视频，美联社、法新社、福克斯电视台、法国国家电视台、每日先驱报、波士顿先驱

报等40余家境外主流媒体纷纷转发转载，发文关注中国云南的"蝴蝶大爆发"生物奇观。通过云南省南亚东南亚区域国际传播中心组织统筹，协调海外重点社交账号在脸书、推特、照片墙等平台推送，以普通个人视角讲述蝴蝶谷的故事。高规格、多层次媒体阵容集中报道"蝴蝶大爆发"，境内外同步宣介，努力打造继亚洲象之后云南又一张亮丽的生态外宣名片。

一只蝴蝶在夜里悄悄打开了茧，站在枝头观察初次见到的世界

四、启示与思考

此次云南红河州的"蝴蝶大爆发"宣介，形成了地方到中央、境内到境外、民间到官方舆论场的多维度立体传播格局，多层级、分布式传播模式，聚焦全球关注的生态话题，呈现了一场"云上赏蝶"的视觉盛宴，助推中国云南·红河蝴蝶谷的知名度和美誉度的提升，用中国式话语和中国式叙事，让境内外受众感受了云南生态环境保护和生物多样性保护取得的丰硕成果。

第二部分　创新国际传播话语：讲好中国式现代化故事

（一）搭建场景，探索"议题+"外宣新模式

国际传播需要加强议题设置的整体性和层次性，我们立足"主议题"，拓展"分选题"，与各行业部门和相关机构精心策划、协同发力，充分拓展领域，向外延伸主题，结合节日节点、文化内涵、民风习俗等"分议题"搭建各类话题场景，同步提升中华文化感召力、中国形象亲和力、中国话语说服力，让传播更有穿透力，让国际社会进一步了解真实、立体、全面的中国。

（二）精准传播，讲好"Z世代"喜欢的故事

在国际传播中，要充分挖掘和释放大V、群众、草根人士、行业先锋的传播潜力，通过不同的角度和形式，将中国故事进行立体化、多层次、全方位的精准传播，本次宣介聚焦"Z世代"，让不少外国青年在推特等平台发出真情实感："原来中国不仅有熊猫，原来云南不仅有大象。"这样的感受频频登上青年较多的平台的热搜榜高位，达到了"裂变式"传播效果。

（三）科技助力，感受"In China"的魅力

在当前百年变局与全球新冠肺炎疫情交织的时局下，新科技的崛起，给国际传播带来不可低估的影响，科技的助力可以让更多不能亲赴中国的受众线上体验"In China"，感受中国文化的强大魅力。本次国际传播，采用多平台联合、慢直播和行进式直播同时进行的模式，AR、VR、MR等XR异地融合技术，为体验者带来虚拟世界与现实世界之间无缝转换的"沉浸感"，让境内外受众打破时间空间的障碍，通过网络和新媒体身临其境体验"蝴蝶大爆发"的魔幻镜像，感受蝴蝶漫天飞舞的神奇景象，让国际传播从可视化走向体验化，创造了现象级地方国际传播新案例。

（作者供图）

着眼大国制造　讲好中国故事
——广西柳州以"名企外宣"加强国际传播能力建设案例

中共柳州市委宣传部（柳州市人民政府新闻办公室）

满载重型机械的中欧班列从柳州驶出

党的二十大报告提出，增强中华文明传播力影响力，坚守中华文化立场，讲好中国故事、传播好中国声音，展现可信、可爱、可敬的中国形象，推动中华文化更好走向世界。2021年，习近平总书记在中共中央政治局第三十次集体学习时强调，讲好中国故事，传播好中国声音，展示真实、立体、全面的中国，是加强我国国际传播能力建设的重要任务。2021年4月，习近平总书记视察柳州时强调，制造业高质量发展是我国经济高质量发展的重中之重，建设社会主义现代化强国、发展壮大实体经济，都离不开制造业，要在推动产业优化升级上继续下功夫。

为深入贯彻落实习近平总书记关于国际传播工作的重要讲话精神和视察广

西、视察柳州重要讲话精神,贯彻落实好中央关于外宣工作重要部署,柳州发挥"工业城市中山水最美,山水城市中工业最强"的特色和优势,打造能见度高、正向"网红"色彩浓的"明星城市",着眼大国制造,充分发挥"名企外宣"优势,构建大外宣工作格局和融合舆论场,不断提升国际传播能力建设,向世界展现可信、可爱、可敬的中国形象。

一、以工业特色为优势,拓展对外宣传的内涵和渠道

当前,党中央实施创新驱动发展战略,推动我国从经济大国向经济强国、制造强国转变。柳州是广西最大的工业城市,拥有柳钢集团、柳工集团、上汽通用五菱等知名企业和两面针、金嗓子、花红药业等知名品牌。柳州是广西制造业"走出去"龙头城市,柳产汽车、工程机械远销各大洲,分别在印度、印尼、波兰、巴西等国建厂。在《南方周末》发布的2020十大"最具能见度"城市中,柳州排名全国第二。在开展对外宣传时,我们充分考虑柳州独特的工业优势,着眼大国制造,聚合优质企业资源,把开展"名企外宣"作为抓手,提升国际传播能力。

(一)柳州历史文化中蕴含着深厚的工业基因

作为"西南工业重镇""广西工业领头羊",柳州有着百年工业历史积淀,在民国时期曾被誉为"本省心脏",造出了广西产第一辆木炭汽车和第一架军用战斗机。1958年开启重工业时代,中央和广西壮族自治区在柳州规划布局十大工业项目,这些企业经过60多年发展不断做大做强。2019年,"伟大历程 辉煌成就——庆祝中华人民共和国成立70周年大型成就展"共展出150个"第一",其中柳州工业博物馆馆藏的由柳州机械厂研制的1101型汽油发电机,作为新中国第一代汽油机荣耀入选。目前,柳州工业总量约占广西的1/4,工业产值超百亿元企业6家。在柳州市委市政府的坚强领导下,数代企业家共同创造了柳州特色的工业文明,呈现出实业报国、放水养鱼、吸纳融合、同船

共渡的特征。

（二）工业是柳州立市最大的依仗和特色

柳州被媒体评价为"一座集工业之强和山水之美于一身的城市，现代工业与青山碧水相得益彰"。工业是柳州的根和魂，从传统产业到智能制造，柳州积极推动老工业基地转型升级；销售额从2015年的5亿元到2020年的100亿元，仅用5年，袋装柳州螺蛳粉就走上百亿之路；这里有地表水质排名全国第一的柳江河，有制造新能源汽车神话的五菱宏光MINIEV，有销往世界各地的柳工制造；柳州积极创建国家车联网先导区，2022年7月，广西首张智能网联汽车测试牌照落户柳州。柳州用工业化理念、产业链思维谋划发展，推动了工业高质量发展，染绿了一江春水，带富了一方百姓，绘出了"实业兴市，开放强柳"的发展蓝图。

柳工装载机、起重机在南极作业

（三）万物皆媒时代，名企是开展对外宣传的优质载体

在经济逆全球化重新抬头的今天，中国坚持敞开大门搞建设。柳州企业坚持在海外办企业、搞建设，开展对外贸易、投资，"走出去"的步伐不断加快，出口的范围不断扩大，在国外越来越受欢迎，本身就是国家对外形象的传播过程。在对外宣传的过程中，我们坚信文化的传播历来都不是孤立的社会行为，而是伴随着商业往来等其他载体而进行。万物互联的时代，万物为媒，万物皆媒，当"柳州企业""柳州制造"融入各国人民的生活，造福当地人民，就是在"润物细无声"地增进人文交流和民心相通，这时，"柳州制造"就变成了新的媒介，商品、产品、物品作为人的延伸，最终又反过来影响人的生活、思维和历史进程。这就是"名企外宣"，即充分考虑柳州独特的工业特色，发挥知名企业对外宣传优势，整合各类战略传播资源，创新对外宣传话语体系，构建大外宣格局。"名企外宣"的目的是助推柳州企业走出去，面向海内外展现中国制造的独特魅力。

二、以"名企外宣"为抓手，突破地市级国际传播的瓶颈

近年来，柳州立足工业城市特色，积极打造"名企外宣"品牌，以"名企外宣"为抓手，突破地市级国际传播瓶颈，进一步加大对重点国家、周边地区的宣传工作力度，创新对外宣传方式，提升国际传播能力。

（一）树企业形象，弘扬企业家精神

习近平总书记强调，市场活力来自于人，特别是来自于企业家，来自于企业家精神。柳州拥有柳工、柳钢、上汽通用五菱、东风柳汽、欧维姆等知名企业及一批充满活力的民营企业，涌现出一大批为柳州工业高质量发展作出突出贡献的企业家，广西汽车集团的"大国工匠"丘柳滨、郑志明分别成为党的十九大、二十大代表，广西柳工机械股份有限公司党委书记、董事长兼首席执行官曾光安获"全国劳动模范"称号，并在全国两会代表通道用英语向海内

外媒体推介柳州。柳州将每年的4月26日设立为"柳州企业日"和"柳州工匠日",围绕这一主题积极推介,吸引了人民网、新华网、中国新闻网等多家媒体关注报道。柳州市广播电视台策划推出首档工业类融媒体栏目《柳州制造》,策划"世界地图上的柳州制造"。柳州通过整合企业宣传资源,组织知名企业挖掘企业家典型人物和故事,通过"名企外宣"海外宣传平台进行二次传播和对外推介,面向海内外讲好柳州企业家故事,扩大"制造"朋友圈。

(二)兴文化之源,打造"国潮IP"爆款精品

习近平总书记强调,要立足中国大地,讲好中国故事,塑造更多为世界所认知的中华文化形象。柳州文化底蕴深厚,"柳宗元"文化、工业文化与近年来兴起的螺蛳粉文化交相辉映。柳州致力于打造"国潮IP",助力特色产业、网红产品、知名品牌"出圈",以柳工为代表的"大国重器"、以五菱宏光MINIEV为代表的"国民神车"、以螺蛳粉为代表的"网红美食"等,成为火爆的"国潮"。

唐代柳州刺史柳宗元是柳州最具特色的文化IP,为传承弘扬柳宗元文以明道、以文立心、雄深雅健的文风,柳州作家们创作推出系列散文《柳州八记》,其中《龙城记》荣获2022年"最美中国"当代诗歌散文大赛一等奖;柳州螺蛳粉成为推进柳州城市形象国际传播的特色名片,我们利用畅销全球的柳州螺蛳粉搭建传播渠道、营造热点话题。《区域全面经济伙伴关系协定》(RCEP)生效实施后,柳州螺蛳粉"粉丝圈"再扩容,销往全球28个国家和地区,在柬埔寨、新加坡、韩国、日本、新西兰等9个RCEP成员国申请了商标国际注册。2022年上半年,预包装柳州螺蛳粉出口134批次,同比增长109%。当前,各国友人积极宣传推介柳州,搭建起中外文化交流合作的桥梁。2022年央视春晚,舞蹈诗剧《只此青绿》惊艳全场,"柳州1号"App发布《这个柳州仔厉害了!春晚节目〈只此青绿〉服装是他设计的》,引发柬埔寨的柬中时报、马来西亚臻传媒、泰国网、"越南之声"、北欧时报、欧洲侨报等20多家海外媒体平台转载。

柳州市上汽通用五菱生产的新能源汽车成为火爆"国潮"

（三）展社会之责，走绿色发展道路

柳州坚持走绿色发展道路，让人民共享绿色发展成果。2020年以来，柳州在生态环境部公布的国家地表水考核断面水环境质量排名中位列全国第一，发达的工业经济和优良的水质，创造着中国工业城市绿色发展的奇迹。基于这一题材，柳州日报社推出国际传播作品《一条中国河流"破圈"记》，获人民日报、香港经济导报、香港商报、中阿卫视等境内外200多家媒体采用和推介。每年4月，柳州近30万株盛开的紫荆花构成了一幅浪漫的春光图景，海内外媒体聚焦柳州紫荆花海，点赞柳州花园城市建设。柳州市融媒体中心推出《紫气东来——中国"龙城"紫荆香》《紫气东来"荆"奇柳州——美丽中国壮美广西的龙城画卷》等国际传播作品，获美国的中美邮报、华人头条等境内外200多家媒体转发刊播。这些作品还在柳州友好城市的电视台、柳州知名企业海外宣传平台等渠道传播，成为面向海内外讲好柳州坚持走绿色发展道路的生动实践和成效。

（四）借工业之势，扩大"制造"朋友圈

作为首家全产业链"走出去"的中国汽车企业，上汽通用五菱通过"一带一路"深度参与到全球市场竞争之中。上汽通用五菱海外市场覆盖中南美洲、中东、非洲、东南亚等的40余个国家和地区，2022年8月8日，上汽通用五菱成为全球首家新能源车销量突破100万辆车企，其新能源产品Air ev官宣成为2022年G20峰会官方用车。东风柳汽贯彻落实国家"走出去"战略与"一带一路"倡议，实现战略市场出口量的快速增长，重点拓展东南亚、南美、中东等市场，2022年1—8月，东风柳汽累计出口汽车超16000台，同比增长92%，销售收入21亿元，同比增长51%。作为国内知名的预应力工程设计施工企业，柳州欧维姆机械股份有限公司是行业内的"隐形冠军"，举世瞩目的"中国天眼"和港珠澳大桥建设，都运用了欧维姆相关技术及产品。

三、构建大外宣格局，扩大"名企外宣"效果

习近平总书记指出，必须加强顶层设计和研究布局，构建具有鲜明中国特色的战略传播体系。为完善战略传播布局，在推进"名企外宣"过程中，柳州以精准高效为目标，做了积极探索，构建起规划设计更加科学、体制机制更加完备、力量布局更加合理、政策保障更加有力、品牌效应更加突出的大外宣格局。

（一）强化顶层设计，充分整合各方资源

制订了柳州市"名企外宣"工作方案，实施"名企外宣"十个一工程，挂牌成立"名企外宣"工作室，健全工作机制，深化"党政媒企"联动，将柳州的外宣工作、媒体融合发展、企业的经营推广融入国家战略传播体系的大局中去谋划，建立垂直化、扁平化的工作体系。2022年年初，柳州市开展"企业服务年"工业振兴大宣传暨"名企外宣"推进活动，进一步凝聚思想共识，激发前进动力。整合海外宣传资源，发挥企业渠道优势，进一步用好柳州知名企业的全球经销商、海外子公司、全球研发基地及脸书、推特、优兔、领英、照

片墙等传播平台；整合美国辛辛那提市、德国帕绍市等八个友好城市资源，加强合作，拓展名企国际传播渠道；用好柳州入选中欧区域政策合作中方案例地区契机，扩大柳州在欧洲城市的知名度和美誉度；整合文旅品牌资源，鼓励工业题材音乐剧《致青春》海外巡演；整合职业教育资源，探索培养企业"走出去"的技能人才与国际传播人才相结合模式，建强战略传播队伍。

（二）聚焦内容策划，把握国际舆论主导权

聚焦新时代中国波澜壮阔的伟大实践，在中国制造大格局中把握柳州工业高质量发展，宣介在以习近平同志为核心的党中央领导下，柳州牢记嘱托、感恩奋进，深入实施"实业兴市，开放强柳"，加快建设现代制造城、打造万亿工业强市，全力谱写建设新时代中国特色社会主义壮美广西柳州篇章。建设广西首家数字文化创意产业园——772数字文化创意产业园，建立柳州市数字文化传播中心、柳州市融媒体中心"名企外宣"工作室等，主动策划，用好"一台车、一江水、一朵花、一碗粉、一风情"开展城市形象宣传，以柳工国际化20周年及上汽通用五菱合资20周年为契机，采用贴近不同区域、不同国家、不同群体受众的精准传播方式，推进中国故事和中国声音的全球化表达、区域化表达、分众化表达，增强国际传播的亲和力和实效性。

（三）注重融合发展，形成立体化传播矩阵

发挥工业城市优势，以工业化理念和产业链思维，建设兼具党媒系、工业风、科技感和国际范的柳州市融媒体中心，柳州市融媒体中心已列入中宣部全国首批60家市级融媒体中心建设试点。推动官方与民间舆论融通、党媒与自媒体资源共享、上级媒体与基层媒体协同互联、传统媒体与新兴媒体优势互补、主流媒体与全行业大融合。成立柳州市国际传播中心，坚持"请进来、走出去、卖出去"理念，加强与境外媒体机构、中央主流媒体的合作交流，加强与周边国家及"一带一路"沿线国家的文化交流合作及旅游宣传推广。依托国际传播中心，在海外社交媒体平台开通"惊奇柳州"账号，使之成为"名企外宣"的重要海外宣传平台，打造立体化、多元化的城市形象外宣矩阵，让柳州企业在海外"深入人心"，让"美丽中国·惊奇柳州"声名远扬。

（四）凸显网红品牌，持续讲好"小米粉大产业"故事

2021年4月26日，习近平总书记在柳州螺蛳粉生产集聚区视察时指出："真是令人惊奇！小米粉搞出这么大规模的产业来。"柳州螺蛳粉成为名副其实自带传播力、影响力和号召力的超级"网红"和"国民美食"。发挥柳州螺蛳粉独一无二的品牌效应，立足城市自身特色，讲好中国产业故事；结合柳州螺蛳粉独一无二的地域文化特色，擦亮地方文化名片，讲好中国城市故事；挖掘柳州螺蛳粉独一无二的创新特性，宣介改革开放成就，讲好中国发展故事。持续将畅销全球的柳州螺蛳粉作为展示城市形象、中国形象的载体，不断精准切入，搭台唱戏，借梯登高，挖掘中国文化故事、新时代创新发展故事、经济高质量发展故事。

（作者供图）

第三部分

区域化和分众化表达：
展现可信、可爱、可敬的中国形象

盐城市运用湿地世遗资源展示美丽中国形象

中共江苏省委宣传部

江苏盐城地处黄海之滨、江苏中部，是东亚—澳大利亚候鸟迁徙路线上的关键区域，被誉为鸟类的"国际机场"。2019年7月，在阿塞拜疆巴库召开的第43届世界遗产大会上，盐城市中国黄（渤）海候鸟栖息地入选《世界自然遗产名录》。2022年6月，盐城市被国际《湿地公约》组织评为第二批"国际湿地城市"。围绕湿地世遗主题，盐城市在国际传播领域持续发力，宣介江苏在加强生态文明建设、生物多样性保护上的探索实践，不断提升城市知名度、美誉度。

一、立足地域特色，擦亮城市金名片

盐城市作为中国黄（渤）海候鸟栖息地申遗首创和引领城市，努力扛起世遗责任，打造生态保护创新典范。

（一）强化统筹，加强顶层设计

盐城市委对外宣传领导小组、市对外宣传工作联席会议机制牵头，结合盐城实际制订《盐城黄海湿地世遗品牌传播计划》，明确拓展传播渠道、丰富传播内容等重点工作。坚持上下联动、多部门协作，充分发挥外事、侨务、教育、文旅、生态环境、自然资源、团委等部门力量，不断拓展渠道，建立面向市外、省外、境外的宽领域、多层次品牌传播体系。

（二）搭建平台，丰富世遗内涵

新建中国黄海湿地博物馆，不断丰富湿地文化展示内涵，增强世界遗产传承活力。博物馆集展览、科普、研学为一体，设立黄海湿地动态监测展示平台，完整记录候鸟迁飞区实时监测数据，实时反映遗产地相关情况，助力黄海生态保护。博物馆与周边博物园、国际会议中心共同组成盐城"生态会客厅"，成为展示盐城湿地文化的新地标。

（三）文化赋能，打造城市IP

盐城申遗成功后，结合广为世界关注的湿地生态和濒危动物，将黄海湿地"吉祥三宝"（麋鹿、丹顶鹤、勺嘴鹬）打造成最具吸引力的城市IP。举办"艺术也有栖息地"系列湿地文化活动，成立黄海湿地生态文化产业推广协会，推出一批质量上乘的"文、图、声、像"外宣品和文创产品。2022年7月5日，发布了以"吉祥三宝"为主题的全球首批黄海湿地数字藏品，通过数字技术将动物的骨骼肌理以3D视觉全息复原，生动再现让"吉祥三宝"怡然自得的栖息环境。

二、拓展资源平台，构建传播大格局

盐城市深化与中央主流媒体的合作，拓展与境外媒体的交流，抢占海外网络媒体阵地，坚持"请进来、走出去"相结合，通过联合制作、定制推送、供版供稿等方式，讲好中国故事，传播好中国声音。

（一）聚力"深"，突出央媒宣传

加强与人民日报、新华社、中央广播电视总台、光明日报、中国日报、中新社、中国国际电视台（CGTN）等中央主流媒体的沟通合作，邀请媒体记者走进黄海湿地深度挖掘采访，先后推出黄海湿地主题报道。《人民日报》《人民日报（海外版）》《新华每日电讯》《参考消息》连续推出《动人的故事、感人的力量》《盐城黄海湿地，自然遗产保护的中国实践》《东亚候鸟星级

"加油站"的飞禽、走兽和人》《盐城黄海湿地案例启迪世界》等整版报道。

（二）聚力"精"，频推主题产品

配合中央广播电视总台制作30分钟8K纪录片《美丽中国说》之《沙洲奇缘》（黄海湿地篇），以及11集微纪录片《美丽中国：自然》。自然纪录片《一个真实的地方》入围第8届法国尼斯国际电影节并获得最佳摄影奖、最佳剪辑奖、最佳纪录短片奖提名，城市形象短片《水杉语》入围第72届戛纳国际电影节短片角单元并展映，向海内外展示盐城市在生物多样性保护方面的探索与成就。

（三）聚力"广"，紧抓海外用户

连续多年举办"Show Jiangsu"外媒摄影师采风行、"走进黄海湿地"中外媒体记者盐城行等活动，邀请欧新社、法新社、卢萨社等国际媒体的记者、摄影师走进黄海湿地采访采风。在脸书、推特开设海外社交媒体账号"Discover Yancheng"（发现盐城），围绕湿地世遗持续制作精美视频、图文产品，举办"Go Jiangsu"海外社交媒体粉丝盐城行。2022年6月与中国驻首尔旅游办事处共同推出"文化和自然遗产日　大美盐城欢迎您"主题活动，邀请韩国民众在线感受盐城黄海湿地之美。

三、放大世遗效应，提升对外能见度

盐城市始终深入践行习近平生态文明思想，树牢"人类命运共同体"意识，切实守护好黄海湿地这一方净土，努力向全世界交出一份遗产保护的精彩答卷。

（一）推广"中国样本"，不断增强"合作力"

连续举办四届黄（渤）海湿地国际研讨会，其间邀请300余人次的外国专家、学者、媒体记者来盐参访、科考、采风，在国际上积极分享中国举措、中国经验、中国故事。与国家林草局联合举办全国"文化和自然遗产日"主题活动。在第44届世界遗产大会期间举办"世界自然遗产与生物多样性：滨海候鸟栖息地的保护与可持续发展"边会。参与联合国《生物多样性公约》缔约方第十五次大会"生物多样性100+案例"全球征集评选，成功入选并在中国馆主题展区展出。

（二）深化民间交往，不断拓宽"交流面"

组织"遇见大美湿地、共建美丽江苏——黄海湿地进高校"活动，赴南京大学、上海交大、澳门大学等29所高校举办巡回展览。举办外国友人"体验江苏·读懂中国"走进盐城、盐城黄海湿地国际摄影大赛、2021海外台湾青少年"云中看江苏"网上夏令营等活动，邀请外国友人和台湾同胞近距离感受黄海湿地魅力。

（三）强化国际担当，不断扩大"朋友圈"

2022年1月，盐城举办首届全球滨海论坛，论坛以"和谐共生：携手构建人与自然生命共同体"为主题，来自30多个国家和地区的近400名专家学者线上线下参会。论坛发布《盐城共识》《全球滨海湿地城市可持续发展行动倡议》，为全球生态治理和可持续发展贡献盐城智慧。

国际传播视域下西藏外宣纪录片的传播策略
——以西藏外宣纪录片《你好！新西藏》为例

中共西藏自治区党委宣传部

在西藏外宣工作中，纪录片是"讲好中国故事，传播好中国声音"的重要方式和载体。随着国际传播环境的变化，受众收看习惯的转变，讲故事已是国际传播的基本方式。要深刻认识新形势下西藏加强和改进国际传播工作的重要性和必要性，为国家对外传播营造有利的国际舆论环境，不断深化文明交流互鉴，推动中华文化更好走向世界，为构建人类命运共同体作出积极贡献。

2022年，西藏自治区新闻办公室出品两集系列纪录片《你好！新西藏》。该片通过记录生活在西藏不同地市的七位人物，讲述他们与时代同行、奋斗不止的生动故事，见微知著地书写西藏新时代，是一部反映西藏和平解放70年发展成就的现实人文类纪录片。本文以纪录片《你好！新西藏》为例，总结西藏外宣在国际传播视域下的传播策略和工作经验。

一、突破传统，真实与创新结合的选题方向

七十载，西藏实现了历史上最广泛最深刻的社会变革。特别是随着党的二十大胜利召开，各项事业的发展更是西藏社会一次深刻、奋勇的创新实践。过去，西藏纪录片的制作多以传统的历史人文为主题，涉及创新、科技领域的

题材较少。过去五年，西藏GDP增速领跑全国，行业扩容日新月异。社会发展水平与日俱进，文化事业百花齐放是今日西藏发展的客观事实，这为西藏纪录片的创作提供了良好的现实土壤。其中真实、生动、鲜活的人物在各行各业中比比皆是。区别于过去刻板、保守的西藏传统形象，纪录片《你好！新西藏》选取的主题涵盖了互联网、航空、艺术、体育竞技、医疗、教育等，这些都是具有共通性、关注点的国际议题，更易于海外受众接纳和理解，在国际传播中，也更利于我们掌握对外传播的话语权。本片通过具有时代性的话题，介绍差异化的新兴领域，全景式地展现西藏从城市到乡村的真实面貌，紧扣时代发展的热点，讲述西藏最精彩的新故事。同时，也为激发人民文化创新创造活力，增强实现中华民族伟大复兴的精神力量，构建我国大国形象发挥积极的促进作用。

二、以国际视野国际表达，讲好西藏故事

如果说"讲故事"是我国对外宣传工作的要求，那"讲好故事"才是问题的关键。把"有意义"的讲成"有意思"的，是外宣纪录片最佳的国际传播方式。纪录片《你好！新西藏》采用了这一"故事化"的叙事方式，摒弃传统的"宏大叙事"，把镜头对准西藏的普通百姓，深刻挖掘普通人物的性格特点、情感命运，力求做到主题故事化、故事人物化、人物细节化、细节画面化。叙事形态从传统的宣教转向国际传播，以小见大、润物无声、微言大义地将本片的传播诉求做深做细。同时，本片讲述人物故事的视角是全新的。农村网红、飞行员、滑雪运动员、艺术策展人、乡村教师以及妇产科医生……这些具体而真实的西藏人，他们如何把握时代机遇，实现自我价值，并且在这一过程中，他们做出了哪些抉择和思考，这些都是能够引起观众价值认同、引发情感共振的故事元素。同时，本片的故事创作维度跨越了地域、文化、民族、职业、性别、年龄，这也是本片叙事成功、具有国际传播

性的巨大优势。

三、积极运用新媒体思维，提升外宣纪录片的市场品质

我们生活在信息传播方式、传播渠道、传播形式更多元化、更立体化的今天，纪录片只是信息传达的其中一种载体，要让观众在海量的视听产品中主动选择观看纪录片，需要有创新的选题和叙事方式，此外，产品思维也是决定纪录片能否高度传播的关键。随着传统媒体行业下滑，新媒体平台对于纪录片传播的重要性日益凸显。纪录片《你好！新西藏》在前期策划的时候，就考虑到这不仅仅是一个传播中国西藏声音的"作品"，更是一个融媒体时代的"项目"，以此为出发点，《你好！新西藏》在更多的路径上进行跨平台播出和宣推"产品"，并且积极尝试新媒体纪录片的艺术化包装形式，从故事讲述、剪辑节奏、节目包装到投放，积极尝试外宣纪录片在新媒体的生存之道，力求做到社会性、艺术性、传播性的统一。

四、实施跨平台传播的融媒体宣推路径，文明互鉴

纪录片《你好！新西藏》于 2022 年 3 月 3 日至 4 日，在中央电视台中文国际频道（CCTV-4）和 CCTV 官网在线播出，取得较高收视率。

3月4日，纪录片在腾讯视频上线。3月7日，纪录片上线哔哩哔哩。纪录片网络评分 8.9，腾讯视频播放总量达 68.6 万次，并且一直保持着视频纪录片类较高的点击率。上线一周，纪录片创建百度百科、豆瓣纪录片词条，且以最高搜索热度荣登腾讯纪录片社会纪录片类排行榜第 1 名。相关微博话题"你好！新西藏"阅读总量 10.2 万次。3月2日，本片播出信息由《西藏新闻联播》在节目中发布。3月4日，中国新闻网发文《纪录片〈你好！新西藏〉上映　迎接藏历水虎新年》为本片首播造势，该文被人民网、北青网、澎湃新闻、央视网、搜狐网、新浪新闻、网易、腾讯网等媒体相继转载，进一步增强了本片的传播声

量，取得了良好的宣播效果。同时，纪录片《你好！新西藏》申报了众多国内外影视节展，不断拓展本片的对外交流路径，增强纪录片国际传播的效能，深化文明的交流互鉴，推动中华文明更好地走向世界。

"澜湄万里行"中外媒体大型采访活动
——以"请进来""走出去"促进澜湄流域国家交流互鉴

青海省人民政府新闻办公室

青海,一不沿边、二不靠海,长期以来,对外宣传工作缺乏精准的对象国,中华文化"走出去"没有明确的目标区域,主要呈大水漫灌态势,虽然覆盖面比较广,但影响力有限,迫切需要寻找突破口,深耕细作、久久为功,不断增强中华文化在特定区域国家的影响力。

一、在对问题的思考中回应

习近平总书记多次提出,要打造周边命运共同体。中国和湄公河流域国家山水相连、人文相通、经济互补,是近邻中的近邻,亲如一家人,拥有开展合作的先天优越条件。澜沧江—湄公河合作是中国与柬埔寨、老挝、缅甸、泰国、越南共同发起和建设的新型次区域合作机制,旨在深化澜湄六国睦邻友好和务实合作,促进流域各国经济社会发展,打造澜湄流域经济发展带,建设澜湄国家命运共同体,助力东盟共同体建设和地区一体化进程,为推进南南合作和落实联合国2030年可持续发展议程作出贡献,共同维护和促进地区持续和平和发展繁荣。

时任中央政治局委员、中央书记处书记,中央宣传部部长黄坤明高度重视澜湄国家媒体交流合作工作,多次参加澜沧江—湄公河合作媒体峰会。在2020

澜沧江—湄公河合作媒体云峰会上，黄坤明同志强调：在全球新冠肺炎疫情持续蔓延的背景下，澜湄各国媒体应继续相互支持、密切协作，以更多的好新闻、好作品、好声音，生动讲述共赢发展、共享成果的澜湄故事，传递团结合作、世代友好的澜湄情谊，向世界呈现美美与共、文明互鉴的澜湄愿景，为各国经济复苏和可持续发展营造良好舆论环境。

伴随国家对澜湄合作和澜湄次区域的重视不断增长，作为澜沧江—湄公河的源头，青海在学习习近平总书记系列重要讲话精神中，逐步明确了对外宣传工作的着力点和发力点。为深入贯彻"一带一路"建设和分层分类对外文化传播的战略部署，落实黄坤明同志讲话精神，为青海对外宣传工作找准对象国，将"请进来"和"走出去"深度融合，有效推动中华文化走出去并走深走实，在中宣部领导和有关部门的大力支持下，由青海省委宣传部发起，联合云南、西藏两省区党委宣传部共同主办，具体由青海省人民政府新闻办公室联合有关单位承办的"同饮一江水　共话澜湄情——澜湄万里行中外媒体大型采访活动"（简称"澜湄万里行活动"）应运而生，该项目以行进式采访为主线（因受新冠肺炎疫情影响暂时限定在国内段，待新冠肺炎疫情防控条件允许后，拟赴澜湄流域其他国家采访），配合开展学术、文化交流等对外宣传品牌活动。通过活动加强澜湄流域国家媒体间的合作交流，增强澜湄国家命运共同体意识，向国际社会展现全面、立体、真实的青海，体现青海作为澜沧江—湄公河这一国际河流的源头担当。

二、主要做法与成效

一是提高活动站位立意。采访活动以学习宣传习近平生态文明思想为重点，坚持生态优先、绿色低碳发展的宣传导向，深入挖掘青海丰富的自然资源禀赋和传统文化元素，生动讲述青藏滇三省区贯彻落实习近平生态文明思想的故事，获得了中央和国家有关部委、国际组织和中外媒体记者的一致肯定。中

第三部分 区域化和分众化表达：展现可信、可爱、可敬的中国形象

2021澜湄万里行中外媒体采访活动团队在澜沧江源地区组织首次全媒体直播现场

宣部对外推广局二级巡视员赵顺国表示，此次活动向世界展示了澜沧江流域国家在澜湄合作机制下的新变化，为澜湄流域各国经济复苏和可持续发展营造了良好舆论环境，为构建人类命运共同体作出了新的贡献。外交部亚洲司参赞邓伟表示，2022年是澜湄合作五周年，举办此项活动恰逢其时，通过该活动能很好地向海外展示我国生态保护成就，宣介我国为澜沧江流域生态保护作出的巨大贡献，有利于增进流域国家间理解互信，促进文化交流交融，希望活动越办越好，为深化澜湄人文交流合作作出更大贡献。《人民日报（海外版）》编委赵永琦表示，青海省委宣传部发起的澜湄万里行中外媒体大型采访活动，是促进和深化各国媒体交流、打造澜湄流域新的人文交流平台的重要抓手。澜湄水资源合作中心主任郝钊表示，青海省委宣传部联合西藏自治区党委宣传部、云南省委宣传部共同举办"澜湄万里行活动"，组织媒体记者探访澜沧江源头，与国际社会分享青海所做的努力和经验做法，非常有意义。越南通讯社驻北京分社社长邓进忠对沿路生态保护给予高度评价："这一趟参加澜湄万里行活动，我觉得中国政府和青海省、西藏自治区各地政府生态保护工作已经做得很

好，给中国人民和东南亚人民留下了清洁的生活环境，有利于人民的健康，有利于促进旅游的发展、经济的发展。"

中外媒体在类乌齐县集体采访

二是构筑坚强战斗堡垒。为充分提升活动的创新性和实效性，确保采访团在整个采访活动中，以高度的政治责任感和饱满的工作热情圆满完成任务，自2021年第二次澜湄万里行活动开始，领导小组组织采访团中的党员记者和工作人员，成立了涵盖青、藏、滇三省（区）工作人员以及中央、地方25家媒体记者的临时联合党支部。严格执行《中国共产党支部工作条例》，通过支部大会、主题策划会、早晚碰头会等，及时研究部署采访活动、新闻报道、疫情防控等各项事务，充分发挥了临时联合党支部的战斗堡垒作用，为采访活动的圆满顺利完成奠定了坚实的组织基础。

三是丰富活动学术内涵。通过举办学术交流会、研讨会等多种形式，搭建平台，增进交流。先后两年，组织青海、云南两省社会科学界联合会在昆明和西宁召开"澜湄万里行"学术交流会，两省专家学者和邀请的国际机构、知名高校专家学者共话澜沧江的"源远流长"，在为两省经济文化社会发展建言献策的同时，也起到了引导中外媒体记者深入了解澜湄流域的文化特色、风土人情,切实提升青海文化的传播力、影响力的作用。《经济日报》以半个版面刊发2021年交流会的主要内容,引起广泛关注。

四是整合全媒推介直播。为进一步扩大活动的影响力,2021年11月17日在青海省杂多县靠近澜沧江源头区域,举行"2021澜湄万里行——澜湄源首次大型全媒体直播活动"。直播活动以《青海深入贯彻习近平生态文明思想打造生态文明高地》宣传片开篇,继而通过与越南、老挝、缅甸等国家的官员、学者和学生代表视频连线、现场互动采访、播放VCR、民族歌舞展演和澜沧江源航拍全景等形式,分四个单元分别介绍了澜沧江—湄公河的概况、澜湄源头的生态保护情况、青海与澜湄国家的联系、举办活动的意义与价值,中外50余家媒体平台同时推出直播。新华每日电讯抖音预告视频播放量超20万次,点赞量超过2.3万次。受此次直播带动,抖音直播当日澜湄万里行话题量增长60万次。据不完全统计,直播峰值观看量超200万次,取得了良好的传播效果。

截至目前,澜湄万里行活动累计刊播各类稿件上千篇(条),其中,中央主要媒体已刊发各类稿件500余篇(条),《人民日报》头版两次刊发该活动的图文报道,共刊发5篇评论员文章;海外媒体刊发各类稿件300余篇(条),新加坡《联合早报》就采访所感专门撰文《一江春水向南流》刊载;省级媒体刊发各类稿件300篇(条)。各媒体充分发挥所属平台优势,做好快速传播、立体传播,形成"网、端、微、号"同频发力、百花齐放的报道格局。2021年澜湄万里行活动还被澜湄合作中国秘书处列入"中国参与澜湄及湄公河次区域合作2021年度十大新闻",从一个侧面反映了活动的意义与价值。

三、启示与思考

时任中宣部部长黄坤明在出席2020澜沧江—湄公河合作媒体云峰会时指出,澜湄各国媒体应继续相互支持、密切协作,以更多的好新闻、好作品、好声音,生动讲述共赢发展、共享成果的澜湄故事,传递团结合作、世代友好的澜湄情谊，向世界呈现美美与共、文明互鉴的澜湄愿景，为各国经济复苏和可持续发展营造良好舆论环境。

黄坤明同志的讲话，为青海国际传播打开了新局面；为不沿边、不靠海，外宣工作长期缺乏目标对象国的青海找到了抓手。创立5周年且迈入全面发展新阶段的澜沧江—湄公河合作机制，为各国发展注入了"源头活水"，为构建人类命运共同体树立了典范，相关各国对澜湄合作和澜湄次区域的重视不断增长，作为澜沧江—湄公河的源头，青海有了中华文化走出去工作的着力点和发力点。青海省委宣传部根据青海的实际情况，积极策划、认真选题，通过共同的采访活动加强澜湄流域国家媒体间的合作交流，增强澜湄国家命运共同体意识，展现全面、立体、真实的青海，很好地体现了青海作为澜沧江—湄公河这一国际河流的源头担当。

（作者供图）

以精心服务达到精准引导

——2022张家口媒体接待站全力以赴做好媒体服务工作

中共张家口市委宣传部

2022张家口媒体接待站从2021年11月3日开始建设，2022年2月1日正式运行。在冬奥会、冬残奥会期间，媒体接待站累计接待媒体99家、记者429人，组织媒体记者1539人次，参加了120个点位的集中采访活动，向媒体提供图、文、视频等新闻素材4789条，出色完成了冬奥会和冬残奥会非注册媒体采访服务管理任务，实现高速度高效率建站，零负面报道、零负面新闻、零疫情感染、零负面舆情、零安全事故运行，截至2022年3月14日撤站，精准引导所服务媒体推出重点报道48219篇（条），使张家口享誉世界，为举办一届简约、安全、精彩的冬奥会、冬残奥会作出不可替代的重要贡献。

一、工作成效

国际奥委会终身荣誉主席萨马兰奇指出："媒体是奥运会成功与否的评判者。"为全力以赴做好媒体服务工作，2022张家口媒体接待站用极致的标准、精细的保障、务实的态度扎实高效推进各项工作，为99家媒体700多人次记者提供了精准、专业、全程的服务保障，特别是圆满完成了10家境外媒体18名记者的采访服务工作，全程无纰漏、零失误。日本经济新闻记者陈志权对精品采访线路表示赞赏，表示采访线路安排多元饱满，富有张家口特色，工作人员对接态度友好、妥善得当。法新社记者吕多称赞服务安排贴心，在离张时主动提出与对接团队合影留念，表示"还会再来张家口采访报道"。

（一）宣传报道有量有力有效

赛会期间在全世界推出重点报道43191篇（条），其中，境外新闻媒体刊播报道15363篇，人民日报、新华社、中央广播电视总台等中央主流媒体刊播稿件9453篇（条），各省主流媒体刊播报道18375篇（条），总阅读量超20亿次。美联社推出《张家口赛区火炬接力》视频报道，路透社推出《中国绿色氢能源的制造和利用已全面展开》等重点报道，张家口在国际视野频频亮相，向世界展示了冬奥之城张家口的独特魅力。

（二）文化传播多角度全方位显特色

聚焦"讲好中国故事、传播好张家口声音"，用足用好文化展示展演平台，精心设计了"一场城市形象宣传、一场文化节目展演、一场民俗文化展示、一场非遗互动展示"四个一文化展演展示活动，策划组织各类宣传推介活动324场，展现了张家口独特的文化脉络和深层次的文化内涵，展示了张家口城市形象和新时代的精神气象。中央广播电视总台、中国日报、中国青年报、北京日报、辽宁日报等媒体记者120余人次对文化展示展演活动进行了采访和报道，形成了良好的宣传推介效果。报道媒体接待站的故事　送你一个雪容融》点击量破100万次，引发网友广泛点赞。

（三）安全运行零失误零事故零舆情

通过精准、精心、精致、精细做好媒体记者服务工作，牢牢守住安全底线，冬奥会和冬残奥会期间，媒体接待站未发生一起网络舆情事件。中央网信办、省委网信办对此给予高度评价：冬奥会期间张家口没有发生重大网络舆情事件；冬奥会结束后张家口舆情没有出现大量反弹。

第三部分 区域化和分众化表达：展现可信、可爱、可敬的中国形象

二、主要做法

（一）强化顶层设计，保障媒体接待站建设有力有序

突出组织领导。聚焦非注册媒体采访服务管理这个核心任务，推出一个总体方案宏观引领，N个专项方案重点推进，N个子方案细化落实的"1+N+N"框架结构。编制了近80万字的《北京2022年冬奥会和冬残奥会（张家口赛区）非注册媒体服务管理工作方案》、10个专项方案、19个细化落实方案，细化分解出520余项具体工作，逐项明确了责任人、时间点、路线图。又在此基础上印发了"1+6"运行方案，搭建起科学引领、专项推进、精细落实的顶层设计。确保了非注册媒体服务管理工作在时间紧迫、任务繁重的现实情况下，高效能、无差错、零失误运行。

坚持高位推动。组建了市委办、市委宣传部、市卫健委、市人社局、市乡村振兴局、市文旅局、市文联等42余家市直单位为成员的领导小组，领导小组办公室设在市委宣传部。构建了省市两级协调联动、一体推进的工作格局。

筹建高效团队。从省市县三级，宣传、外事、外媒、省级媒体、高校、志愿者等多个行业、部门抽调170多名专业强、踏实干的精英力量，组建综合协调、媒体服务、文化展示展演、新闻发布、运行保障等6个办公室，细分综合组、督查组、志愿服务组、媒体服务组等23个专项运行组和66个工作模块，组建高效的运行体系。

实现高效过渡。聚焦赛前和赛时两个阶段，建立班子队伍及时调整、工作方案动态更新、关键节点有序衔接的工作体系，稳步推进赛前筹备体系向冬奥会体系、冬残奥会体系转换，实现了三个节点平稳过渡。在筹备阶段，坚持以市委宣传部核心力量为主总体推进各项工作。在冬奥会阶段，实现从市委宣传部的10人核心班底向来自省、市、县各方工作力量汇集的242人工作团队的转变。在冬残奥会阶段，稳步做好机构精简、队伍瘦身，推动工作力量回归市委

宣传部核心队伍。

（二）强化攻坚克难，推进媒体接待站建设高质高效

压力大，与时间赛跑。2021年11月2日，召开市冬奥会城市运行和环境建设管理指挥部第五十五次指挥调度会议，作出建设媒体接待站的重要部署，这时距离冬奥会开幕仅剩93天。加上天气寒冷、施工期短、新冠肺炎疫情影响等多重困难叠加，建站任务压力巨大。市委、市政府切实压实工作责任，责任领导通力配合，从立项、选址、手续办理、建设、资金、人员等方面给予全力保障，集全市力量推进接待站建设，在当年12月底完成建设任务，2022年1月25日开始试运行，当年2月1日正式运行。

任务重，与困难较劲。接待站建设团队靠前指挥、抓早抓细，召开7次冬奥宣传媒体及文化组全体会议、23次接待站建设运行专题会议，研究讨论接待站建设重大事项和重要问题，部署推进各项重点工作任务，解决了建设、报名、疫情防控等一个个困难。稳步推进非注册媒体记者报名和资格审查工作，从2022年1月5日启动到当年1月15日结束，10天内完成127家媒体557名记者报名工作，其中包括美联社、路透社、法新社等36家境外媒体的174名记者，以及人民日报、新华社、中国新闻社等43家国内媒体的383名记者。

标准高，与国际比肩。张家口媒体接待站建设伊始，建设团队按照"三个赛区一个标准"的要求，先后21次赴中宣部、中央广播电视总台、北京市委宣传部、北京冬奥组委媒体运行部、新闻宣传部、延庆区委宣传部等15个单位部门，精准对接工作。经过多方学习，不断摸索经验，建成了配套齐全、功能完备的2022张家口媒体接待站。接待站总建筑面积6400平方米，设置了媒体公共工作区、媒体专属工作区、文化展示区等9个主要功能区，可同时容纳230人就餐，600多人住宿。

（三）推进制度建设，确保接待站运行平稳顺畅

建立"四级联动"工作机制。坚持中央省市县四级联动，中宣部定时召开

赛时运行指挥媒体联络组视频连线会，分析研判北京和张家口媒体运行情况，强化工作指导、发布具体指令。张家口市委常委、各部部长坚持每天召开宣传部长会议，传达贯彻中央和河北省委宣传部具体要求，精准落实省委、市委最新部署要求，压实县区属地责任，有效凝聚了四级宣传力量工作合力。

建立"四位一体"工作机制。聚焦全工作流程，建立架构推进、清单管理、流程推演、实战运行四位一体闭环工作机制：实施1+N框架管理工作法，全面梳理工作内容，建立起统筹全局、科学合理的顶层设计；实施任务清单、责任清单、问题清单、结果清单四项清单管理制度，分门别类细化每一项工作任务，建立责任到人的动态管理工作台账，推进各项任务销号管理压茬推进；强化流程推演，全面评估媒体采访服务、火炬接力、舆情应对、疫情防控、安全保卫等领域存在的风险挑战，制定应急预案，实行全流程、全要素模拟演练，确保万无一失。

建立"四级会商"机制。建立工作小组组长会议、指挥长会议、冬奥宣传媒体会议及文化组领导小组会议日例会机制，及时向市指挥部报告工作，形成了层层研判分析风险、排查矛盾隐患，层层对上报告工作、推进问题解决，层层下达工作指令、部署具体任务的四级会商机制，确保了快速反应、及时应对、高效落实。

（四）精心备料喂料，实现接待站采访量井喷式增长

准备采访素材。紧紧围绕冬奥筹办、人文历史、地方文化、自然景观、经济发展、社会变革、冰雪产业等方面，省市宣传部门组织中国传媒大学专家团队、省市媒体记者实地踏勘40余次，召开县区宣传部长调度会8次，组内协调会12次，从19个县区精心准备各类新闻资源，全面保障媒体记者新闻采访需求。

建立精品采访点、采访线。紧盯国际关注、国人关心，围绕冬奥会筹办、脱贫攻坚、京津冀协同发展、"首都两区"建设、国家可再生能源示范区建设、京张体育文化旅游带建设等方面的成效，梳理了20条市级精品采访线、56个采访点、1条奥运火炬传递接力路线，向国内外记者推荐，帮助和引导境外媒体客观真实地报道中国；同时，在媒体记者抵张报到前，通过"预约小程序"获知媒体记者的采访预约情况及个性化的采访需求，经过统计汇总，每日合理安排推出2至3条精品采访路线供选择，让记者感觉到"备料"充足，"有料"可采，采用"解渴"。

建立精品新闻素材库。按照冬奥筹办、历史风光、经济社会发展等类型确定建立素材库框架，深挖县区亮点，形成丰富的纸质材料、影像资料、图片资料，建立新闻素材库，为非注册媒体采访提供丰富的新闻素材。经过反复梳理各县区、各部门素材资料，修改填充素材库内容，并将其反馈至各县区、各部门，对素材内容、数据、图片视频使用情况进行确认，共梳理完成素材库资料4700余条，包括文档520余个、图片980余张、视频90余条，为记者备好"料"。将素材库整体内容与张家口城市宣传片、各县区宣传片和百张电子相册一起制成U盘，搭配冬奥百问手册，提供给国内外媒体记者使用。

建立完备口径库。经过宣传部门、专家、县区多方研讨，确定了以调动县区和部门口径库建设工作主动性、协调领导和专家达成口径库建设工作一致意见的方法，统筹推进口径库建设工作。先后组织全市各级各部门各单位全面梳理本地区、本领域风险点和问题点，初步划定口径库范围，拟定备答口径，结合热点难点敏感问题，共梳理出1500多条口径，其中访点线口径276条、重点问题口径180条，形成了完备的涉冬奥媒体全域采访口径库，并通过专门培训的方式，及时传达给受访人，提升受访人应答水平。

（五）坚持协调联动，确保接待站服务暖心贴心

赛前培训赋能。在筹备阶段，先后邀请中宣部、北京冬奥组委新闻宣传部、中国传媒大学等权威单位和机构，就新闻发言、媒体应对、舆情处置、城市形象提升等方面，对市县宣传部长和市、县、乡、村四级干部、志愿服务团队和转播团队开展专题培训,受众达到3.2万人次,短期内迅速全面提升了涉冬奥有关人员专业素养能力及对非注册媒体的管理服务水平。

专业团队贴心。针对境外记者个性需求,成立由资深专家、外事人员、高校教师、媒体记者、志愿者等专业人员组成的外媒服务团队。由10名熟悉外媒的中传及爱德曼公关等专家、12名熟悉外语的省级媒体记者、12名高校教师和2名服务过外媒的志愿者、4名外事工作者、2名宣传工作者共42人组成外媒服务工作团队。

真诚服务暖心。冬奥会恰逢春节,媒体接待站推出"四项机制",在认真做好迎送、采访、工作保障等日常服务基础上,更加注重人性化、精准化、贴心化服务,为手指冻伤的辽宁日报记者谭硕送去了冻伤膏和鲜花,看望了新疆广播电视台生病记者乔伟,组织了记者和工作人员生日庆祝活动。一系列暖心服务赢得30家媒体77名记者一致好评。

组建强有力的志愿服务团队。集中招募、层层选拔41名志愿者,组成专业强力的志愿服务保障团队。累计接送记者330余人次,协助办理入住手续260余人次,沟通联络记者600余人次,服务集体采访记者团27次、820余人次,提供礼宾接待、引导问询等服务360余人次,志愿服务总时长近3600小时,新华网、央视新闻、焦点访谈、学习强国、中国交通报、河北电视台、长城新媒体等媒体平台发布志愿服务宣传报道36篇。

加强食宿保障工作。采用"2+2"(2名客房服务人员+2名工作人员)模式,制定了房间核查注意事项清单,增加冬奥及春节元素,配备空气净化器,提升客户体验效果。制定了"媒体接待站菜单",及时调配日菜单,保证每日菜品不少于100种,力争让记者朋友们吃遍河北张家口的地方小吃,品味张家口的美味。通过品红酒、生日宴等特色活动,让记者朋友们感受张家口的文化底蕴,感受张家口的风土人情。

加强交通保障工作。建立"点对点"接送模式和"人头对人头"工作模式，租用大巴车15辆、中巴车10辆、商务车8辆，全面保障接待站日常需求。安排车辆调度人员和司机24小时备勤值班，确保能够随叫随到，随时出发。协调高铁站、机场、张家口服务区检查站等处开辟媒体记者来张绿色通道，提高通行效率。截至目前，共派出146次共160辆车接送记者300余人次，安排到县区采访车62辆。

加强疫情防控和医疗保障工作。在接待站设置医疗室和隔离室，选派6名医务人员、8名核酸检测人员定点服务；指定市第二医院作为定点收治医院，建立了急救转运通道，并组织医疗、防疫、安保、酒店对可能发生的情况进行反复推演，切实提升了处置突发问题的能力。设置核酸采样区4个，采用分区、分类、分时段、分重点的办法，24小时开展核酸检测，确保在站人员每日一检，到站人员即到即检，累计完成核酸采样一万多人次。

"小活动"推动"大外宣"

——以"感知鄂尔多斯"中外友人共度中国节文化交流活动为例

中共鄂尔多斯市委宣传部

近年来,越来越多的外国专家、国际友人,来到鄂尔多斯这片热土辛勤工作,推动了鄂尔多斯与世界各国的交流合作,为提升鄂尔多斯的创新能力、科教水平作出了积极贡献。为了让在鄂尔多斯生活工作的外国友人更好地了解鄂尔多斯、融入鄂尔多斯、建设鄂尔多斯,同时吸引更多的外国友人来鄂尔多斯工作、生活和创业,根据中共中央办公厅、国务院办公厅印发的《关于加强和改进中外人文交流工作的若干意见》,鄂尔多斯市策划开展了"感知鄂尔多斯"中外友人共度中国节文化交流活动。

2022年2月14日,"感知鄂尔多斯"中外友人共度中国节——"今宵赏元 阖家团圆"文化交流活动在内蒙古鄂尔多斯市伊金霍洛旗盛大开幕,来自英国、南非、菲律宾、乌克兰等国家的外国友人参加了活动。

活动中,伊金霍洛旗乌兰牧骑表演了精彩的歌舞节目,外国友人体验了扭秧歌、转"九曲黄河阵"、逛灯游会、猜灯谜等文化活动,参观了伊金霍洛旗郡王府,切实感受到了中国传统文化的魅力。

"感知鄂尔多斯"中外友人共度中国节文化交流活动,是匹配国家"感知中国"和内蒙古自治区"感知内蒙古"品牌活动而计划开展的一项长期性的外宣活动。活动坚持以人为本、平等互鉴、开放包容、机制示范、多方参与、以我为主、改革创新等原则,以中国传统节日为切入点,以在鄂尔多斯生活工作的外国友人为重点,通过文化展示、民俗体验、美食品鉴等丰富有趣的活动内容,将中华传统文化蕴含的思想理念、传统美德和人文精神外化于行,旨在通过每年举办不同主题的对外交流活动,促进鄂尔多斯市与世界其他国家间的沟通、了解与合作,提供外界深度了解鄂尔多斯的机会,展示鄂尔多斯市发展现状和取得的成绩,提升鄂尔多斯的知名度、美誉度和国际影响力,让同一片蓝天下的国际友人"知华、友华、爱华"。

从2017年开始,鄂尔多斯市委宣传部已连续6年,每年选取1至2个具有代表性的中华传统节日,开展"感知鄂尔多斯"中外友人共度中国节文化交流活动,吸引了在鄂尔多斯生活工作的外国友人积极参与,加强了联络交流,推进了外宣工作向纵深发展。

一、活动内容

(一)以传统节日为媒介增进情感互通

"感知鄂尔多斯"中外友人共度中国节文化交流活动,以中国传统节日作为切入点,以"过节"巧妙制造情感共鸣,拉近彼此距离。同时根据外国友人的国籍和职业特点,广泛邀请归国留学生、艺术家、教师、摄影师、创业者、在校大学生等不同行业和领域的鄂尔多斯本地市民参加,通过同种语言或相同职业寻找契合点,开展深层次文化交流。自2017年活动开展以来,已举办"过冬至 迎新年""过端午 享非遗 诵经典""圆月中秋 共话美好""浪漫七夕 情定草原""孝老爱亲 温情重阳""岁暮天寒 温暖大雪""今宵赏元 阖家团圆"等7场交流活动,参与活动的外国友人人数逐年增加,从活动启动之初的30人增加到170余人,活动的知名度和影响力正在逐渐扩大。每年积极参加"感知鄂尔多斯"活动已经成为在鄂尔多斯外国友人的生活"必需品"。

（二）以创新理论为核心宣传中国智慧

加强向全世界宣传党的最新理论、中国智慧、中国方案，赠送《习近平谈治国理政》英文版、《鄂尔多斯市情手册》英文版、《Hi我是鄂尔多斯》等书籍和画册，特别是专门订购了《习近平谈治国理政》英文版向外籍人士发放，目的在于更好地展示当代中国和中国共产党的良好形象，引导国际社会更加全面客观地认识和理解中国发展道路、发展理念、发展方式，宣传中国智慧。同时，通过英文版市情手册、鄂尔多斯精美宣传画册和城市形象宣传片，全方位展示鄂尔多斯市开放包容的城市品格和美好的城市形象。

（三）以驻鄂友人为纽带搭建友谊之桥

鄂尔多斯市委宣传部以在鄂尔多斯市工作生活的外国友人为目标受众，通过"感知鄂尔多斯"中外友人共度中国节这一平台，安排与外国友人国籍对应的鄂尔多斯留学生，一对一与外国友人交朋友，让他们在异国他乡感受到家的温暖，感受到鄂尔多斯这座城市的温度，感受到鄂尔多斯人的质朴与热情。建立与常住外国人联络的微信群，及时了解他们在鄂尔多斯市生活、学习、工作的动态，搭建起中外友人沟通了解的桥梁。同时通过外国专家和友人建立了鄂尔多斯与其母国之间联系的桥梁纽带，用他们自己的社交平台向世界传递中国、传递内蒙古、传递鄂尔多斯真实的发展情况，用他们的语言讲述鄂尔多斯故事，传递鄂尔多斯声音，使鄂尔多斯对外宣传到达国家数量实现裂变式增长，传播效应倍增，吸引了更多外国友人前来工作生活、投资兴业。

（四）以丰富活动为载体传播中华文化

"感知鄂尔多斯"中外友人共度中国节文化交流活动，通过沉浸式体验和专题化宣介，将中华优秀传统文化特别是节日文化贯穿其中，在与外国友人一起讨论冬至、端午、中秋、七夕、重阳、大雪、元宵等各种中国传统节日节气的由来，共同体验包饺子、包粽子、划龙舟、打月饼、写书法、赏茶艺、扭秧歌、猜灯谜、逛花灯等传统民俗，共同品尝手把肉、烩酸菜、油炸糕、奶茶、焖面、豆面等鄂尔多斯美食，互相赠送亲手制作的纪念品中，进一步增强外国友人对中华文化的理解认同。在"过冬至 迎新年"文化交流活动中，通过观看鄂尔多斯城市形象宣传片、鄂尔多斯地方文化展示、外国友人与鄂尔多斯籍赴外留学生工作生活互动分享、包饺子比赛等方式，中外友人共同体验中华文化，感受节日氛围；在"过端午 享非遗 诵经典"文化交流活动中，中外友人集体参观了鄂尔多斯非物质文化遗产展览馆，亲身体验皮雕、烫画、衍纸、刺绣等非遗项目，并一起参与端午节特色活动——艾草净身、饮雄黄酒、编五彩绳、戴荷包、划龙舟，一起朗诵屈原诗歌，深度感受古人的家国情怀；在"圆月中秋 共话美好"文化交流活动中，以家庭为单位受邀参加活动的外国朋友，通过打月饼、刻花篮、诗词接龙、赏月、一封家书寄相思等活动，感受中国浓厚的"家"文化；在"浪漫七夕 情定草原"文化交流活动中，中外友人共同参观了鄂尔多斯婚礼青铜雕塑，观看了民族文化展示，体验了中国书画艺术，欣赏了中国茶艺表演，还共同感受了中国七夕节鹊桥相会、穿针乞巧等传统活动，在愉快温馨的气氛下，度过了一个中国情人节。

（五）以全媒传播为手段扩大影响力

充分利用媒体融合发展成果，借筒传声、借嘴说话，不断扩大活动知名度、影响力。开展的历次活动均受到人民日报、新华社、中央电视台、经济日报、中新社、中国日报、人民网、新华网、环球网、光明网、中国网以及脸书、推特等20多家国内媒体和境外社交媒体持续关注报道，2022年开展的"今宵赏元 阖家团圆"元宵节活动，通过在鄂尔多斯官方海媒平台发布活动预热、活动现场等图文视频，覆盖量超9万人次，并被China Daily和Discover Beautiful China等账号推转。参与活动的外国友人通过自身社交账号（推特、脸书、照片墙、优兔）累计发送活动现场图文和视频2000余条，获得转发点赞评论100多万次。

第三部分　区域化和分众化表达：展现可信、可爱、可敬的中国形象

二、主要做法

（一）通力合作构建大外宣格局

"感知鄂尔多斯"中外友人共度中国节文化交流活动由鄂尔多斯市委宣传部主办，市人社局、市教育局、市科技局、市文旅局、市外事办、东胜区委宣传部、康巴什区委宣传部、鄂尔多斯留学生协会共同承办。鄂尔多斯市委宣传部负责活动整体策划、统筹协调和宣传报道工作；市人社局、市教育局、市科技局负责外籍人士的联络、组织、管理工作；市文旅局负责对外文化展示、非遗展示工作；市外事办负责活动涉外事宜的把关及翻译工作；鄂尔多斯留学生协会负责协助活动整体策划、现场组织、具体实施等工作；东胜区委宣传部、康巴什区委宣传部负责现场布置、服务保障等工作。各单位、部门和企业的通力配合与合作，保证了活动的成功举办。

（二）细致入微以真心换真情

对外文化展示设计了城市形象宣传，参观展览、雕塑，民族歌舞欣赏等环节。民俗体验安排了包饺子、包粽子、划龙舟、写书法等活动。餐饮设计安排了西式冷餐会和中式桌餐，氛围轻松愉快。以鄂尔多斯留学生一对一为外国友人交朋友的方式让外国友人感受母语的亲切并且有更多的共同话题。

三、思考与启示

（一）有助于增强中华文明传播力影响力

"感知鄂尔多斯"中外友人共度中国节文化交流活动坚守中华文化立场，深挖、提炼、展示中华文明的精神标识和文化精髓，通过共度节日、讲述节日背后的故事、共同参与传统文化创作、举办传统文化演出等形式，生动、活泼地向外国友人讲述中国故事、传播中国声音，对加强国际传播能力建设，提升国际传播效能，增强国际话语权，深化文明交流互鉴，推动中华文化更好走向世界具有积极推动作用。

（二）为非口岸城市对外宣传提供新选择

对于非口岸城市的外宣工作来讲，受多方面条件制约，频繁的"走出去""请进来"并不现实，"感知鄂尔多斯"中外友人共度中国节外宣活动，以"走进来"的外国友人为宣传对象，巧妙利用"过节"这个小切口架起沟通桥梁，激发情感共鸣，让外国友人触摸中华文化脉搏，感知当代中国发展活力，引导外国友人主动讲述中国见闻、中国故事，使中华文化、中国形象在润物细无声中浸润外国友人的心田，进一步拓宽了中华文化"走出去""走进去"的渠道，为非口岸城市加强国际传播能力建设提供了新选择。

（三）向世界宣介中国负责任大国的形象

随着我国综合国力和国际地位不断提升，国际社会对我国的关注前所未有，活动通过赠送最新政策理论书籍，举办交流会、分享会，联合海外华媒和海外华人社团以线上互动的方式与在鄂尔多斯市的外国友人共度中国传统节日等形式，将中国参与全球治理、共建"一带一路"、构建人类命运共同体所提供的中国智慧、中国方案、中国力量展现出来，将"大道行思，取则行远"的中国理念、"着眼长远，运筹帷幄"的中国方略、"内外双修，兼善天下"的中国担当、"大气从容，待人以诚"的中国魅力向世界更好展示，让全世界都能听到并听清中国声音。

"IZE+"国际朋友圈建设
——四川国际传播中心壮大国际传播声量的实践和路径

四川国际传播中心

2022年11月,由四川国际传播中心定制,融入大熊猫、三星堆等极具四川特色元素的"Call Your Panda"原创手绘明信片送往德国、新加坡、曼谷、尼日利亚、哥本哈根、老挝以及塞尔维亚等地的中国文化中心。以文化为魂,文创为载体,四川国际传播中心与世界各地友华人群建立深入联系,投递四川美丽。

2022年10月16日,习近平总书记在党的二十大报告中指出,增强中华文明传播力影响力,坚守中华文化立场,讲好中国故事、传播好中国声音,展现可信、可爱、可敬的中国形象,推动中华文化更好走向世界。

面对后疫情时代人员流动受限、地方外事活动减少、国际舆论环境恶劣等新挑战,地方国际传播中心如何独辟蹊径,完善人文交流机制,创新人文交流方式,推动中华文化更好走向世界?

四川国际传播中心以"移动化、视频化、社交化"为引领,创新方式方法,探索"IZE+"国际朋友圈建设模式,即依托海外意见领袖(Influencer)、Z世代人群(Gen Z)和行业领军人物(Elite)等海外人群,聚焦三星堆、大熊猫、川菜、自贡彩灯等地方文旅特色IP,增强国际传播亲和力,实现地方国际形象可感知,寻求国际传播声量最大化,提升中华文明感召力。紧紧抓住推动中外交流和文明互鉴的重要力量，不断扩大知华友华朋友圈，润物无声、细水长流地展现可信、可爱、可敬的中国形象，并在关键时刻化解分歧、扩大共识、赢得认同。

一、Influencer：汇聚海外意见领袖声量　多声部同频共振

在国际传播中，需要明确传播主体的问题。要讲好中国故事、传播好中国声音，面临的问题就是要明确"谁在讲"。互联网是一个去中心的舆论场，海外意见领袖至关重要。四川国际传播中心以议程设置为引领，不断突破对话语主体、话语框架的限定，邀请参与中国社会发展的不同群体分享自身经历和观点，同时带动海外关心中国、期待了解中国的个人和群体通过互联网"走"进中国和四川，从而在复调传播中不断激发情感共鸣。

"Call Your Panda"全球联动活动品牌宣传海报

以"Call Your Panda"全球联动活动为例，四川国际传播中心紧扣大熊猫这一四川外宣名片，在推特、脸书、优兔等海外社交平台，联动央省外宣媒体+驻外使节群体+海外垂类大V的多圈层海外意见领袖，发起多声部同频共振，共同讲好中国生态文明故事。三季活动全网传播量破3000万次、吸引全球百万"猫粉"参与关注和互动，探索出一条借力海外意见领袖带动各国民众参与形成"复调传播"多元格局的新路径。

一是联动外宣媒体矩阵发声。四川国际传播中心重塑传播思维，以海外社交媒体为联动主阵地，率先在省级外宣媒体中开辟一条M2M（Media to Media）和M2A（Media to Audiences）相结合的新模式。2022年1月以来，依托推特、脸书、

优兔等海外主流社交平台，先后发起三季"Call Your Panda"全球联动活动，以中国外文局文化传播中心、人民日报、人民日报环球人物杂志@China Fun、重庆国际传播中心、海南国际传播中心、辽宁国际传播中心、江苏Now国际传播中心为代表的30余家央省市主流外宣媒体和文旅机构账号积极参与，以Call Your Panda为接力棒，以各省的珍稀保护动物和绿色环保故事为载体，向世界生动巧妙地传播习近平生态文明思想，展现可信、可敬、可爱的中国。

二是借助驻外使节群体发声。三季Call Your Panda获得了多名我国驻外使节的转评赞，更重要的是，通过一次次创意联动、精品产品展示、社群运营，四川国际传播中心持续拓展、不断沉淀，形成了强大的外交官"朋友圈"，成为国际传播的扩音器，在泸定地震等全球关注的重大突发事件的外宣工作中发挥了重要作用。

2022年9月5日四川泸定6.8级地震发生后，《背着2岁幼童，消防员攀越百米滑坡带》的双语视频第一时间被外交部部长助理兼新闻司司长华春莹转载，播放量破万，来自英国的网友Claire表示："中国在这方面是一流的，有效率，更重要的是不怕牺牲！"

由四川国际传播中心前线记者发回的《救援人员关心小朋友》的图文报道被中国驻巴基斯坦总领事、中国驻苏丹大使馆政务参赞、中国驻大阪总领事等多位驻外使节转发，引起了来自10余个国家的网友的讨论，单条曝光量破百万，点赞及转推近千。

三是发挥大V明星网红作用。"网红传播"是"Z世代"参与国际传播实践的一种重要方式。"Call Your Panda"全球联动活动，巧妙发挥了大V、明星和网红在国际传播中的影响力、带动力，三季全球联动活动不仅吸引美国亚特兰大、西班牙马德里、法国博瓦尔、德国柏林等全球10余家动物园和全球多个"网红"城市参与，也吸引了泰中友好协会会长、泰国原副总理功·塔帕朗西、印度尼西亚驻华大使周浩黎、川籍知名歌手李宇春、中国酿酒大师曹鸿

"Call Your Panda"全球联动活动吸引多家海外动物园参与

英、四川大熊猫科学研究院院长张志和、果壳网创始人姬少亭、科幻作家韩松、知名摄影家周孟棋等全球熊猫文化大使，以及旅居东京的四川文化推广大V杨酱@yangcongxi、@LeackyI和以万国邮政联盟、联合国全球契约组织、埃塞俄比亚国家邮政局为代表的邮政垂类大V的关注参与。

大V、明星和网红的"代言"，引发了美国、瑞士、英国、澳大利亚、德国、丹麦、日本、新加坡、尼日利亚等多国网友热议，来自澳大利亚的@Claire loves life留言说道："同意！很多濒危动物都身处困境。让我们一起行动起来保护它们吧！"来自美国的网友Tom Blade在话题下方贴文内评论道："让我们一起守护这个共享的地球家园！"

通过巧妙运用平台规则、不断强化议题设置，四川国际传播中心持续拓展圈层资源，"Call Your Panda"全球联动活动已经成为地方国际传播的知名IP，并从线上联动走向了海外落地。2022年10月18日、19日，柏林中国文化中心联合四川国际传播中心面向德国当地中小学生连续开展了两场大熊猫科普活动。

二、Gen Z：锚定海外"Z世代"群体　探索中华文化话语创新

数据显示，全球"Z世代"在2019年达到24亿人，占世界总人口的32%，成为数量最多的人口群体。与互联网共生的Z世代深受社交媒体影响并深度影

第三部分 区域化和分众化表达：展现可信、可爱、可敬的中国形象

响全球传播，一方面他们更具有国际视野、对外来文化更加包容，同时互联网开放、包容、共享的特性，让不同文化间的差异不断减少、年轻受众的欣赏趣味日益接近，这使得海外"Z世代"受众对中华文化的接受度不断提高，将成为重塑世界对四川、中国印象的关键人群。

四川国际传播中心紧扣三星堆、川菜、汉服、武侠等海内外Z世代共同关注和喜爱的四川优质外宣资源，先后策划推出了"幻彩三星堆""川菜遇见""You Look Yummy"等活动和《我怎么这么好看》《欢迎来到武侠世界》《戎装汉服》等视频产品。

一是在线上实现资源和知识共享。三星堆国际传播，通过短视频、3D、动画、H5、MV、慢直播、小游戏等Z世代喜闻乐见的形式，赋予了中华古老文明新的生机与活力。2021年，四川国际传播中心推出视频产品《How fly am I》（《我怎么这么好看》三星堆文物版），将三星堆文物原创手绘动画和最新发掘现场视频相结合，古蜀文物feat电音+赛博朋克特效+魔性四川方言，让3000年前的古蜀文物在海内外互联网上火了，全球曝光量超5亿。

2022年5月底推出的"三星堆博物馆之夜"线上直播课，吸引了来自华盛顿大学（圣路易斯）、耶鲁大学和全美中文学校的数百名青少年参与，并成为数千名欧美合作院校中文课堂的学生的视频教学课程。这也是自1986年三星堆遗址发掘祭祀坑以来，三星堆文明与北美青少年的首次亲密互动。

2022年4月起推出的"幻彩三星堆"中华文化全球推广活动，每天发布一张三星堆文物线描图，邀请全球艺术家、非遗传承人和网友共创，线下吸引了亚美尼亚、伊朗等地的10余位知名中外艺术家用工笔画、油画、新媒体艺术等方式参与，吸引了全国近50位非遗传承人、国潮创作者、生活艺术家等以制作蝴蝶画、竹编、刺绣、年画、陶瓷的方式参与，吸引了来自俄罗斯、法国、巴西等多国的在川留学生参与；线上吸引了来自美国、英国、哥伦比亚、阿塞拜疆等国的数百名绘画爱好者、涂鸦爱好者和中国文化爱好者，以线上涂鸦上色

的方式参与，全网传播量超过5000万次。以三星堆的小众出海出圈，推动了中华文化更好走出去。

海外网友展示涂鸦

二是以兴趣为连接打造垂直圈层。围绕"川菜"这张最香的世界名片，四川国际传播中心推出《川菜遇见》多语种美食视频栏目，通过《川菜遇见米其林》《川菜遇见中国节》《川菜遇见Chef》《川菜遇见留学生》等多个系列，讲述川菜文化故事，展示中华美食与世界美食的碰撞融合。该系列在海内外社交平台发布并与海外知名川菜馆联动后，受到美食爱好者的追捧。

同时，依托优兔推出聚焦街头美食的 *You Look Yummy* 系列短视频，已持续更新320多期，仅优兔单一平台播放量就超过1500万次。四川街头小摊章鱼小丸子的视频走红，引发日本网友围观；中国煎饼夹韩国火鸡面的视频，引发韩国网友热议。世界美食的川式表达，为四川国际传播中心吸引了来自俄罗斯、印度和美国的许多铁粉，有位美国网友留言说想要立刻买机票赶来中国。

三是用硬实力赢得海外青年认同感。奥运会、新中国成立70周年、建党100周年以及中国抗疫成就等塑造了国内"Z世代"对中华文化的自信和对国家民族的认同。"Z世代"人群之间建构的国际友谊，又潜移默化地影响着海外人群，"中国超级工程"成为海外社交平台的流量密码，就是一个有力印证。

以硬实力说话，四川国际传播中心从2022年4月起启动"中国超级工程"第一季，将精美视频、极简文案和数据可视化有机结合，向海外推介了《旋转极限，来自四川》——世界第二大水电站白鹤滩水电站、《世界锂谷，四川崛起》——四川锂电产业等8个在全球具有代表性和影响力的超级工程，被中国驻大阪总领事、中国驻黎巴嫩大使馆领事外交官、中国驻奥地利大使以及相关垂类海外大V等转发点赞，受众覆盖超150个国家和地区，总体曝光量破千万。

2022年10月10日，党的二十大召开前夕，四川国际传播中心又推出"中国超级工程"第二季 *Mega China* 系列双语视频，依托四川国际传播网站推特、脸书、优兔等海外主流社交平台，连续发布了《高铁追着飞机跑》《城市的最强"脑洞"》等13期双语视频，回顾四川与中国非凡十年的基建成就，引发海外网友对"基建狂魔"的新一轮赞叹。对于即将实现的四川"高铁追着飞机跑"的奇景，英国网友William说："中国高铁一直受到世界关注，但没想到还可以追着飞机跑，这也太令人震惊了！"来自泰国的网友Opus Buddhe发布评论："成兰铁路真是人类的巧夺天工之作！"系列视频被中国驻大阪总领事、中国驻苏丹大使、中国驻巴塞罗那大使等驻外使节转发点赞，截至目前，该系列全网传播量破千万。

三、Elite：发挥行业领军人物作用　影响海外有影响力的人

2021年底成立至今，四川国际传播中心聚集海内外高端人脉和国际传播领域领军人物，一方面建设四川国际传播专家委员会，为四川国际传播提供顶层设计优化和专家智库服务，为四川各地面向世界讲好城市故事和中国故事搭建合作平台；另一方面依托高层次人才资源，策划精品内容产品和线上活动，影响海外有影响力的人，不断提升国际传播实效。

2022年3月20日，四川国际传播中心正式揭牌，由首批13位国际传播领域领军人物组成的四川国际传播专家委员会同时成立，专家委员既有中国外文局当代中国与世界研究院院长于运全等智库负责人，也有四川省文物考古研究院院长唐飞等三星堆国际传播专家；既有北大国家战略传播研究院院长程曼丽等高校专家，也有来自中国日报、中国互联网新闻中心等的业界专家。专家委员会成立以来，四川国际传播中心不定期开展线上会议和线下培训交流，以全方位研究和系统性设计，助力四川提升国际传播实效。

后疫情时代，如何"云"推介四川经济社会领域取得的发展成果？四川国际传播中心锁定有影响力的在川外籍人士和在海外有影响力的四川籍人士，于2022年5月起重磅推出《High Pitch 声量》高端人物访谈系列视频栏目。

作为一档高端访谈栏目，《High Pitch 声量》在受访嘉宾的选择上突出"三高"，即行业高知名度、领域高圈层及与四川高关联度。首先，从内容层面来讲，受访嘉宾均是行业领军人物，每期栏目的主题不仅是当下最令人关心的行业话题，更是从专业的角度给出专业的解析。例如，美国动物行为学家詹姆斯回答了海外"猫粉"对大熊猫饲养的种种问题，全球化智库创始人王辉耀则对俄乌问题发表了真知灼见。

具有前瞻性、专业性的内容生产，让该档节目不仅精准触达海外垂类领域受众，更是依托一个个行业领军人物，影响到了其他行业有影响力的人，加深其对四川及中国新时代发展的理解和认同。同时以节目制作为契机拓展国际高端人脉，与受访嘉宾达成良性合作，与其所在商业组织、学术机构等建立长期联系，为"借嘴说话"打下坚实基础。

几期节目推出后，中国驻外使节、海外垂类大V、央省外宣旗舰媒体等海外大号纷纷转发点赞，全网传播量超千万。海内外网友纷纷留言追更。该栏目入围"时代光影 百部川扬"网络视听作品征集活动优秀选题扶持名单，并被纳入"四川造"影视精品工程和重点影视融合发展项目。

第三部分 区域化和分众化表达：展现可信、可爱、可敬的中国形象

作为国际传播领域的新兵，四川国际传播中心将不断探索完善"依托海外意见领袖（Influencer）、"Z世代"人群（Gen Z）、行业领军人物（Elite）等人群"复调传播的"IZE+"国际朋友圈建设模式，提高议程设置能力和舆论引导力，不断提升国际传播能力建设，向世界展示一个真实、立体、全面的中国。

（作者供图）

第四部分

跨文化传播探索：
推动中华文化更好走向世界

创新视听表达　传播中国声音
——以短视频《"鲁班"出国记》为例

中共天津市委宣传部　天津津云新媒体集团

2022年8月19日至20日，由教育部、天津市人民政府共同主办的首届世界职业技术教育发展大会在天津成功举办。国家主席习近平向大会致贺信。会上，天津首创的中外职业教育品牌——"鲁班工坊"成为会议中的焦点。为展现天津在中外职业教育交流合作中的特色亮点，天津津云新媒体集团策划推出创意短视频《"鲁班"出国记》，以"国风手绘+波普风格"的表现形式、中西融合的艺术风格、特色鲜明的幽默语言向世界讲述了鲁班工坊的故事。作品一经推出，立即在海内外引起热烈反响，国内有270余家媒体首页四条置顶推荐，仅在今日头条就有8257条评论；国外在美联社、捷克通讯社、加纳通讯社等246家外媒落地传播，海外总阅读量超过506万次。故事的广泛传播对国际社会更清晰地认识中国职业教育发展模式和成果，更全面地理解中国愿同世界各国一道加强互学互鉴、共建共享，起到了重要的推动作用。

一条短短五分多钟的新闻报道短视频如何形成国际传播的"破圈"态势、引发全民好评的舆论热潮？这既得益于短视频的主题立意与选题筹划，也得益于改进文风与升级画风的作用。

一、主题立意与选题筹划

新闻报道，思路先行。只有以明确的思路创作，报道完成后才能形神统一。为使鲁班工坊的报道更具观赏性，让更多国外受众听得懂、听得进、听得明白，创作团队在策划之初便坚持上接"天线"、下接"地气"的创作思路，以深入浅出的方式，讲述中外职业教育发展的巨大成就。

（一）主题立意的"高"与"低"

近年来，习近平主席曾多次在不同的重大外交场合，就鲁班工坊建设提出要求。2022年8月19日，习近平主席向世界职业技术教育发展大会致贺信指出，"职业教育与经济社会发展紧密相连，对促进就业创业、助力经济社会发展、增进人民福祉具有重要意义。中国积极推动职业教育高质量发展，支持中外职业教育交流合作。中方愿同世界各国一道，加强互学互鉴、共建共享，携手落实全球发展倡议，为加快落实联合国2030年可持续发展议程贡献力量"。

天津津云新媒体集团以习近平主席贺信精神为重要遵循，强化思想引领，深入挖掘天津中外职业教育交流合作的亮点特色，把天津中外职业教育知名品牌——鲁班工坊确定为报道主题，开展选题策划。

新闻报道在保证上接"天线"的同时，还要注重下接"地气"。因为新闻报道要面向广大人民群众以及国外受众传播，虽然广大受众的学识、经历、出身、志向、兴趣等不尽相同，但都有对中国事业发展新成就感兴趣的共同心理特征。这种心理特征反映到新闻上，就是新闻立意要从受众易懂爱看的角度去思考，否则就可能会出现"曲高和寡"的局面，新闻向社会大众传播信息的功能就会受到影响。

"鲁班工坊"的报道，属于职业教育领域，职业教育虽被定位为一种与普通教育并列的类型教育，但在现实中，一直存在"上热下冷"的问题。因此，《"鲁班"出国记》的创作开篇并没有采用宏大的叙事方式，而是从一个学生的小故事切入，通过他参加"鲁班工坊"学习后的就业变化，引出鲁班工坊的成立初衷和巨大成就。把主题立意的"高"与"低"巧妙地融合在一起，形成了"以小故事见大主题"的叙事方式。

在接下来的讲述中，为了增强国外受众对"鲁班工坊"成立脉络与发展成就的感官认识，创作团队选取了五个最具代表性的鲁班工坊，以成立时间为序，采用各国特有的元素，进行概括性介绍，以此来说明鲁班工坊对推动世界各地职业教育发展所起到的积极作用。而采访的多位有过鲁班工坊培训经历的外国学生所讲述的肺腑之言，更成为中国职业教育走向海外的生动注脚。

视频结尾部分，为体现"鲁班工坊"发展的延续性，我们梳理介绍了在世界职业技术教育发展大会上最新公布的六个即将建设鲁班工坊的国家。通过把在世界各地成立的"鲁班工坊"与银河中点点繁星的借喻串联，来展现中国在中外职业教育发展中的闪耀之光。

（二）选题筹划的"长"与"短"

"鲁班工坊"是在教育部大力支持与精准指导下，天津原创并率先实践的中外人文交流知名品牌，致力于培养合作国家熟悉中国技术、了解中国工艺、认知中国产品的技术技能人才，是国家现代职业教育改革创新示范区的标志性成果，是中国职业教育国际化发展的重大创新。基于选题的重要性，创作团队提前着手，确定了"长线跟踪、短线制作"的选题思路。

"长线跟踪"指的是对选题素材的日常积累，关注重要时间节点、挖掘典型人物的背后故事，收集图片、视频等新闻素材。这种"长线跟踪"看起来费时费力，但优点也显而易见。因为记者的"长线跟踪"，可以对目标选题有一个更深入的了解。同时，随着与被访对象的深入接触，还可以掌握更多一手资料。因此，自2016年3月8日天津渤海职业技术学院在泰国建成第一个鲁班工坊开始，创作团队便潜心收集素材，随时跟进，掌握了大量的一手资料。

"短线制作"则是基于新媒体的传播属性。在互联网的助推下，传统媒体的新媒体账号、各商业客户端、自媒体账号大量涌入，谁能更早一秒发布新闻谁就抢占了先机，所以新闻制作的周期被不断压缩。为了应对这一难题，基于"长线跟踪"的选题，利用"短线制作"的方式，可以在缩短发布时间的同时，更好地保证新闻的质量，让新闻既有"速度"更有"深度"。基于曾经的素材积累，创作团队在世界职业技术教育发展大会开幕之前便提前谋划相关选题，把文案撰写与后期制作这两种过去需要有先后顺序的工作，变成并行推进，极大地提高了工作效率。最终经过创作团队的不懈奋战，在习近平主席发来贺信后的第二天，发布了该作品，抢占了报道先机。

二、改进文风与升级画风

视频类报道，作为一种特定的传播形式，近年来飞速发展，尤其以短视频发展最为迅猛。高速的发展，催生了视频报道的快速迭代。网络时代，信息快速流转带来的问题，就是报道同质化日益趋显，受众的观看品位日益提高。许多视频作品因呈现方式过于传统，难以得到较好的传播效果。因此，如何以互联网思维主导作品，让视频报道更有新意，成为赢得受众的重要法宝。

（一）改进文风的"破"与"立"

文案作为视频制作中的核心组成部分，决定着整个视频的内容架构和表达风格。目前新闻报道的短视频制作，文案以客观叙事为主，文风朴实。作为一种最常用的新闻写法，此类文案通俗易懂，但不足之处是过于传统，容易引起受众倦怠之感，跳失率较高。因此，改进文风应该更努力贴近社会与人民群众生活，关注受众需求，克服习惯惰性，摒弃常写善写的写作方式，拿出更大精力，钻研新的写作风格。在改进文风"破"与"立"的过程中，我们秉承破"繁"立"简"、破"旧"立"新"、破"呆"立"活"、破"假"立"真"的原则，创作出更让受众喜闻乐见的作品。

第四部分　跨文化传播探索：推动中华文化更好走向世界

短视频《"鲁班"出国记》画面1

一是破"繁"立"简"，要事以简为上、话以简为当。为了展现"鲁班工坊"创办六年来所有建成国家的名称和开设的专业，创作团队并没有撰写繁复的详细介绍，而是大胆融入了快板书的语言风格，对全部内容进行编辑处理，最终让想传递的信息以一种极简极短的幽默方式展现出来，取得了很好的感官效果。

二是破"旧"立"新"，要文以新为贵、话以新为亮。对于作品中故事类的叙述，打破了过去"写大稿"的思维定式，确立了一种更轻松幽默的表达方式，以网言网语讲述天津六年来探索中外职业教育交流合作的点点滴滴。这种文案风格，相较于传统文案在后期制作时有了更高的难度，但也正因此才多了许多趣味。

三是破"呆"立"活"，要让行文说话"活"起来。比如，作品文案中使用了对重点字词拖长音的配音处理方式，对总结性的关键词语采用中英混编的文案写法。恰当地运用夸张的手法，创作出令人耳目一新的文案，对新闻事件的介绍更具吸睛力。

四是破"假"立"真"，要真情实感地表达、发自内心地流露。坚决反对拼凑杂陈、胡编乱造、故作高深、装腔作势。在撰写作品文案时，虽为了改进文风做了很多创新的尝试，但所有描述仍均以真实性为基准，做到行文写真人、叙真事、说真话、诉真情，说话言为心声，言之有物、有理、有情，不仅让人可感、可信，而且撼人心灵、动人心弦。

改进文风的"破"与"立"，并不只是表意上的修改文字，更注重文案的精神内核。从新闻元素的选择与运用、文案风格的定位与融合等多维度进行改进，才能将文风真正改进受众的心里。

（二）升级画风的"形"与"魂"

"鲁班工坊"作为天津职业教育的知名品牌，新闻报道屡见不鲜。无论是电视、报纸还是网络上，受众对各类相关新闻图片、视频画面都渐显审美疲劳。因此，只有升级画面的"形"，才能为作品注入新的"魂"。而本作品作为一个综述类的短视频新闻报道，如何在已有素材基础上提升受众观感，让视频新闻的创意也能体现在画面上，成为摆在创作团队面前的一道难题。

为解决这一难题，创作团队跳出了熟悉的思维圈，把关注点延伸到青少年一代更活跃的网络平台，挖掘更加新颖的视频表现形式。经过多轮头脑风暴与技术讨论会，最终确定采用"国风手绘+波普风格"的表现形式，展现天津职业教育的亮眼成绩。之所以考虑采用中西两种艺术风格融合的方式展现该主题，一方面是希望利用"波普风格"这种西方艺术形式增强作品国际传播的渗透力；另一方面是希望融入中国传统艺术，让中国文化以短视频新闻的形式走出国门。

基于两种艺术的融合碰撞，在画面包装上，借助波普艺术鲜明亮眼的艺术气质、新奇大胆的图案搭配、绚丽夸张的色彩冲击，为曾经已经形成审美疲劳的新闻报道，赋予了全新的体验，让呈现的"形"给人耳目一新的感觉。同时，在场景里适时地融入国风的手绘元素，更让画面呈现出极大的对冲性。而

短视频《"鲁班"出国记》画面2

也正是源于这种对冲性,让受众的视觉焦点,始终聚焦在视频画面中。这种展现方式,可以与文案风格形成高度的契合性。画抒文意,文表画情,画文之间互相照应,为视频呈现注入了更多创新之"魂"。

三、传播效能与作品启示

作品优良与否,传播效果可算作一个较为客观的判断标准,毕竟大家的认可才更具说服力。《"鲁班"出国记》在创作之初,便从受众的角度设计作品,注重内容的传播转化,让这些曾经不容易被观众所关注的新闻,以润物细无声的方式传播到全球各地。

(一)传播效能的"内"与"外"

作为具有国际传播属性的作品,《"鲁班"出国记》采用中英双语字幕。在传播效能上,实现了"内"与"外"的双丰收。

在国内传播中,《"鲁班"出国记》通过津云客户端首发后,得到了"学习强国"学习平台、新华社、央视新闻、中国青年网等中央主要新闻媒体的转发，今日头条、百度、网易、腾讯等270余家媒体首页四条置顶推荐。广泛的传播也带来了超高的人气。各大平台的网友积极评论、广泛转发和大力点赞，仅在今日头条就有8257条评论。"鲁班工坊如同银河中的点点繁星，照亮中国与世界的共赢之路"，"传承中华文化和工艺，为天津鲁班工坊点赞"等一句句真切的留言，体现了全国网友对天津鲁班工坊的深切关注，形成了全民好评的舆论热潮。

在国际传播中，《"鲁班"出国记》在美联社、捷克通讯社、加纳通讯社等246家外媒落地传播，海外总阅读量超过506万次。在美国，有230家媒体自主转发，其中包括美国福克斯广播公司（FOX）第40频道官网、美国全国广播公司（NBC）第4频道官网、美国广播公司（ABC）第4频道官网、美国哥伦比亚广播公司（CBS）第17频道官网、华盛顿每日新闻网等。在捷克共和国，该短视频引起热烈反响，捷克巴兰多夫电视台官网、捷克都市网积极转发，形成国际传播的"破圈"态势。

（二）作品启示的"表"与"里"

回看《"鲁班"出国记》的创作过程和传播效能，可以看出新媒体制作和传播的方式更像是打一套组合拳。所有环节都秉承同一个创作理念，才能让作品更符合受众的需要、传播的需要。在短视频制作流程已经日趋成熟的今天，要想实现破圈的效果，更应该注重推陈出新，这种出新绝不是"表"意上的简单替换，而是新闻思维的深刻变革。夯实新闻的内容，创新表达的形式，以受众为中心，才能让新闻报道、中国故事真正走进人的心"里"，使人想听爱听、听有所思、听有所得。

（作者供图）

冬奥会中的跨文化与对外传播启示
——以河北日报外宣视频《当皮影遇到冬奥会》为例

中共河北省委宣传部　河北新闻网

2022年北京冬奥会是中国彰显国家形象、谋求与世界各国沟通对话的契机和舞台。奥运传播由于发生在不同文化语境和意识形态的国度之间，因此被赋予了跨文化传播的意涵。面对冬奥传播的跨文化困境，共情传播成为一种破局的进路。同时，共情传播也回应了习近平主席提出的"人类命运共同体"理念，能够经由情感共鸣在人类共通的精神层面实现凝聚共识。

短视频是近年来兴起的一种新型互联网内容传播方式，深受广大受众的喜爱。"媒介即讯息"，麦克卢汉认为每一种新媒介的诞生都会给社会注入新的血液，带来新的讯息，给社会带来重要的影响。新媒体数字化传播的出现不仅彻底改变了人们用传统的方式记录、传播信息的习惯，也彻底改变了对于传统文化的传承以及传播方式。在文化全球化的趋势下，跨文化交流越发重要，而新媒体数字化传播的无界性、及时性在不断增进世界各地人民交流的同时，也在不断地进行文化传播，实现中华文化的跨文化交流。

因此，本文将在分析2022年北京冬奥会传播所面临的挑战与机遇的基础上，立足于媒介的内容生产，阐明冬奥会主题视频产品共情传播的触发机制，通过皮影戏的艺术形式展现不一样的冬奥会，这同时对启发讲好中国故事和中国声音的全球化表达具有良好的示范效应，展现中国全方位发展成就和传统文化魅力有一定的启示。

一、深谙"内容为王""渠道制胜"

皮影戏是一门集文学、绘画、雕刻、音乐、表演于一体，并融入历史、哲学、宗教、民俗、伦理等多种文化的民间艺术形式，是中华民族的艺术瑰宝。《当皮影遇到冬奥会》突出河北地方特色，巧妙将唐山皮影元素与冬奥盛会结合，用绚丽的皮影动画结合酷炫的运动画面，配合节奏感极强的背景音乐，让现代与古老、中国与世界实现"无缝衔接"，致敬挑战自我的冬奥健儿，共同期待精彩绝伦的冰雪嘉年华。通过皮影戏的艺术形式展现不一样的冬奥会，是传统文化现代化的有效示范，强调传统的连续性，也强调超越传统的创新性。基于以上背景，《当皮影遇到冬奥会》用艺术的方式表达了"尊重、友谊、对话、宽容、公平、团结、和平"的奥林匹克价值观，展现中国全方位发展成就和传统文化魅力，是国际传播进程中讲好中国故事、传播好中国声音的巧妙表达。

短视频《当皮影遇到冬奥会》截图

多平台联合，建立传播矩阵。2022年2月4日，《当皮影遇到冬奥会》作品推出当天，在国内被百度、华为、UC等众多浏览器首页置顶推荐。人民网、人民日报客户端、新华网、新华网客户端、光明网、中国网、国际在线、中青在线、中国新闻网、中国青年网等国家重点新闻网站和移动平台第一时间进行转发。快手、腾讯、抖音、好看、西瓜等10家短视频平台强势推送；澎湃新闻客户端、大江网、中国青年网、大众网、金洋网、安徽网、每日甘肃网、文汇网、今日头条、新浪、网易等超150家省内外重点新闻网站和商业网站转发推送，迅速燃爆"火出圈"。全网总播放量超2.3亿。

2022年2月23日，河北日报在优兔平台"China Today 中国头条"频道投放《当皮影遇到冬奥会》。截至8月26日，累计获得7230次观看，自然流量300人。其中：观众主要来自中国台湾（28%）、中国香港（15%）、美国（13%）、马来西亚（7%）、新加坡（5%）、加拿大（4%）、日本（3%）等多个地区和国家；观众年龄分布主要集中在25~54岁之间（63%）；在年龄与性别方面，观众大部分是"90后"，男性观众较多，占比72.4%。

针对不同平台的优势，我们在传播该短视频时采用不同的传播策略，建立传播矩阵，吸引不同社交平台的用户，扩大粉丝群体。比如在微博平台，针对短视频推送设置不同的微博话题，带动微博网友进行微博话题发送、转发，增加话题量，扩大传播范围。在海外优兔平台上的短视频以突出非遗文化特色呈现，吸引海外用户纷纷点赞、转发，扩大了海外传播范围及播放量。

据Statista统计，优兔平台在2021年拥有23亿全球用户，在全球社交视频平台综合排行中位居第一，是全球最大的视频类社交平台。因此，选择在优兔平台上进行传播，让冬奥会和传统文化跨界闪耀，践行其全球魅力与吸引力，可以更有力地影响世界。

突出地方特色，对外传播。在视频中，皮影人物的动效以及视频中的动感配乐，吸引了大批海外粉丝。海外网民对于非遗文化以自然、真实、饱含中国文化特色的内容有着强烈兴趣，对于中华传统文化的好奇心被动态演绎多样、极具中国特色的表现技巧大大满足，能够对中华魅力文化产生强烈的共鸣，不断提升对中国传统文化感知向往热情。同时，一些冬奥健儿拼搏奋进的形象，在视频中通过与皮影人物动作衔接相结合演绎出来，使得网民与其在情感上的距离被缩短了。

该作品向大众传递了"人生能有几回搏"的自信精神，在情感上引起正向共鸣，作用于示范效应，引导"一起向未来"的主题口号，和"更快、更高、更强、更团结"的奥林匹克新格言一起，凝聚起人类加强团结协作、共同应对挑战、迈向美好未来的意志和力量。

二、视频形式丰富各样，极具特色

北京2022年冬奥会吸引着全世界的目光。由于北京携手张家口举办冬奥会，使得这届冬奥会对河北有着更为特殊的意义。该作品围绕"潮、炫、美"三个关键字，展开创意联想，谋求采用独树一帜的表现形式，通过河北特色元素、叙事符号展现冬奥会大主题，让国内外网民感受到新鲜感的同时，进一步了解我国的传统文化底蕴，展现出浓厚的文化氛围。

短视频《当皮影遇上冬奥会》截图：奥林匹克格言"更高"

第四部分　跨文化传播探索：推动中华文化更好走向世界

短视频运用二维图像与皮影戏场景构建相结合的方式，调动多种艺术表现手法，让观者寓情于景。片头前30秒采用flash绘画风格与皮影相结合的形式，运用快速的剪辑、炫美的画面，使长城、雪如意、张家口大境门等河北元素一一呈现，让古老的文化艺术与奥林匹克精神碰撞出充满张力和美感的效果。在视频后半部分，开始加入冬奥健儿运动场景元素，既有体现追求速度的竞速类项目，如短道速滑、速度滑冰、雪车、雪橇等，又有展示冰雪运动炫酷高难度的技术项目，如自由式滑雪、高山滑雪等，还有紧张刺激又不失美感的竞技类项目，如花样滑冰、冰壶、冰球等。在视频的细节设计上，伴随着铿锵的音乐，文字、画面踩点出现时，北京冬奥会15个分项要素全部融入其中，所有画面以层层递进的方式展开，所有情感层层叠加，充分表达了奥林匹克运动不断进取、永不满足的奋斗精神和不畏艰险、勇攀高峰的拼搏精神。

短视频《当皮影遇上冬奥会》截图

突出中华传统文化符号。在该作品中，使用大量非语言文化符号，其中符号建构是基于中国传统文化的创作，蕴含了多样化的中国文化符号，包含了文学、绘画、雕刻、音乐、表演等多方面内容。视频中直接让皮影人物"动"

149

起来，通过各类场景构建，更加注重内容的故事性，使得在文化输出时规避了文化折扣，使得中国传统文化得到有效传播。网民在观看短视频的过程中沉浸于故事情节中，让不同语境下的外国网民感受到中国人对奥运精神的视觉化表达。

该作品通过不同板块的内容展现，处处展现浓厚的文化符号。在传统的短视频标题中，字体字形往往简单、平铺直述展示，而该作品开篇标题设计中就融入皮影造型元素，既独特又富有美感。此外，开场的皮影戏形式，让非遗文化再度入戏，充分体现中华传统文化的传承与创新。比如视频中皮影从梳妆造型到场景布置、服装设计都让网民感觉到了文化符号，甚至里面的皮影戏转场画面更是让人感受到了中国传统文化的魅力。

构建基于情感共鸣的合意空间。在短视频中，大量非语言文化符号的使用为在海内外传播中国传统文化创造出了共通的意义空间。根据海外平台用户画像得知，用户多以90后、00后青年为主。短视频中所展示的积极向上、激昂奋进的精神吸引了大量年轻人。从短视频遵循的叙事框架来说，就是微观化的御风前行的生活工作场景，将"勇气、挑战、激情、奋斗"等节奏具象化、细致化，鼓舞更多的年轻人把突破自身极限的梦想变成现实。这不仅向国内外网民展示了中国传统文化的魅力，更唤起更多共同情感和记忆点，在很大程度上满足了现代国内外都市青年需要被激活的情感需求，同时在缓解焦虑方面拥有治愈性作用。

三、中华传统文化对外传播启示

艺术形式重构，创新冬奥会国际传播视角。冬奥会和皮影艺术结合，在拥有不同文化感知和符号系统的人们之间进行传播，极大创新了冬奥会国际传播视野视角。打响了河北日报"造船出海"的第一炮，以外国人感兴趣、愿意了解的方式传播河北传统文化，向世界展示我国文化的博大精深，得到了全球观众的"情感共鸣"。冬奥会全面覆盖10余个海外华人群体所在国家，后续可借此开展更多有中国主题特色的国际传播。同时，我们还要清楚对外传播时不能仅仅依靠主流媒体，要多种力量发力，构建多方位的对外传播体系。

触发全球观众的情感共鸣，达到文化认同。竞技体育的魅力能唤醒受众情感。在奥运赛场上，无论是能够直接对受众产生视觉冲击力的运动之美，还是比赛中运动员奋力拼搏的状态、为国争光的精神和跨越国界的友谊等，通过受众心理"内模仿"过程而自发地产生惊叹、赞美、兴奋等情感，从而使得受众深度地卷入情绪感染过程。

视频中武大靖、杨扬、王濛、申雪、赵宏博等冬奥健儿的亲缘性能增强共情效应。媒体报道内容同受众的认知与情感的关联度影响共情效果。作品中采用了运动员夺金时刻画面，回顾了精彩瞬间，因此对体育迷会产生强大的情感共鸣，同时巨大的关注度也能推动话题的"破圈"。这种情感共鸣的传播方式，无疑容易俘获体育迷甚至普通网民的心，增强冬奥会的吸引力。也借此提升中国文化对海外年轻受众尤其是"Z世代"的传播力和影响力。

媒体平台"借势出海"。我国的主流媒体已打造了对外传播的媒体矩阵，其凭借影响力以及硬软件实力依然应该成为冬奥会跨文化共情传播的主要阵地。近年来，河北日报在优兔平台陆续投放短视频作品，用生动的话语缩短了国外受众与中国传统文化之间的距离。比如，《说唱版Vlog 奔跑吧 我们都是追梦人 揭开中国式浪漫的日常》《一条视频看完2022年冬奥会全历程 看你们爱的冰墩墩雪容融亮相》等向海外传播中国普通民众眼中和生活中的冬奥会。

四、结语

不忘本来，民族的也是世界的。吸收外来，技术是没有国界的。面向未来，更好地传播文化。《当皮影遇到冬奥会》顺应时代的变化，把握好短视频行业的走向以及用户的喜好，在短视频传播方面做到从传统文化出发创新了冬奥会的国际传播视角，提高了传播艺术效果，构建了全新对外话语体系。

在今后的国际传播过程中，中国媒体机构要掌握国际传播的规律，采用贴近不同区域、不同国家、不同群体受众的精准传播方式，推进中国故事和中国声音的全球化表达，这是今后更值得思考的文化问题。

（作者供图）

以书为媒　向世界讲好大美吉林故事
——多媒体融合出版　有效提升国际传播力

中共吉林省委宣传部　吉林日报社

近几年，全世界范围内人员流动受限，各国的公共外交活动被迫终止或从线下转向线上。在这样的新形势下，作为地方主流媒体，吉林日报社在省委宣传部的指导下，主动作为、勇于担当、推陈出新，逐渐探索出适合自己的国际传播新路径。

出版是文明交流互鉴的重要桥梁，是讲好中国故事、传播好中国声音的重要媒介，是展示真实、立体、全面的中国的重要力量。近日，由吉林日报社编写，延边人民出版社出版的纪念中韩建交30周年友好图书《白山松水　吉祥吉林》韩文版正式发行。此图书为多媒体融合出版物，汇编近几年吉林日报与韩国江原日报交换版面，有图有文有音视频，综合联动境内外网络、社交媒体、移动客户端等多种载体，实现了精准到达和广泛传播。

一、选题精准，着力提高中华文化感召力和亲和力

2022年正值中韩两国建交30周年。在这30年间，中韩两国友好交往不断深化、合作水平不断提高、互信基础不断夯实、民意感情不断升温。在新冠疫情严峻的时期，中韩两国守望相助，相互支持，充分诠释了"肝胆每相照"的美好情谊和命运与共的发展理念。

与吉林日报以往外宣产品相比，《白山松水　吉祥吉林》引入国际视角，以中国版图上面向东北亚开放的吉林省为推介主角，既有聚焦吉林奇山秀水景色优、横跨春夏与秋冬的"探境攻略"，也有吉林农业、工业两大支柱产业的发展故事；既有立体展现吉林省丰富的生态和人文旅游资源，反映当代吉林的高质量可持续发展的故事，又有展示吉林各城市风貌与精神的城市故事；既有外国友人在吉林这片土地生活学习工作的最新动态，又有深度挖掘外国友人眼中最真实、最接地气的中国故事。图书整体风格轻松有趣，语言风格接地气，得到了境内外韩国友人的一致认可。

《白山松水　吉祥吉林》书影

讲好"中国故事"，讲什么、怎么讲非常重要。我们要学会在国际语境中讲述"中国故事"，既要讲好与重大主题相关的"大"故事，也要讲好与普通老百姓生活贴近的"小"故事。

例如，图书中收录的《中国吉林的年夜饭故事》，给韩国当地受众耳目一新的感觉，情感上产生了共鸣，展示了中华优秀的传统文化，得到了两地受众的一致喜爱。2021年春节前夕，吉林日报聚焦春节民俗文化，集合吉林日报报业集团外宣资源，运用图文、H5长图、短视频等多种形式刊发"中国年之味——年夜饭"相关报道，并通过韩国江原日报平面及新媒体客户端、吉林朝鲜文报海外版及新媒体、韩国最大的社交网站Naver进行传播，境内外总阅读量达50万以上，收获了很好的传播效果。中国吉林的年夜饭故事，真实感人，以普通人、小故事为

第四部分　跨文化传播探索：推动中华文化更好走向世界

主要切口，体现了中国年夜饭三个重要的文化元素：团圆、喜庆和祝愿。故事通过文字、图片及小视频的形式呈现出来，给韩国当地受众耳目一新的感觉，情感上达到了共鸣，展示了中华优秀的传统文化，得到了两地受众的一致喜爱。

《中国吉林的年夜饭故事》截图

2020年，习近平总书记视察吉林时殷切嘱托，一定要把黑土地保护好、利用好。一年来，吉林省出台政策、投入资金、整合资源，涌现出一批保护黑土地的优秀人物典型和好故事。为了向世界讲好中国故事，传播中国文化，展现中国精神，吉林日报记者在众多人物和故事当中，选取了来自巴基斯坦的阿巴斯，借外国人的视角，讲述中国黑土地的故事，从采集到传播，从内容到影响力，均体现出很强的对外传播融入性和亲和力，达到了预期的传播效果。

《一位留学生的黑土地观察笔记》经过了长达数月的策划与采访过程，记者深入阿巴斯的每一块试验田，通过采访阿巴斯以及他身边的老师和学生，真实、生动地呈现了阿巴斯对中国黑土地的浓情厚谊。作品在内容上细致全面，逻辑清晰连贯，展现形式上夹叙夹议，过渡自然，毫无生硬之感。为了让海外受众客观、直观地了解中国，采写时特别注重语言的平实性以及传播方式的多样性，除平面外，还采用短视频、H5等不同样式的新媒体传播方式，形成传播合力，让中国黑土地的故事更加深入人心。《一位留学生的黑土地观察笔记》在吉林日报平面首发，同时用中文、英文、俄文、韩文四个版本在吉林日报彩练App、人民日报客户端、人民网、新华网、学习强国、《中国日报》、吉林朝鲜文报网站、韩国江原日报、韩国Naver平台以及脸书、推特等境内外媒体平台原文转载，受到一致好评。截至目前，此稿件在韩国江原日报的新媒体两端点击量累计72万多人次，网友互动评论数达6000多条，在国内外多地媒体的二次传播中持续发力，累计阅读量和点击量及转发量达到200万以上，各国网友真实地了解到中国保护黑土地上的尊重自然、顺应自然、保护自然的理念。

此篇稿件，是本图书优秀稿件之一，在境内外引起了广泛影响。除此之外，《一位韩国学者的中国情》《舌尖上的延边》《画里画外说画乡》等稿件，也在韩国境内得到了很好的传播效果。

二、切实考虑国外受众的阅读习惯和接受能力，注重传播话语的"共情"

习近平总书记指出，对外传播要用海外受众"乐于接受的方式、易于理解的语言"。国际传播要注重传播话语的"共情"，避免单项传播，要用国外受众喜闻乐见的方式传递"中国声音""中国话语"，让国际传播真正达到深入人心、落地生根的效果。

吉林省地处我国东北部沿边地带，做好面向东北亚区域的外宣工作始终是省内各大主流媒体义不容辞的责任与担当。近年来，中国与东北亚各国的关系步入新的发展阶段，如何利用好这一契机，抓准选题，讲好"中国故事""吉林故事"，与世界共享中国发展的成果，是我们开展对外传播要达到的预期效果之一。对外讲述"中国故事""吉林故事",必须坚持"历史的""发展的""创新的"大主题,不仅要抓住各国人民的情感共鸣带,还要把中国的民族融合、经济社会发展及文化传承的成就讲好、讲透。通过图书,吉林日报使用当地语言,借力当地媒体,向外国读者呈现了一个日新月异的吉林新貌,为吉林省与东北亚各国之间友好交流架起了一座桥梁。"吉林大米""长白山人参""延边美食""查干湖冬捕""吉林雾凇"等稿件生动展现在外国受众的指尖、眼前,一篇篇图文并茂、生动鲜活的吉林资讯让外国民众耳目一新,很好地将各地城市形象推介出去,对吸引境外资源、扩大对外交往、增强各国民众的城市认同和发展自信,起到了很好的推动作用。

例如,收录作品《一位韩国学者的中国情》,通过采访一位致力于东北亚贸易研究的韩国教授全洪镇,立体生动展示"老全"在中国的生活状态。受访者老全与中国结缘20多年,如今,他在延边"安家",著书立说,向世界介绍高质量发展中的中国,传播中国声音。很多韩国民众不了解真实的中国,他们对中国的印象还停留在10年甚至20年前。全洪镇撰写的《"一带一路"与新中韩合作》《新东北亚经济合作平台——大图们倡议(GTI)》等著作让更多的韩国人了解了当今飞速发展的中国。为做好报道,吉林日报全媒体记者前期进行了深度策划,到延边大学进行了两天的深度采访,对全洪镇教授进行全面的了解,通过总结领导、同事、学生们心中的"全洪镇印象",提炼出了"中国通""幽默""会养生""比东北人更东北人"等关键词,同时,又采访了全洪镇的"朋友圈",感受到全洪镇的中国情愫。《一位韩国学者的中国情》采用"文+图+视频"的新媒体展现形式,通过"晒学术研究""晒养生经""晒玩网购""晒朋友圈"四个部分,辅助文章,立体生动展示韩国人"老全"在中国的生活状态。此稿在吉林日报新媒体客户端彩练新闻刊发后,人民网、今日头条、网易新闻等媒体纷纷转载。同时,在韩国江原日报整版刊发,阅读反响非常好,点击量超过67万。全网整体点击量超过80万。

《俄罗斯人在珲春》是一篇站在外国人的视角，讲述中国故事的一个典型。近年来，世界青睐珲春，珲春瞩目世界，越来越多的俄罗斯人到珲春旅游、购物、定居、就业，融入这座城市，成为这座国际化小城一道风景线。吉林日报记者立足国际传播、融合传播，精心策划，先后深入珲春市第二实验小学、珲春市职业高中、图们江报社等单位，采访在珲春上学的小学生柯萨莎、在职业中专任教的波丽娜和图们江报社的俄文编辑阿列克、多种职业的达人克里斯蒂娜，以小见大，以国际化新闻语言，借筒传声，生动地将国家战略、国际视野中的城市名片展现给国内外受众。报道在吉林日报彩练新闻App、俄罗斯《滨海边疆区报》和韩国《江原日报》平面及新媒体接连刊发。俄罗斯和韩国两家媒体及旗下新媒体覆盖俄远东地区和朝鲜半岛数百万人口。《江原日

俄罗斯人在珲春

报》除江原道外,在韩国首尔等地也发行并影响主流民众。韩国最大的社交媒体网站Naver转发本篇国际传播融合作品。国内外多地媒体在二次传播中继续发力,累计阅读量和点击量及转发量超过10万次。有效借力他乡之调奏响中国之曲,展现中国形象,得到海内外一致好评。

三、借船出海,将"小出版"推向"大传播"

一直以来,吉林日报社积极探索面向东北亚区域的对外传播路径,并采取"借船出海"的形式扩大海外影响,得到了很好的传播效果。

这次图书出版,借力境外合作媒体及自有媒体平台,将"小出版"推向"大传播",从而达到促进交流、增进友谊、共荣共赢的传播效果。图书内容先在韩国江原日报多媒体平台及韩国最大的社交媒体网站Naver进行传播,然后将内容汇编成册,做成精品图书,从而以点带面,覆盖韩国全域,真正实现了借筒传声、借嘴说话的传播效果。

这次图书出版项目线上云端推广,我们最大的顾虑就是外国受众的参与度、覆盖面以及对外传播效果。以往的落地操作,可以与外国受众近距离接触互动,通过面对面的交流,增进情感,这有助于交流的延续性与常态化。但线下执行也存在整体资金投入大、受时间、空间等因素制约。如果能有效解决传播效果问题,在云端线上推广执行无疑是既可节约成本,又可高质量完成任务的最佳方式。这次图书出版,我们打破传统的单一图文纸质出版方式,借力韩国江原日报社新媒体平台及韩国本土最大的社交媒体网站Naver对图书进行多媒体融合传播,从而达到以点带面,覆盖韩国全域的传播效果,真正实现借筒传声、借嘴说话的有效传播。

四、思考启示

(一)国际传播要切实考虑国外受众的阅读习惯和接受能力,避免单

向低效对外传播

国际传播要注重传播话语的"共情"，避免单项传播，要用国外受众喜闻乐见的方式传递"中国声音""中国话语"，让国际传播真正获得深入人心、落地生根的效果。

（二）做好合作传播，借嘴说话、借筒传声，促进有效交流交融

以"借船出海""借嘴说话""借筒传声"为特色的合作传播是推动中华文化走出去的有效途径，既可以共享、共赢，实现本土化运作，也可以进行内容、技术优化配置，实现低成本运营，继续加强与东北亚区域地方媒体间的交流与合作，有效提升国际传播力。

（作者供图）

"中国节日"系列节目2022季海外推广项目案例分享

河南省人民政府新闻办公室 河南广播电视台

党的十八大以来，"中华文化走出去"成为建设文化强国、增强国家文化软实力的重要方面，在新时代的背景下被赋予了全新的意义。为深入学习贯彻习近平总书记在中共中央政治局第三十九次集体学习时关于中华优秀传统文化的重要讲话，河南精心组织并实施了"中国节日"系列节目2022季海外传播项目，整个项目通过出彩出新的文化类节目，生动展示了中华优秀传统文化的魅力，深入阐释中国精神、中国价值、中国理念，向世界呈现了可信、可爱、可敬的中国形象。接下来，我们主要围绕内容建设、海外传播推广经验、项目实施效果三个方面进行阐述，将项目运营当中积累的经验分享给大家。

一、巧练内功，精心打造适合海外宣发的内容

（一）节目创作再发力，巧妙融合出新奇

系列节目通过"网综+网剧"的创作架构和串联方式，把节目和剧情完美融合，将传统文化与现代科技相结合，开辟了一种全新的晚会模式，实现了流量与口碑的双丰收。

"中国节日"系列节目为了适应海外受众群体，重点侧重围绕舞蹈类等肢体语言表达方面的节目进行创作，便于海外受众更加直观地了解节目内容，体

"中国节日"系列节目总海报

悟其中蕴含的中华文化价值理念。

节目还通过深挖每场晚会在特定节日背景下所蕴含的主题理念，突出具有中国代表性的民风、民俗、非遗等元素，努力宣传中华优秀传统文化，赋予节目和节日鲜明的立意。

此外，通过了解当下互联网实时讨论热点、海外观众喜好及建议，节目组巧妙地将古风穿搭、Rap（说唱）、二次元等元素融入节目策划当中，激发了观众内心对中国传统文化的热爱，推动了中国传统文化在国际上的影响力。

（二）物料筹备下工夫，内容丰富工作细

"中国节日"系列节目自《虎虎生风中国潮——2022河南省春节晚会》到《2022重阳奇妙游》节目播出之时，均配置了中英文双语字幕，极大地方便了海外受众收看节目。

第四部分　跨文化传播探索：推动中华文化更好走向世界

2022河南春晚视觉图

　　在每期节目播出前的物料筹备方面，河南方面通过中文、英文、西班牙文、日文、韩文等多语种主视觉海报制作，为不同时区、地区的海外观众了解节目提供了便利，在节目的预告方面发挥了很大作用。

　　节目策划创意之初，河南外宣办就和导演组深度合作，将海外宣发思路融入节目之中。《2022中秋奇妙游》中，十国语言联唱的节目《千里共婵娟》，就是为了海外宣发量身打造的。该节目得到了外交部发言人华春莹的推送转发，取得了瞩目的宣发效果。

　　河南外宣办还深入导演组提炼每场节目的宣发点、突破点，并形成文案等宣发物料，做足、做细宣发计划，为海外宣发提供了充足而细致的宣发策略。

　　与此同时，河南外宣办积极邀请国外人士、青年"网红"、关键意见领袖为节目录制Reaction Video（反应视频）、Vlog（视频网络日志）等创意视频，在提升"中国节日"系列节目海外传播的吸引力、感染力的同时，让更多海外受众通过喜闻乐见的形式，更沉浸地领略中国上下五千年深厚的文化底蕴。

　　在每场晚会播出后，河南外宣办都会发起线上投票等活动，增加网友参与度和粉丝黏性。同时，通过投票活动了解当代"Z世代"新青年群体的喜爱点和需求点，为接下来晚会内容策划或宣传方案提供数据和资料。

二、乘势而追，做大做强海外推广传播

（一）多账号、多平台、借势发力

与以往的"中国节日"系列节目不同的是，相关节目除了在河南卫视、大象新闻客户端、优酷视频等国内平台播出外，"中国节日"系列节目还通过中国日报官网、中国日报移动客户端、中国日报Meta账号、中国日报推特账号、中国文化中心Meta账号、中国文化中心优兔账号、河南广播电视台官方频道优兔账号、华人头条等外语平台全球同步播出，并于播出当天在各大海外平台实时更新完整版成片和节目拆条。

（二）扩大外宣渠道，做好海外文化输出工作

其一，主动开设"中国节日""河南春晚官方"双账号，并做好长期海外新媒体运营与维护。通过充分借助各海外平台工具，分析粉丝群像、了解观众喜好、开展精准推送，让系列节目取得更好的传播。

其二，主动协调河南广电台内和省内海外新媒体矩阵，并提供节目当天所需中英文案、平面及视频类等宣发物料。通过多渠道、多平台推送每场晚会相关节目，有效增大了节目在海外的曝光度和声量。

其三，积极联系各省级、市级海外媒体矩阵借势发力。最大限度地沟通联络机构和个人海外账号资源，同步支持和推送系列节目。

其四，通过评论或私信留言等方式主动拓展联络我国驻外使领馆、驻外文化中心等驻外机构和官员，搭建海外传播合作名单。目前已经与我国驻美国、英国、印度、越南、俄罗斯、以色列、比利时、马来西亚、奥地利、哥伦比亚、索马里、大阪等地使领馆、旅游办事处、工业园区取得联系，逐步整合成海外新媒体传播矩阵。

其五，积极联合海外网络博主进行有益互动，并提供节目当天所需视频类等物料。围绕着每场晚会的节目亮点进行二次视频创作推送，在节目播出后的一段时间里，持续为系列节目的海外推广传播添油助力。

三、喜得硕果，海外传播效果抢眼

（一）七场晚会直播、浏览量超1710万次

自2022年1月份至10月份，河南方面陆续制作播出了《2022河南春晚》《2022元宵奇妙游》《2022清明奇妙游》《2022端午奇妙游》《2022七夕奇妙游》《2022中秋奇妙游》《2022重阳奇妙游》七场晚会，上述晚会海外直播和浏览量累计超过1710万次。

《2022中秋奇妙游》晚会视频截图

（二）"中国节日"系列节目获得58家驻外使领馆推介，形成了一股文化热潮

在海外传播方面，我国驻美国、日本、加拿大等58家驻外使领馆对系列节目进行了推介。我国驻巴基斯坦、布鲁塞尔等30多个国家和地区的海外文化中

心、旅游办事处在其海外平台推送了相关节目，系列节目在海外传播时形成一股弘扬传播中国传统文化的热潮。

（三）"中国节日"系列节目获"外交天团"海外推送，向世界展示了可信、可爱、可敬的中国形象

我国外交部发言人以及超过40位驻外使领馆官员先后在其海外社交账号发布了系列节目，为系列节目的海外传播提供了强大助力，具体如下：

2022年2月2日，外交部发言人汪文斌在Meta平台推送《国色天香》，并配文（译文）："当古典诗歌遇上年轻的灵魂：传统文化在春节联欢晚会上以一种富有想象力的方式呈现。"

2022年2月14日至15日，我国驻俄罗斯、哥伦比亚、马来西亚、比利时、日本大阪等多个使领馆先后在其官方海外账号上推介了《2022元宵奇妙游》节目。我国驻奥地利大使李晓驷、驻索马里大使费胜潮、驻贝尔法斯特总领事张美芳等多位驻外使领馆官员个人推特账号推送了《元夕之约》《梦莲》《从前慢》等相关节目。

2022年4月1日至4日，我国驻瑞士、马来西亚大使馆等驻外使领馆推送了《2022清明奇妙游》相关节目拆条；我国驻大阪、特拉维夫、德班等驻外文化中心官方账号纷纷转发、点赞并推送了相关节目。

2022年6月2日至5日，我国驻美国、法国、加拿大、西班牙、丹麦、墨西哥、巴西、比利时、挪威、巴基斯坦、新加坡、伊朗、埃及、毛里求斯、意大利、希腊、马来西亚、印度、白俄罗斯、越南等30多个国家驻外使领馆、海外文化中心、旅游办事处陆续在其海外平台对《2022端午奇妙游》相关节目推广传播。同时，我国驻黎巴嫩领事部主任曹毅和驻巴基斯坦文化参赞兼中国文化中心主任张和清等多位驻外使领馆官员通过个人推特账号推广了相关节目内容。

2022年8月3日至6日，我国驻阿尔巴尼亚、卢森堡、奥地利、日本大阪等多个国家和地区的海外文化中心、驻外使馆、旅游办事处陆续在其海外账号上

第四部分　跨文化传播探索：推动中华文化更好走向世界

推介了《2022七夕奇妙游》节目拆条。同时，我国驻黎巴嫩领事部主任曹毅、驻卡拉奇总领事李碧健、驻巴基斯坦文化参赞兼中国文化中心主任张和清等驻外使领馆官员对"中国节日""河南春晚官方"双账号发布的相关节目帖子进行了转发或点赞推送。

2022年9月9日《2022中秋奇妙游》相关节目先后被我国驻巴巴多斯大使延秀生、驻贝尔法斯特总领事张美芳、驻大阪总领事薛剑、驻卡拉奇总领事李碧建、驻南非大使陈晓东、驻巴基斯坦文化参赞兼中国文化中心主任张和清等驻外使领馆官员转发或点赞。

2022年9月10日外交部发言人华春莹个人推特账号发布了河南台同人民日报联合共创版的节目《千里共婵娟》，并配文道：但愿人长久，千里共婵娟。一首改编自宋代诗人苏轼关于中秋节的著名诗歌，由孩子们用10种语言表演。真是一场听觉盛宴！

2022年10月3日至6日，我国驻瑞士大使馆、马来西亚大使馆、日本大阪总领事馆等驻外使领馆推送了《2022重阳奇妙游》相关节目拆条。我国驻希腊大使肖军正、驻大阪总领事薛剑、驻卡拉奇总领事李碧建、驻德班总领事费明星、驻坦桑尼亚桑给巴尔总领事张志昇、驻巴基斯坦文化参赞兼中国文化中心主任张和清等驻外使领馆官员转发或点赞了"中国节日""河南春晚官方"双账号发布的节目内容。此外，我国驻柏林中国文化中心等组织机构也先后推送了《2022重阳奇妙游》相关节目拆条。

值得一提的是，10月4日，广受海外网友关注的@Xi's Moments账号在Meta平台推送了河南广播电视台和人民日报联合共创版的舞蹈《云窟万象》，单条视频累计播放量超2.6万次。

（四）"中国节日"系列节目广受海外网友好评

在上述七场晚会播出前后的重要时间节点，河南方面也收到了来自日本、泰国、北美等多个国家和地区网友的点赞、转发，并收获众多评论。不少网友表示"郑州是一座浪漫的城市";"河南把奇妙游做成了品牌了,我光看海报'奇妙游'几个字就猜测是河南卫视的节目,细看还真是";"一半诗意一半烟火,2022中秋奇妙游再续IP精彩";"神仙节目又上新"……

河南在"中国节日"系列节目2022季海外传播工作中,汲取了2021年账号运营、节目创作的经验,升级改造了海外传播方式。为更好地讲好中国故事,更好地让中华优秀传统文化在国际平台进一步传播作出了自己的贡献,向世界展示了可信、可爱、可敬的中国形象!

（作者供图）

巴蜀文化搭桥梁　国际传播结硕果

——外籍友人"走读四川"活动的传播实践和探索

中共四川省委宣传部

为深入贯彻习近平总书记关于加强我国国际传播能力建设的重要讲话精神和考察四川时关于传承发展中华优秀传统文化重要讲话精神，贯彻落实好中央外宣工作重要部署，2022年1月至6月，由四川省委宣传部主办、四川日报报业集团看四川杂志社承办了外籍友人"走读四川"环线活动，邀请了来自英国、法国、美国、日本、澳大利亚等23个国家的35名外籍友人及家人参与，用好送上门的外宣资源，探访包括成都、宜宾、广安等在内的9座城市，行程达4000余公里，创新打造"Bashu Culture Walk & Talk（巴蜀文化边走边聊）"沙龙品牌，搭建巴蜀文化与国际文化交流交融的沟通桥梁。活动在全球范围内进行了广泛宣传和报道，覆盖海内外受众2174万人次，取得了良好的国际文化交流和传播效果。

一、活动概况

外籍友人"走读四川"活动创办于2021年，是在四川省委宣传部指导下，四川日报报业集团看四川杂志社着力打造的"中华传统文化走出去"重点项目，该活动旨在通过国际文化交流的形式，邀请在境外社交平台有一定影响力的外籍师生、高管、博主和涉外家庭等群体，前往四川的历史古迹、风景名胜、乡村小镇、企业厂区等地走访、参观、体验，以他们的独特视角和真实感受，以海外受众习惯的传播方式，向国际社会展示四川优美的自然风光、灿烂的巴蜀文化、淳朴的民风民俗和新时代四川的发展新貌。

本次活动历时6个月。活动开展前，精细组织策划，围绕四川非遗、红色文化、古蜀文明、乡村振兴等核心概念，精心设计了3场外籍友人"走读四川"的环线活动。在线路设计上，针对不同外籍人群提供不同的路线主题。通过统筹协调市（州）资源将感知文化与亲身体验进行深度融合，实现了寓教于乐、寓文于旅的线路设计思路。2022年1月10日至14日举行的"世界遗产·美景美食行"为外籍"网红"专场，邀请在境外媒体平台上有影响力的网红博主参加，走进眉山、乐山、宜宾三座城市，沉浸式打卡三苏祠、苏稽古镇、李庄古镇等当地特色网红地标。6月13日至17日举行的"红色经典·伟人故里行"为外籍师生专场，邀请四川大学、成都理工大学、成都体育学院、西华大学等高校优秀外籍师生代表，走访资阳、巴中、广安这三座蕴含着革命精神的红色热土，透过陈毅故里、川陕苏区纪念馆、邓小平故里的一件件展品，追寻照耀巴蜀大地的红色光芒。6月27日至30日举行的"古蜀文明·魅力天府行"为外籍高管专场，通过川商总会、欧盟商会等涉外组织，邀请到成都瑞吉酒店总经理、意大利贸易署成都分局局长和前尤文图斯足球俱乐部职业经理人等外籍高管，探访成都杜甫草堂、绵阳江油李白故里、德阳三星堆博物馆，零距离感受神秘的古蜀文明和灿烂的巴蜀文化。

二、主要做法与成效

（一）创新走读形式：沉浸巴蜀文化体验

外籍友人"走读四川"活动以体验式、沉浸式等国际受众喜闻乐见的方式进行。整体形式策划上，将体验元素归纳为文化吸引（历史文博、人文民俗）、体验吸引（非遗制作、饮食文化）、游览吸引（名胜古迹、自然风光）

三个大类，针对不同元素设置对应体验环节，为不同的外籍友人群体提供差异化体验。

"世界遗产·美景美食行"以欣赏川南美景和特色习俗为主。意大利旅行博主尼诺参观三苏祠后说："我在这里体验了茶文化和拓片文化，我想这是外国人了解苏东坡的很好方式。"粉丝千万级博主余多多在苏稽古镇感慨："原来嘉州不仅美食多，文化更是有魅力。"在宜宾体验四川省级非遗"请春酒"时，来自俄罗斯的留学生佳佳说："她最喜欢吃土火锅，因为在俄罗斯也有差不多的烹饪法，能在远隔家乡万里的地方品尝类似的美食，这让她倍感温馨。"

"红色经典·伟人故里行"以瞻仰伟人精神和红色历史为主。外籍友人在资阳乐至体验养蚕的新鲜感和快乐，感受当地蚕桑产业的高质量发展。在巴中，外籍友人参观了川陕革命根据地博物馆、南龛石窟、恩阳古镇，优美的风景与厚重的红色文化在这片土地上交相辉映，令人感触颇深。在广安邓小平故里，外籍友人先后来到小平铜像广场、陈列馆、小平故居等点位，向邓小平铜像敬献鲜花，瞻仰一代伟人的丰功伟绩。

"古蜀文明·魅力天府行"以追寻古蜀文明的历史古迹为主。在成都，外籍友人在成都博物馆跨越时间长河，游览美丽的天府之国；在杜甫草堂品茶论诗，体验自然恬淡的田园生活。在绵阳，外籍友人造访绵阳江油李白故里，追随李白的足迹，见证盛唐的华彩；观摩梓潼七曲山大庙的古建筑，聆听余音绕梁的文昌洞经古乐。在德阳广汉三星堆博物馆，外籍友人在文物中探寻历史记忆，探寻古蜀文明，感受四川多彩人文之韵。

活动期间，外籍友人还欣赏并体验了川剧、四川清音、青神竹编、宕渠双竹连响、盘子曲艺、棕编、皮影戏、扎染等数十项非遗文化，切实感受到乡村振兴给当地带来的新机遇、新发展、新变化。

在眉山青神体验竹编

（二）构建深度交流：巴蜀文化沙龙打造

在"走读四川"活动中，创新设计巴蜀文化沙龙活动形式，以人脉为抓手，以故事为载体，打造"Bashu Culture Walk & Talk（巴蜀文化边走边聊）"品牌，邀请当地史志专家与外籍友人共话巴蜀文化。

在宜宾蜀南竹海举办的"品味巴蜀"主题沙龙中，史志专家刘龙泉介绍了长宁县文旅发展情况。来自英国的网球教练麦克斯表示："不同文化之间的交流不仅会促进来自不同文化背景的人民相互来往，而'走读四川'活动给了他一个很好的机会近距离接触四川、接触四川文化。"

在广安川东民俗博物馆举办的"红色文化"主题沙龙中，西华大学的日籍教师森永先生表示，他对邓小平说的"发展才是硬道理"印象很深，对邓小平的传奇经历尤其感到钦佩。也门籍留学生萨利赫发表感言："身为在华的外国人，我们将努力发挥友好使者的作用，多多宣传大美四川。"

在德阳广汉三星堆博物馆举办的"古蜀文明"主题沙龙中，意大利贸易署成都分局局长鲁布卡感慨道："此行我们参观了丰富的历史遗迹，游历了优美的自然风光，还体验了很多精彩的非遗文化活动，四川实在太有魅力。"成都瑞吉酒店总经理蔡瑞德表示："四川历史底蕴丰厚。我把沿途的照片发在社交平台上，我的朋友都表示很想来四川，尤其三星堆博物馆。"

三星堆博物馆主题沙龙合影

（三）精准国际传播：精准覆盖海外有效受众

重视运用海内外全媒体矩阵，以短视频、直播、稿件和推文等形式，全方位、多角度、立体化展示环线城市的独特魅力和经济社会发展取得的新成就。截至2022年7月，包括人民网、新华网、中国日报在内的中央媒体，川观新闻、封面新闻、四川观察等省级媒体，以及Sichuan Andrew等海外社交平台账号，关注并报道了"走读四川"环游活动，传播量达2174万人次。参与活动的外籍友人也纷纷通过脸书、推特、优兔等平台个人社交账号分享活动见闻感受，向世界推介四川的历史之美、山水之美、文化之美，影响力不断扩大。

三、思考与启示

（一）聚焦核心，主动作为

统筹对外传播工作中，应围绕中心，服务大局。下一步，将深入贯彻党的二十大精神，以习近平总书记关于加强我国国际传播能力建设的重要讲话精神为指引，扎实做好党的二十大精神和习近平新时代中国特色社会主义思想宣传阐释，坚持国家站位、全球视野、巴蜀特色，努力为提高国际传播影响力、中华文化感召力、中国形象亲和力、中国话语说服力和国际舆论引导力作出四川探索。将聚焦中国式现代化在四川的生动实践，用好用活四川丰富的文化资源，创新活动形式、精心策划主题，紧扣遗迹遗物、蜀工蜀艺、名人名篇、川剧川曲、民族民俗、美景美食六大外宣资源，持续擦亮"Bashu Culture Walk & Talk（巴蜀文化边走边聊）"外宣品牌。

（二）把握时机，厚积薄发

实施对外传播项目时，要厚积薄发，精准发力。2021年，"走读四川"首场活动源于偶然了解到的在川外籍人士有在活动中感受春节文化、学习汉语的需要。抓住此次契机，制订了"绵竹年画村探中华年"活动方案，此次活动在脸书、推特、优兔等平台首次发布了"走读四川"活动的视频，吸引了很多国外网友的关注，积极互动留言，表达了对年画村以及中国年的喜爱。此后，举办了"雅安品川茶寻雅境""广元女皇故里行"等单个城市活动，逐渐树立起品牌，发挥品牌效应。2022年，"走读四川"活动由单线升级为环线，更大规模、更深层次展示巴蜀文化的生动内涵，线上线下一起发力，讲好巴蜀故事，进一步扩大知华友华的国际舆论朋友圈。

（三）积累人脉，增加黏性

完成国际交流活动后，应梳理资源，聚合人脉。环线活动结束后，鼓励参与走读活动的外籍人士以日记的形式给"走读四川"纪念册投稿，把此行目睹

第四部分 跨文化传播探索：推动中华文化更好走向世界

在德阳绵竹体验制作年画

的美景、舌尖的美味、难忘的体验分享给母校的师生、海外的亲朋和所在国的民众，促进中国及四川与各国民间交流交往。为强化与参加活动的外籍友人互动黏性，着手打造"Panda Guide（熊猫向导）"App，开发外籍友人社群小程序，持续构建国际传播"朋友圈"。将依托App的日常交流功能，结合一期一会的"走读四川"深度体验，以当前积累的外籍友人群体为核心，持续通过强化线上频繁互动交流、线下深度体验沟通的模式，进一步扩大和巩固四川文化的全球粉丝矩阵。

（作者供图）

如何让正能量成为大流量

——《七彩云南 世界花园》宣传片"破圈"效应带来的启示

云南省人民政府新闻办公室

2022年12月15日,在《生物多样性公约》缔约方大会第十五次会议(COP15)第二阶段会议召开期间,云南省最新对外宣传片《七彩云南 世界花园》正式发布。

短短几天内,《七彩云南 世界花园》在互联网各大新媒体平台迅速引发了热烈反响,在"朋友圈"形成刷屏之势,宣传片及相关报道累计获得媒体转载及刊发超过5000次,累计阅读量超1.6亿次。宣传片及单曲在各大音视频平台上线后,立即登上抖音、今日头条、新浪微博等社交平台热搜榜单前十,并位列QQ音乐、搜狗、网易云音乐新歌榜TOP5榜单。美国、德国、加拿大、日本等20多个国家和地区的500多家媒体对云南最新对外宣传片发布的相关信息进行报道,海外覆盖人群超过3亿。《七彩云南 世界花园》宣传片成为继亚洲象"北上南归"事件之后,又一彰显国际传播效能的爆款力作。

一、七彩云南"世界花园"魅力名片享誉全球

2020年1月,习近平总书记考察云南时指出,云南生态地位十分重要,被誉为"植物王国""动物王国""世界花园"。这是大自然赐予云南的宝贵财富,必须倍加珍惜。

第四部分　跨文化传播探索：推动中华文化更好走向世界

2021年，亚洲象"北上南归"的故事，动情海内外，温暖了全世界，来自云南的"好声音"频频登上国际媒体的头条。跟着大象的足迹，人们看到了云南的大山大河之美，了解到云南人民的热情淳朴善良。大象虽已南归，但云南继续强化"大象元素"的应用，持续发挥"大象传播"的后续效应，2022年8月成功举办首届大象国际传播论坛并上线"大象频道"，围绕大象元素搭建起更多传播矩阵，有力有效延续了国际传播热度。

"世界花园"是习近平总书记对云南秀美山川与绮丽风光的高度赞誉，是对云南践行习近平生态文明思想生动实践、取得生态文明建设丰硕成果的充分肯定，也是对未来云南生态文明建设的新擘画。在持续做好"大象传播"外，云南围绕COP15这场国际盛会，加大全盘谋划、提前设置议题、组织多元内容、统筹传播矩阵，全力擦亮"世界花园"这张名片，让"世界花园"成为云南不断提升国际传播效能的新内容、新渠道、新载体，以实际行动践行习近平生态文明思想和总书记对加强国际传播能力建设的指示要求。

2022年以来，在省委宣传部的总体统筹下，云南省扎实做好新媒体传播格局下的云南形象宣传工作，把握国际传播领域移动化、社交化、可视化的趋势，在构建对外传播话语体系上下功夫，在受众乐于接受和易于理解上下功夫，让更多新一代青年群体对云南的新变化听得见、看得懂、想得明白，让时尚和现代成为外界关注云南的新视窗、新热点、新期望。为进一步借助COP15第二阶段会议举行契机，充分展示云南贯彻落实习近平生态文明思想的生动实践，对外讲好中国故事，传播好云南声音，云南省人民政府新闻办公室牵头，研究并策划了一部以"七彩云南　世界花园"为主题、主要面向新时代青年群体的云南全新对外宣传片。宣传片以"花"为灵感，创作一首年轻人喜爱的说唱歌曲，以青年眼中的"花Young云南"为主要内容，通过有节奏的镜头切换和酷炫的场景转换，以年轻人喜爱的视频风格，展现了一个历史文化深厚、民族元素多姿、山水风光优美，又现代、科技、时尚，开放包容、活力四射的魅力云南。

二、创意之举打开国际传播主流航道

在云南省人民政府新闻办公室的统筹指导下，新华网汇聚全网资源，整合北京、上海和云南的优秀创作团队，经过数月的拍摄制作和反复打磨，最终为海内外受众呈现了一部"破圈"的云南对外宣传片，让《七彩云南 世界花园》"花"开全球，"花"香四海。

（一）展现了一个既一样又不一样的云南形象

对比以往的云南形象宣传，这部宣传片展现的既是一样的云南，又是不一样的云南。大众所熟知的云南特有的风光、民族、文化、生态、美食等方方面面，以及七彩云南、大美云南、绚烂云南、多元云南、和谐云南……这些云南的闪亮名片，无一缺失地在片中得以体现。受众通过宣传片找到了舌尖上的云南，体会到了古滇王国的深厚历史，发现了云南的神奇动植物，收藏了云南的网红打卡地……宣传片的呈现满足了人们对于美丽云南的常态化期许。不一样的是，这是云南首次以rap的形式对外进行宣传推介，通过一次"破圈"的尝试，大众看到的云南充满了活力与生机、时尚与现代、科技与创新、开放与国际，更直观地感受到了云南经济社会发展的动力、希望与未来所在。

（二）讲述了一个暖心暖情同频共鸣的云南故事

本片以MV方式呈现，而MV采取了讲故事的方式进行拍摄制作，将原本包罗万象的歌词有机地串联起来，赋予了情节和情绪，让整个宣传片不再是简单的画面组合。

"彩云之南在何方？"宣传片中，在云南大理喜洲古镇的小院里，白族少年"小阿鹏"偷偷拿起妈妈的手机，与哥哥视频时发出了这样的提问。这个"不是问题的问题"引发了全网网友的共鸣。宣传片通过"小阿鹏"与众网友"隔空邂逅"的互动，作为全片叙事串联线索，透过天南海北的网民们对云南的印象记忆和向往想象，呈现了一个多维度、多视角下的七彩云南。

MV通过运用音乐、歌词和影像画面的叙事和情感传达方式，更易于让国外观众接受和认可，通过音乐的韵律、节奏与影像画面律动的相互配合进行叙事抒情，是一个音乐视觉化和视觉音乐化的过程。这是中国声音的全球化表达的体现，受众反馈也表明，这样的实践极大增强了国际传播的亲和力和实效性。

（三）装满了繁花似锦万紫千红的云南元素

七彩云南，世界花园。美食之"花"、生态之"花"、民族之"花"、友谊之"花"、时尚之"花"绚烂绽放，满满的云南元素跟随着各式各样的"花"朵在片中精彩呈现。

"七彩云南满足美的想象"，宣传片中一组组镜头满足着人们对于美的想象。洱海、梅里雪山、澜沧江、普者黑、哈尼梯田、东川红土地等景观如诗如画，红嘴鸥、绿孔雀、滇金丝猴、亚洲象、黑颈鹤等动物自在生活，向世人展现人与自然和谐共生的生动景象。

"云上日子选哪样？米线、乳扇、菌飘香""来到云南就像进了空调房"。舒适的气候、常开不败的鲜花，米线、乳扇、野生菌等各色美食，让生活在这里的人们畅享视觉和味蕾的饕餮盛宴。年轻人用无人机寻找独特视角下的无限风光，也会踩着滑板车穿行于田间道路，感受自然的气息。

充满动感的Rap旋律，唱出了既古老又现代的云南。"彩云南现"的传说，为云南名字的由来赋予了浪漫色彩；在云南省博物馆、澄江化石地世界自然遗产博物馆里，远古自然与历史文化的探索令人着迷；传统花灯戏、左脚舞、弥渡小调等少数民族歌舞音乐与Rap、现代街舞共同演绎出云南传统与现代融合的魅力；茶马古道的铜铃声与中老铁路列车的疾驰声响，跨越时空同频共振，合奏出云南的开拓奋进曲。

"值得打卡的地方还有千千万""美美与共日子你说多甜有多甜""世界花园璀璨闪耀东方"，数字云南、对外开放、健康旅游、时尚生活……云南经济社会的发展，犹如花样青年一样，充满生机和活力，吸引着全世界的目光。

（四）唱出了一曲好听好记好传播的云南声音

宣传片主题歌曲作词非常用心，采用人们生活中常用的词语，朗朗上口、简单易懂，每一句都对要表达的内容进行了精准描述。同时，在适当的地方加入了年轻人熟悉的网络语言，成为整首歌词的亮点之一。比如，"酷热难耐的夏天（你）还在四处找清凉？来到云南就像进了空调房，心心念念是darlin，苍山洱海最大理"。把云南直接描述成一个大"空调房"，非常形象、直截了当地唱出云南舒适宜居的气候环境。用大理和谐音"darlin"进行类比，让观众一下子就理解了拥有苍山洱海的大理是一个无比浪漫的城市。整首歌词还有很多地方都采用了类似的手法，让人印象深刻。这样的歌词做到了简单、好玩、好记，非常容易被广泛传播。

编曲方面，在整首说唱歌曲里融入了云南山歌调、世界名曲《小河淌水》、弥渡山歌小调等云南传统民族音乐元素，配乐上也加入了葫芦丝、三弦等民族乐器，rap和民族风有机结合，既能让这首歌被更多不同年龄段的人喜爱，又能让整体歌曲的云南元素更加突出，充分实现了民族与流行、传统与时尚、地方与国际的融合。

主题歌曲整体编曲风格鲜明，歌词逻辑畅通，歌曲在传统的说唱音乐基础上加入了更贴近大众的流行元素。充满动感的rap旋律，唱出了既古老又现代的云南，在省级宣传片方面成功"破圈"，另辟蹊径，独具一格。

（五）表达了一股云南式中国化国际范的风潮

"世界花园"是云南在世界舞台上一张亮丽的国际名片，宣传片的拍摄制作，从创意开始就充分考虑了国际传播。

第一，选择rap风格的音乐类型，就是希望通过这种国际流行的潮流音乐方式，加之特色民族音乐元素的融入，吸引国际受众关注云南，打开国际传播渠道。

第二，桌面电影是近年来国际上兴起的一种新电影形式，因其沉浸感相比于其他的形式更胜一筹，在国际上被越来越多的人所认可和喜爱。本片也充分运用了桌面电影的特点和优势，将MV故事情节进行合理串联，是中国故事利用国际语言方式表达的一种大胆尝试。

第三，宣传片的视频拍摄制作采用国际流行的流畅、自由的表现手法，根据说唱音乐的特点，突出情节化、故事化，从贴近生活的场景切入，通过镜头切换和场景转换手法的应用，形成了年轻群体喜爱的视频风格，贴合了国际传播规律。

第四，宣传片中还设计了很多"外国人视角看云南"的场景，正在品尝米线的外国游客、在街头弹着三弦的"新云南人"、与小主人公同乘高铁出行的南亚东南亚友人，从他们一颦一笑中，让中国人和外国人都深刻地感受到了云南的开放包容和生机活力。

三、"破圈"之作实现海内外吸睛引流

《七彩云南 世界花园》云南对外宣传片中英文版12月15日正式对外发布后，广受海内外关注，全媒资源整合呈现传播的广泛性，多平台同步宣推，一时间云南对外宣传片登上各大平台首页及热搜榜。视频、歌曲同步在各大音视频平台上线，立即登上抖音、今日头条、新浪微博等社交平台热搜前十，并位列QQ音乐、搜狗、网易云音乐新歌榜TOP5榜单。截至12月22日12时，全网相关报道累计传播超5000次（源发及转载计入在内），全网累计阅读量超1.6亿次。其中微博话题"rap起来的云南真上头"阅读量达2600多万次，并登上微博热搜榜；新华网微信公众号文章《rap起来的云南，真上头！》阅读量超10万次；新华网客户端文章阅读量超600万次。

同时，宣传片还在北美、欧洲和亚太等海外地区实现落地，包括美国、加拿大、马来西亚、菲律宾、新加坡、澳大利亚、越南、德国、日本、意大利、

瑞典等20多个国家和地区，共计约500多家媒体进行了报道与转载，平均潜在受众超60.2万人，媒体覆盖人群超过3亿。

《七彩云南　世界花园》登陆各平台后，受到热烈反响，被网友誉为"最用心宣传片"。网友"瑞子alex"在视频评论区留言，"绝了，全新的宣传模式！"来自上海的网友"蜂蜜柚子馒"评论，"真别说，这个拍得还挺好的，歌的旋律也好听的，歌词算总结得不错。"网友"@wu俞"评论，"有点好看是怎么回事，反复刷了十多遍。"网友"Mk-ss"评论，"respect，真的很好！祝作者和云南官方以后天天都能做出这样的好作品。"网友"蕾p"评论，"土生土长的云南人看破防了！"网友"chinasunny3"评论，"云南潮起来更好看。"网友"小精灵"评论，"山歌加Rap的结合毫无违和感，又有民族特色还有时尚感，新时代的云南真不一样。"更有来自广西、湖南等地的网友要求给他们的家乡也拍一部这样的宣传片。

四、做好国际传播要让"中国功夫"契合"世界套路"

习近平总书记强调，要深刻认识新形势下加强和改进国际传播工作的重要性和必要性，下大气力加强国际传播能力建设，形成同我国综合国力和国际地位相匹配的国际话语权，为我国改革发展稳定营造有利外部舆论环境，为推动构建人类命运共同体作出积极贡献。

《七彩云南　世界花园》的策划制作推广是加强国际传播能力建设，提升国际传播效能，以"中国功夫"式的传播探索融入"世界套路"国际话语体系的一次有益尝试，其中也为我们立足云南，面向世界讲好中国故事，传播好中国声音，展示真实、立体、全面的中国带来了宝贵的启示。

（一）国际传播要充分彰显国际视野

在国外，宣传片的制作氛围和方式流程更加自由，这也让内容创作更加广泛。在国际传播领域中，通常以民众喜闻乐见的传播形式提升形象传播的曝光度。本次宣传片的拍摄制作立足云南、放眼世界，利用国际流行音乐，点翠云南传统民族音乐元素，守正创新，主动融入国际传播话语体系，以融通中外的新概念新范畴新表述，充分体现了云南的"国际范"，更加突出"七彩云南世界花园"这一主题。

（二）国际传播要积极探索"融合"之道

本片革新传统叙事表达方式，通过"小阿鹏"这一少数民族孩童的视角展开画面叙事。以小切口展现大形象，才能不断激发受众对七彩云南的了解欲和兴趣度。宣传片的制作以rap为载体，通过桌面电影剪辑手法，增加了科技、潮流、酷炫、时尚之感。通过几经打磨的歌词，在短短4分多钟的时间内展现了云南最动人、最动情、最动感的系列场景，令人印象深刻，回味深远。这些方面的有机组合，实现了"创意+内容+科技+美学"的有效统一，达成了最终的"融合"之作。

（三）国际传播要坚持以需求为导向

任何宣传片都需要进行传播，需要对受众的需求进行当下的解构。世人需要一个美丽的云南，更需要一个新鲜、特点十足、能够满足自己所需的美丽云南，这点在年轻群体中体现得更加明显。特别是在新媒体传播规律下，宣传片的表达方式和渠道必须与时俱进，才能更好地提升内容吸引力和传播影响力。本次宣传片所呈现的云南，既展现了海内外受众记忆中的大美云南，也呈现出一个精彩、自信、可亲且彰显活力的不一样的云南，为云南优化营商环境、展现发展活力与动能、吸引人流物流投资聚集发挥了舆论引导的作用。

展示传统文化魅力　擦亮对外宣介窗口

中共漳州市委宣传部　漳州市布袋木偶传承保护中心

漳州市布袋木偶传承保护中心坚持在市外事、文旅等有关部门的指导下，加强友好城市间的文化交流，全面展示漳州布袋木偶戏的传统文化魅力，展示真实立体漳州人民精神风貌，努力成为文化传播的使者，为世界人民全面深刻了解中华文化提供重要的窗口。

一、中心简介

漳州布袋木偶戏历史悠久，据载"源于晋，兴于明"，早在明代万历年间就流传到东南亚各国和台湾地区。布袋木偶戏表演细腻，人物造型栩栩如生，既能够体现人戏的唱念做打以及喜怒哀乐的感情，又能表演一些人戏难以体现的动作。原漳州市木偶剧团始建于1959年，是福建省重点院团之一，也是全国木偶皮影十大院团之一，被联合国教科文国际木偶联会中国中心授予"艺术交流漳州实验地"，也是闽南文化生态保护示范区的"示范点"。2016年正式更名为漳州市布袋木偶传承保护中心，中心现有编制42人，目前在职干部职工共计38人，其中高级职称5人，中级职称21人，初级职称12人。作为布袋木偶戏专业团体，主要从事布袋木偶戏创作、展示、演出、传承保护工作，拥有国家级传承人2名，省级传承人5名，市级传承人7名。2006年，漳州布袋木偶戏和漳州木偶头雕刻两个项目被列入国家首批非物质文化遗产名录。2012年，入选联合国非物质文化遗产优秀实践名册。

漳州市布袋木偶传承保护中心在党的文艺方针的指引下和各级党委政府的关心扶持下，坚持为人民服务，为社会主义服务，注重社会效益，打造艺术品牌，在剧目生产、演出形式、表演手段、木偶造型、舞台美术和音乐创作等方面，不断探索、改革和创新，逐渐形成一个具有民族和地域特色的艺术风格。这些年中心传承保护复排拍摄传统剧《蒋干盗书》《战潼关》《抢亲》《浪子回头》等多出传统折子戏，复排拍摄大型传统剧目《华蒳案》《李巧燕》《陆凤阳》《忠烈传》，积极创作新大型木偶剧《水仙花传奇》《海峡女神》《孙悟空决战灵山》《李逵负荆》《闹海新传》等剧目。中心定期参加省级戏剧会演及积极完成政府性演出任务。多次为胡锦涛、江泽民、朱德、叶剑英、杨尚昆、朱镕基、贾庆林等党和国家领导人及外国元首演出，受到党和国家领导人的表扬和鼓励。

中心多次在全国和国际比赛中荣获大奖。1999年木偶儿童剧《少年岳飞》获文化部第九届文华奖"文华剧目奖""文华导演奖""文华舞美（雕刻）奖"；2001年电视木偶剧《森林里的故事》获中宣部"五个一工程奖"，2004年在捷克布拉格举行的国际木偶比赛中荣获"最佳动画奖"，获得最高荣誉"水晶杯"，中心受邀前往亚、欧、美、澳、非五大洲五十多个国家和地区，进行友好访问演出，受到当地群众的热烈欢迎以及专家学者和新闻媒体的高度评价，获得"世界第一流艺术""国宝级艺术""东方艺术珍品"等各种好评。

二、精心打造对外交流活动

2021年以来，漳州市布袋木偶传承保护中心线上组织了5场对外演出，演员及雕刻师应主办方及观众的要求，从后台走上了前台，与木偶同台演出，受到境外观众和我驻外使领馆的好评。

2021年10月9日，应中国驻美使馆邀请，漳州市布袋木偶传承保护中心为驻美使馆的国庆节庆祝活动进行"传播中国文化 坚定文化自信"专题线上授课，讲授国家级非物质文化遗产"漳州布袋木偶戏"的历史、木偶制作工艺和表演艺术，弘扬工匠精神，坚定文化自信。

2021年12月16日晚，在中国驻美大使馆以及福建省漳州市外事、文旅部门的协调下，漳州市布袋木偶传承保护中心克服疫情期间人员无法互访的不利因素，精心筹备，为美国的孩子们呈现了一场中国"非遗"与优秀传统文化的视觉盛宴。当晚，一场名为"陈老师和漳州市布袋木偶传承保护中心"的漳州布袋木偶戏线上讲座在漳州古城里的木偶艺术展示馆举行。美国马里兰州从幼儿园到高中的上千名学生参加了线上讲座。

2022年5月23日，在中国驻美国大使馆和福建省漳州市外事、文旅部门的协调推动下，漳州市布袋木偶传承保护中心以线上方式为美国弗吉尼亚州波托马克学校的数百名中学生呈现了一场中国非遗文化——布袋木偶的视觉盛宴。当天的线上活动由导览、木偶剧表演、木偶技艺教学体验几个部分组成。波托马克学校的中学生们通过直播游览了拥有1300年悠久历史的漳州古城美丽夜景，并在双语导游的介绍下"云参观"了木偶艺术展示馆。随后，漳州布袋木偶戏省级非遗传承人——陈黎晖与多位演员共同表演了著名布袋木偶戏《大名府》，并讲解了木偶手指操作和木偶制作的技艺。精彩的木偶戏演出和精湛的木偶制作技艺让波托马克学校的中学生们充分感受到了中国非遗文化的独特魅力。

2022年5月27日上午7:30，美国俄勒冈州当地时间5月26日下午4:30，在福建省外办协调指导，漳州市外事、文旅部门的积极组织下，漳州市布袋木偶传承保护中心克服疫情期间人员无法互访的不利因素，为美国俄勒冈州的学生呈现了一场中华优秀传统文化的盛宴。一场名为"遇见大师：走进福建木偶艺术"的线上文化讲座在漳州古城的木偶艺术展示馆举行。福建省外办、漳州市外办、文旅局、漳州职业技术学院等单位人员，美国俄勒冈-中国理事会，

第四部分　跨文化传播探索：推动中华文化更好走向世界

面向美国弗吉尼亚州波多马克学校开展中国木偶艺术专题线上讲座

Xstream国际学校、Bamboo国际学校、希望中文特许学校、彩虹桥中文融入学校等学校的学生，华盛顿州温哥华图书馆以及漳州的国际友城——夏威夷檀香山市友好人士等近120人参加。

2022年6月10日，应美国马里兰州"世界艺术家体验"组织邀请，并经中国驻美使馆和福建省漳州市外事、文旅部门协调推动，漳州市布袋木偶传承保护中心艺术家陈黎晖及其团队以"云讲座""云展演"方式，为美青少年学生和社区民众第三次奉上中华非遗文化盛宴，在美再度刮起强劲"中国风"。活动以《花样漳州》宣传片开场，生动展示了漳州多姿多彩的人文风情、深厚的文化底蕴、焕然一新的城市面貌和多领域经济社会发展成就，让大洋彼岸的美国观众心驰神往。

为美国俄勒冈州的学生呈现中国优秀传统文化

三、系列交流活动取得良好成效

我驻美大使馆来函指出，我们开展的系列交流活动受到了全体与会者的热烈欢迎，各位艺术家克服筹备时间短、涉及环节多、转场频繁等困难，发扬不怕苦、不怕累精神，以饱满的工作热情、认真的工作态度、良好的工作作风、高超的沟通技巧圆满完成了讲座任务。轻松活泼又含义丰富、深入浅出又精彩纷呈的展、演、讲，既让听讲者充分领略了中华传统文化的非凡魅力，又进一步增强了文化自信。大使馆向漳州市给予的大力支持表示感谢！对各位非遗艺术家的优秀表现和辛勤付出表示敬意！ 大使馆来函特别强调，系列交流活动增强了美国民众对中国文化的认知认同，有效扩大了我文化软实力，充分彰显了当前形势下加强中美文化交流的重要意义。福建省外办指出，漳州市对外文化交流和传播工作理念新、工作实、成效高。

美国"世界艺术家体验"组织主席贝蒂·麦金尼斯向漳州外办发来一封情真意切的函件，对所有参与组织线上交流活动的人员表达发自内心的感激："感谢！感谢！再感谢！你们的节目太精彩了！这是一次真正的中国艺术之旅。我们从头到尾都被整个活动深深吸引。漫步在古香古色的漳州古城，参观了引人入胜的漳州木偶艺术展示馆，观看了令人着迷的木偶表演，以及木偶制作的有趣互动。太精彩了！万分感谢！对老师和学生来说，这是一个美丽而富有意义的早晨。谢谢你们让这一切成为可能！再次向漳州市表示最深切的感谢！我们期盼着在未来访问漳州，与你们相聚。"

（作者供图）

第五部分

城市品牌塑造：
地方名片讲好中国故事

全世界都可以相信北京

——北京创新讲好"双奥之城"的中国故事

北京市人民政府新闻办公室

如期举办新冠疫情暴发以来最大规模国际性体育赛事——2022北京冬奥会、冬残奥会，北京成为世界上首个"双奥之城"，彰显习近平总书记的高瞻远瞩和战略谋划。在举办冬奥会的同时，北京成功实现国际传播内容供需互促共生，成功塑造好、传播好"双奥之城"万千气象。

一、"双奥之城"国际传播内容供需互促共生新挑战

办好北京冬奥会、冬残奥会是党和国家的一件大事，是我们对国际社会的庄严承诺，做好北京冬奥会、冬残奥会筹办工作使命光荣、意义重大。习近平总书记强调"要通过办好这样的大型国际赛事活动，进一步提升我们的文化传播力、新闻影响力、国家软实力"。如何抓住这个重要契机，贯彻落实习近平总书记有关冬奥重要指示批示讲话精神，建好用好作为北京冬奥会非注册记者中心的2022北京新闻中心，传播最新最美最好北京，塑造可信可爱可敬中国形象，面临很多挑战。

（一）从国际看，外部传播环境严峻

当前百年变局叠加世纪疫情，人类面临多重挑战，国际社会对我国的关注前所未有，中国国家形象在很大程度上是"他塑"而非"自塑"，面临长

期积累的复杂严峻的传播环境挑战，面临美西方持续强化的打压抹黑遏制国际环境挑战。

（二）从国内看，内容供给总量不足

整体上看，国家层面、北京层面的国际传播内容供给总量还不够大。相对于2008年北京奥运会、残奥会而言，不确定性因素和复杂的国际形势对如期举办2022北京冬奥会、冬残奥会带来严重影响，2022北京新闻中心仅有2008北京国际新闻中心工作团队十分之一的力量参与筹备，压力巨大，策划设计丰富国际传播内容供给成为巨大挑战、急迫任务。

（三）从媒体看，内容需求巨量独特

冬奥主新闻中心的中外媒体更加关注冬奥赛事，北京冬奥会实行严格闭环管理，中外媒体记者内外不流动，运动员在闭环内活动，对主办城市关注了解有限，主转播商对举办城市形象素材提出了巨大需求。同时，2022北京新闻中心432家中外媒体1770名中外记者要连续20天密集采访报道，内容需求面临巨大压力。这些中外媒体以常驻京外媒、港澳台媒体、中央媒体和兄弟省市自治区主流媒体为主，对北京都很熟悉，对新闻中心提供的传播内容、活动形式、技术渠道、服务保障、疫情防控措施有更高的个性化需求。

（四）从路径看，请进来走出去备受限制

由于我国国际传播环境严峻复杂，以往可以广泛邀请境外主流媒体、名编辑、名记者、名学者、名作者来华来京采访，如今已经无法实现，以往可以策划设计前往世界各地举行形式多样的推广交流传播活动，如今备受限制，我们主要面对在华在京外国友好人士、驻华驻京境外媒体记者开展服务，主要在移动传播、网络传播、境外社交媒体传播上多着力。

二、"双奥之城"国际传播内容供需互促共生新实践:有求必应、权威供给、惊喜盲盒、内核传播

(一)备足料,备好料,接单派单有求必应

内容为王是根本、好内容永远是王道,建立灵敏高效供需机制至关重要。2022北京新闻中心把对外宣介习近平新时代中国特色社会主义思想作为首要任务,以体现当代中国价值的北京外宣元素贯穿方方面面,把北京弘扬文化精髓、精神标识的生动实践、巨大变化、丰硕成果反映充分,连续运营20天,推出百幅精品图片展示、千种外宣品展陈,提供素材图片千余张、视频1800多分钟、外宣品5万件,每日早8点开始城市采访、上午10点新闻发布、下午2点《双奥之城·看典》、晚上6点《大戏看北京》冬奥演出,每日1场主题发布场场爆满,每日3场城市采访供不应求,每日15场个性化采访有求必应,3天1场"多彩神州"展览展示让人期待,4天1场惊喜盲盒让人惊艳,新闻活动全天不断,新闻素材饱满充实、样式丰富、形态多样、业态新颖,累计举办新闻活动412场,2431家次、22820人次中外媒体记者流连忘返,焕发报道激情,刊发原创新闻1.62亿条。所有的新闻活动、素材信息提供,有求必应:应的必须是"双奥之城"万千气象的方方面面,既要有足够的数量,更要有极高的质量,满足需求。国际奥委会转播商机构对举办城市素材提出了无限需求,有的主要转播商要求在北京重要地点十多路连续全天候直播采访30余天,我们根据疫情防控、主题传播和形象塑造需要,精选天坛、长城、什刹海、国贸四个点位精心组织主转播商电影式纪录拍摄,特别是风雪中的天坛拍摄提供了千载难逢的绝佳镜头。432家中外媒体1770名中外记者提出个性化采访需求,我们应的是全市派单接单三级响应机制,全天候备访、全方位接单、专员制负责、主题式提供,既满足采访需求,又展示包容开放形象,心中坚守的是中华文化立场、北京形象。2022北京新闻中心通过全角度、超大量的新闻叙事内容,全天候全

素材的新闻服务模式，成功践行"新闻+服务、新闻+文化、新闻+科技、新闻+形象"四大理念，全面展示世界上第一个"双奥之城"北京的新气象，打造展示可信、可爱、可敬中国形象的"首要窗口"，巴赫先生评价2022北京新闻中心的工作"无可挑剔"，蔡奇同志肯定2022北京新闻中心取得"完美效果"。

（二）控主流，控体验，权威供给绘出万千气象

主流舆论是否掌握在自己手里，中外媒体现场感受如何，对于提高"双奥之城"国际传播能力和效果来说，至关重要。一是做强新闻发布。2022北京新闻中心组织新闻发布会15场，邀请国家体育总局、知识产权局、科技部、中国残联、生态环境部等中央及市区相关部门65人次出席，回应社会关切问题150个，全力引领重头新闻和重要舆论导向，主流舆论强劲鲜明、完全正向。中央广播电视总台《新闻联播》播发14条，《纽约时报》报道直接引用我方观点，称"2022北京新闻中心主任2月8日表示，成功举办冬奥会对北京经济增长形成正向效应，是新的增长点"。《参考消息》以《美媒报道：冬奥会对中国具有多重正向效应》为标题转载。二是做强城市采访。2022北京新闻中心共主办358场城市形象采访和火炬传递采访活动，以日均18场、1500公里的总里程，精心策划中外记者现场体验，娓娓讲述历史文化、科技创新、高质量发展、和谐宜居四大叙事场景的北京故事，频次之高、密度之大、覆盖之广、准备之充分创历史新高，文化节日体验、科技创新展示、证券市场发展外媒采访一证难求，在中外媒体圈收获超高人气和热度，点赞、接单、派单神通广大，"双奥之城"气象万千。

（三）从场景，从人物，"惊喜盲盒"打造传播顶流

数千名中外记者能否跟着你的节奏一起面向未来，对于2022北京新闻中心来说，至关重要。随着冬奥会的顺利进行，432家中外媒体1770名中外记者采访报道需求层出不穷。围绕最新鲜的新闻、最惊喜的策划、最厚重的文化、最前沿的科技、最重磅的嘉宾五大要素精心策划，2022北京新闻中心创造性推

出5场"惊喜盲盒"新闻活动,从揭秘新闻中心"四大理念"到探访中国工艺美术馆、中国非物质文化遗产馆的博大精深,再到故宫看雪、赏"何以中国"开年主题大展,场景顶流,主题顶层;从邀请国际奥委会主席巴赫利用元宇宙技术向1700余名中外非注册记者"云拜年"并答记者问,到时任中央政治局委员、北京市委书记、冬奥组委主席蔡奇同志颁奖冰墩墩给"双奥之城"数百家中外媒体,寄语最佳获得者,嘉宾顶流,呈现顶级。创新业态成为一大亮点,"惊喜盲盒"成为传播顶流,登上热搜、火遍中外,产生强大传播效果。

(四)重联动,重视频,境外社交媒体打造移动传播爆款

境外社交媒体是国际传播竞争新赛道,短视频移动传播占比高居榜首,新闻产品如何直达国外受众,至关重要。中央媒体、各省市自治区主流媒体海外社交机构账号联合发力,源源输出。北京市境外社交媒体集中联动传播,累计发帖10万余条,海外阅读量超3000万次,互动量超百万次,彰显海外舆论场流量担当。其中,北京市政府新闻办账号累计发帖800余条,推出短视频160余条、境外播放量累计超115万次,形成诸多传播爆品。原创视频《约旦女主播长城边包饺子》海外阅读量超过413万次、互动3万次、观看量超20万次;《揭秘"老字号"北京烤鸭制作工艺》海外阅读量超过353万次、观看量超35万次;《Lucien脱口秀:科技助力"简约、安全、精彩"的北京冬奥盛会》海外阅读量超过318万次、观看量超10万次。外国网友纷纷评论转发,澳大利亚网友点赞"精彩北京"。

(五)精展览,精直播,内核传播持久穿透

文化传播是最内核的传播,没有文化传播的新闻中心是苍白无力的,持久穿透文化传播,至关重要。展览展示活动坚持国家站位,展现首都担当,发挥冬奥盛会传播平台作用,向世界精彩呈现壮美多姿的多彩中国。"多彩神州"文化展示活动组织北京市、吉林省、陕西省进行文化展示,特别邀请第十九届亚洲运动会举办地浙江杭州、第三届亚洲青年运动会举办地广东汕头、第31届世界大学生夏季运动会举办地四川成都等将举办国际体育赛事的城市,在新闻中心展示本地特色文化内容，每个城市以三天为周期调整。中外记者在紧张工作之余，跟随各省非遗传承人、艺术家，体验古琴、印章篆刻、剪纸等，打开"美丽中国"一扇窗。"美丽中国""双奥之城·携手"等精美图片大展也让中外媒体和参观者一饱眼福。2022北京新闻中心20个采访团队、20个拍摄团队、20个服务团队推出20场《双奥之城·看典》直播活动，一天一主题，一图一故事，火炬火种灯设计者以及故宫博物院学术委员会主任单霁翔等71名重磅嘉宾做客直播间，累计访问量8106万次。重磅推出《外国领导人登长城》系列微视频，长城、元首、冬奥三大IP汇聚，厚重而持久，彰显"双奥之城"的多元魅力。

三、"双奥之城"国际传播内容供需互促共生新思考：如期举办、完美呈现、"双奥之城"世界表达

2022北京冬奥会、冬残奥会如期成功举办得到国际社会广泛赞誉，世界表达完美呈现"双奥之城"万千气象。从15场主题发布，到358场城市形象采访，从5场"惊喜盲盒"新闻活动，到20场"看典"互动，场场精彩，次次火爆，内容供给极大丰富是2022北京新闻中心获得成功的核心关键，新鲜且有深度的新闻信息服务深受中外媒体记者欢迎，收获可喜的成果。坚持"内容为王"的重要原则，2022北京新闻中心紧扣关键节点、重要时刻，兼顾国家层面、北京层面和张家口内容主题，强化议题设置，多角度、多维度、多视角策划国际传播内容活动，精心打造冬奥、文化和科技三大主题作为核心IP，与冬奥会主新闻中心双子星相映生辉，共同讲好冬奥故事、中国故事。

对媒体而言，2022北京新闻中心成功塑造出了"全世界都可以相信北京"的理念和共识。巴赫"云拜年"活动第一时间征集到110个采访问题，"双奥之城·寄语"半天时间汇聚162条"双奥之城"媒体寄语，1100余名中外记者参与，城市采访第一时间收到4600余封报名邮件，热烈程度远超预期，众多报道成为传播"爆款"。央视记者在报名城市采访活动时说，"这段时间安排的

在双奥之城新气象城市采访活动中的外国记者

都是热门选题，太抢手了。后面的报名是每小时刷新网页才抢到的，有中奖的感觉"。日本广播协会记者藤田正洋表示，以冬奥会为契机，城市采访活动让他接触到许多平时不易接触到的采访对象。法国电视一台记者Fred参加"惊喜盲盒"活动时说："活动组织得很好，能在雪天到故宫看展，这个体验让人既惊喜又难忘。"香港经济导报记者感叹，2022北京新闻中心带领中外记者从北京的全世界路过，我们可以相信北京的办赛能力，相信北京的营商环境，相信北京的宜业宜居，"全世界都可以相信北京"。

对北京而言，2022北京新闻中心超强内容供求互动，162名记者由衷留下"双奥之城"寄语，让我们看到了"双奥之城"的独特魅力。如期成功举办冬奥会既是履行对国际社会的承诺，又搭建起不同文明交流互鉴的舞台，北京成为全球首个"双奥之城"，凝聚起人类命运共同体共识，奏响团结合作"一起向未来"时代强音。

2022北京新闻中心国际奥委会主席巴赫云拜年"惊喜盲盒"新闻活动现场

对国家而言，2022北京新闻中心中外媒体1.62亿条原创报道让世界看到了中国之治的强大力量。如期成功举办冬奥会，充分彰显我国"言出必行""重信守诺"的大国担当，向世界传递中国方案、中国理念、中国文化，向世界展示新时代中国的崭新面貌，谱写了中国故事创新传播的新篇章。

对世界而言，如期成功举办冬奥会，为奥林匹克运动会的可持续发展积累了有益经验，成为人类命运共同体理念在国际体育领域的一次生动实践，让世界各国人民更加期盼一个文明互鉴、更加团结的人类美好未来。

以"双奥之城"的形象建构为经，以冬奥盛事为纬，"无与伦比"的北京冬奥盛会促进国际社会更加全面地认识中国负责任的大国形象，更加深入地了解中国人民的热情友好，更加直观地感受中华文化的时代魅力，我们体会到：对外宣介习近平新时代中国特色社会主义始终是最为核心的外宣话语，内容为王主导引领始终是最为根本的外宣叙事，"双奥之城"万千气象是最为形象最有特色的北京故事,事实传播体验是最为生动的融合共情传播,科技发展赋能是国际传播最为有力的支撑,业态创新赋能是国际传播最为亮眼的展示,精心设计、精心策划讲好双奥故事是最为重要的工作要求,坚持国际视野、国家站位、首都定位,实现国际传播内容供给需求共生互促是最为关键的首善标准,机制建设团队建设始终是最为有力的保障。

(作者供图)

发出国际最强音，用海媒讲好"冰城"故事

中共哈尔滨市委宣传部

为提升哈尔滨海外传播影响力，传播哈尔滨声音，讲好哈尔滨故事，哈尔滨市委宣传部联合新华网共同策划开展哈尔滨城市形象国际传播工作。重点围绕哈尔滨冰雪季、冬奥会等关键节点及主要景区景观，通过精心策划与制作，将"冰城之美""冰城生态""冰城音乐""冰城冬奥基因"等内容进行海外推广，爆款稿件频出，关注度大幅提升，打造出更加耀眼的哈尔滨"冰雪"名片，极大提升我市海外美誉度与影响力。

一、概述

哈尔滨的脸书、照片墙、优兔海外媒体（以下简称"海媒"）账号自2021年12月开始运营以来，以丰富的内容、多样性的互动，配合海媒账号特点和哈尔滨外宣传播重点，打造了多个亮点板

城市账号互动

块，形成良好的传播效果。风格方面能够体现国际化、本土化、视觉化和互动化的特点，提升哈尔滨城市形象的国际传播力和好感度。新华网北美团队与黑龙江分公司及新华智云团队通过"一端采集，多端发布"的合作形式就地取材、海外优化，让内容实现精准落地。截至2022年9月15日，哈尔滨海外社交媒体脸书、照片墙、优兔三大平台粉丝数已超8万，三大平台总覆盖人数达到2026万，视频总播放量超170万次。截至目前，以哈尔滨照片墙为核心的"1+N"海外社交媒体传播矩阵已基本成型。

在打造丰富原创内容的同时，哈尔滨海媒账号根据海外新媒体账号特点，以"交互为主，互动优先"的运维方式，持续挖掘海外平台资源，与多位优秀内容生产者合作，广泛使用UGC内容，形成积极良性互动，多维度向海外受众展现哈尔滨的城市形象与城市文化。

除提升账号本身运维要求外，账号针对国内其他省市海媒账号实行定期分析和对比。2022年7月，账号选取了同类型账号中的南京的discover_nanjing、合肥的visit_hefei、昆明的gokunming、长沙的changshago、郑州的ista.zhengzhou、西安的insta_xian等省会城市的外宣账号进行对比分析。哈尔滨海媒账号在粉丝量、发帖量、发布形式和互动方面均位于前列且亮点突出。

二、账号内容丰富、亮点突出

为展现哈尔滨立体多元的国际形象，海媒平台通过中国传统节气海报、中西方节日科普、知识问答、视频等多种形式展现哈尔滨的风土人情，提升了海外受众对城市的全方位认知。其中，节日热帖、冬奥冠军榜、哈尔滨冷知识、知识问答、系列短视频和学说东北话内容等受到海外粉丝喜爱，且在数据方面实现突破。

（一）传统节日，打造属于哈尔滨的年味

春节、元宵节之际，哈尔滨海媒平台以"年夜饭""家乡话""看花

灯""赶大集"为主题，于2022年1月27日开始了为期两周的中国年宣传活动，海媒平台借助图文、短视频、图片征集和直播等方式，配合哈尔滨独有动物形象东北虎与虎年相呼应，制作了一系列的节庆海报展示哈尔滨独特的过年方式，向海外用户展示中国传统文化，树立哈尔滨的国际形象。同时，账号通过照片墙账号进行了以"城市风光"和"东北虎园"为主题的慢直播，在线观看人数峰值超过2000人。

除春节外，账号还会在中西方传统节日期间发布相关内容，普及中国文化的同时，也采用符号置换的传播方式反向宣传哈尔滨的城市特点。如：在3月14日"派日"（Pie Day）发布哈尔滨传统美食黏豆包的介绍，圣诞节期间发布的海报是圣诞老人坐在雪橇里的剪影穿过哈尔滨城市的上空。

圣诞节节庆海报

（二）助力冬奥，展现"冬季项目大本营"的优势特点

海媒平台结合北京冬残奥会，发挥城市冰雪文化和冰雪运动优势，设计发布冬残奥英雄榜海报，剪辑发布运动员卡点短视频。对哈尔滨籍冬奥会运动员任子威、张雨婷，以及冬残奥会运动员王海涛在此次冬奥会上优异成绩进行展示。照片墙平台发布的任子威北京冬奥夺冠短视频播放量达12418次，展现了哈尔滨作为冬奥会运动员重点培训基地的重要性。

（三）节气和冷知识，展现独具一格的哈尔滨

为展现哈尔滨立体多元的国际形象，海外媒体平台通过中国传统节气海报、冷知识、视频、科普等多种形式展现哈尔滨的风土人情，提升了海外受众对哈尔滨城市的全方位认知。

运维团队制作"二十四节气"海报时，使用哈尔滨城市风光或季节性植物图片作为海报底图，附加文字对节气和哈尔滨传统习俗进行描述。截至目前，节气海报在照片墙平台的总曝光量达到了184720次，互动量达到了30361次。哈尔滨海媒平台成功通过持续的中国节气文化宣传，让更多的海媒用户了解中国的优秀文化。

哈尔滨冷知识系列从有趣、科普的角度出发，发掘那些不为人知的哈尔滨知识点，充分满足了粉丝的猎奇心理，每一期都为粉丝带来出其不意的小惊喜。

（四）紧跟海媒发展趋势采用多元形式发布

哈尔滨海媒平台自开始运营以来，一直积极与粉丝和同类型账号互动，推出了"中秋共赏月"图片互动、年夜饭图片征集等多种互动活动以及网络直播。此外，通过reels短视频、即时视频（story）的形式打造多元的发布形式。

基于全球进入"宅经济"大环境，短视频营销已经成为如今海外市场最受欢迎的营销渠道，成为很多"Z世代"用户聚集地，衍生出很多社交互动和潮流文化。运营团队自6月开始制作reels短视频。其中，模拟哈尔滨来电的reels短

视频在照片墙上获得了超4000次播放。

哈尔滨账号还积极与其他城市社交账号进行互动。2022年8月，哈尔滨与20多个中国城市账号共同参与了省市外宣联盟的城市古建筑话题联动活动。索菲亚大教堂的互动帖文曝光量达35518次，到达人数达24510次，点赞达5176次。

哈尔滨海媒平台还会借助西方年轻群体感兴趣的热点与哈尔滨市的城市风光结合进行对外宣传，例如，为吸引哈利·波特迷，账号在7月31日哈利·波特生日这一天发布视频，将哈尔滨火车站与哈利·波特中的霍格沃茨火车站相结合，该形式富有新意。

三、热帖传播效果显著

（一）夜景

哈尔滨账号于2022年4月10日发布的防洪纪念塔图文是哈尔滨账号运营以来点赞量最高的帖文，截至9月15日点赞量达32124次，曝光量达379289次，互动量为32501次。文案主要介绍了防洪纪念塔的来由，配图为防洪纪念塔的夜景，色彩饱和度较高，获得了较好的传播效果。

2022年3月3日发布的中央大街夜景图文，为账号运营点赞量位列第二的帖文，截至9月15日点赞量为19674次，曝光量为342548次。

2022年7月30日发布的阳明滩大桥和上海浦东大桥夜景对比图，点赞量达10437次，排在账号运营以来点赞量第九。

2022年8月25日发布的阳明滩大桥夜景图，截至9月15日点赞量达16831次，曝光量为134392人次。

由上述案例可见，点赞量较高的帖文均为城市夜景。夜景图片通常色彩鲜明，具有更强烈的感染力，抓人眼球，也很符合照片墙平台特点，因此通常数据效果很好。

（二）趣味算术系列

哈尔滨自2022年1月19日起发布了3期趣味算术系列帖文，其中2022年3月30日发布的帖文是账号运营以来评论数量最多的帖文，截至9月中旬，该帖文评论数量达109条，互动量达2437人次，其中曝光量达876898次，同时也是账号运营以来曝光量最高的帖文。趣味算术系列选择了具有哈尔滨特色的图标，获得了粉丝的积极参与，尽管题目不难，但不容易一次答对，因此会促使粉丝反复回答参与。

（三）视频

哈尔滨账号的视频内容一直以来是账号的亮点。视频通常配合国内节日和热点进行取材和制作，既有大气的城市风光，也有老百姓的人间烟火。

2022年7月19日发布的哈尔滨夜市短视频观看量为260288次，是目前为止观看量最高的视频，该视频曝光量达486344次。本条视频受欢迎是因为美食视频能够刺激大脑的愉悦区，给人带来平静感和满足感。多数情况下，人们选择观看美食视频并不是因为它的实用性，而是因为它的治愈效果。

2022年6月7日发布的为高考加油视频获得了28179次观看，该视频紧跟富有中国特色的社会热点，具有激情和温度。

与动物相关的内容一直以来受到海外粉丝喜爱，2022年2月24日发布的北极熊进食视频播放量达129783人次，北极熊憨态可掬的形象受到了海外粉丝喜爱。

四、粉丝反馈积极，账号黏性高

粉丝留言反馈是检验帖文传播效果的一个重要指标，可据此改进和优化下一步的传播内容、传播形式和传播行为。粉丝留言反馈也能够激发和提高传播者的热情。哈尔滨账号下的粉丝留言反馈大致分为以下两类：

（一）忠实粉丝

忠实粉丝黏性较高，且为了印证自己的审美和品位，会向朋友分享帖文或者在评论区中和其他粉丝进行沟通，分享对帖文的想法，通过沟通建立了情感信任，得到心灵上的满足。团队能根据忠实粉丝的留言反馈得知什么类型的帖文和图片受欢迎，在后续的发布安排中会增加相关内容的发布。

（二）路人粉丝

路人粉丝的黏性较低，较多地体现一种"游戏人生"的心态，有趣的帖文比较容易吸引路人粉，他们借助网络平台的可参与性，表达方式比较轻松自由。路人粉的留言反馈多集中于互动类型的帖文，比如，趣味算术系列、reels视频。如何将路人粉丝向忠实粉丝转换，是运营团队接下来的工作，将多发布具有趣味性的、互动性的内容。

五、舆情应对措施完善

当前，全球疫情同百年变局叠加共振，对国际政治、经济、安全、社会、文化格局产生广泛深刻影响，哈尔滨对外传播也面临传播资源失灵和传播话语失效的困局，对外传播工作遇到了空前严峻的挑战。

此外，哈尔滨拥有很多俄式建筑和俄式美食，本是吸引俄罗斯粉丝打造自身特色的一个宣传点，但因为俄乌冲突，在宣传过程中，团队均避开相关内容的发布。

（一）建立常态的舆情监测和应对机制

通过合理的舆情判别机制，团队建立了一套常态的舆情应对机制，做到调控有力，冷热有度，平稳有序。建立舆情事后评估机制，不断提升应对网络舆情水平。为应对未来可能面对的舆情，团队能够做到对于处置情况认真分析总结、梳理反思。

（二）为互动内容建立安全保障

在内容互动征集方面，如征集到的图片、视频涉及敏感话题，或有网友故意发布诋毁、辱华、涉及政治敏感内容后标记哈尔滨账号，该内容出现在主页标签页面，运营团队能在第一时间做删除处理，并将网友列入重点审核名单，对于其日后发布的评论、标记或留言做到实时关注。

（作者供图）

泉甲天下 拾藏泉城
——济南市用"泉名片"讲述中国故事

中共济南市委宣传部

寻觅济南泉水的历史痕迹，最早可以追溯到8000多年前的古代。在岱阴的土地上，绵连的山峰和多支河流的汇合滋养了许多古国和方邑，最后聚集在"文化之城"济南。就像这座老城的血液一样，泉水的源头几千年来源源不断地为之注入活力。自从2000多年前泉水在《诗经》中第一次被记录以来，一千多处天然泉水成为济南走向世界的独特元素和亮丽名片。早在宋代，文学家曾巩就评价道："齐多甘泉，冠于天下。"元代地理学家于钦亦称赞说："济南山水甲齐鲁，泉甲天下。"

济南泉水数量之多在中国城市之中可谓罕见，据统计，济南有四大泉域、十大泉群、"七十二名泉"、1209处天然泉，每处泉水都各具风采。或如沸腾的急湍，喷突翻滚；或如倾泻的瀑布，狮吼虎啸；或如串串珍珠，灿烂晶莹……使得历代文人为之倾倒。历代名人如欧阳修、曾巩、蒲松龄、老舍等，都留下了赞泉的诗文。这些泉水，或以形、色、声、姓氏、传说、动植物、乐器、珍宝取名，或无名而名，各具情趣，不仅有自然的美，更具人文之美。

当前的济南，黄河流域生态保护和高质量发展、全国新旧动能转换起步区、中国（山东）自由贸易试验区三大国家战略交汇叠加，迎来了加速发展、跨越发展的黄金期。这些国家级战略赋予了济南和这座因泉而生、因泉而兴的城市在讲好中国故事方面新的使命职责。"山、泉、湖、河、城",世界上独一无二的泉水文化,赋予泉水生态文化文明交流互鉴的历史机遇和时代担当。

近年来,为了更好地利用泉水文化,济南市从传承、保护、挖掘、宣传等各个方面入手,提高济南泉水的知名度。目前,大明湖扩建、护城河通航、芙蓉街改造等工程已见成效,"天下第一泉"5A级景区已落户济南,泉水节也成为济南旅游新名片。让中外友人看得见泉美,尝得到泉水。作为济南特有的文化符号和城市名片,泉水成为济南与外界对话的媒介,更是中外友好交流的"使者"。

一、从"引进来"中"走出去":打造泉水文化海外新口碑

优秀的文化和鲜活的故事只有真正地贴近民心,才能真正被人所认同。中国国际文化旅游博览会、"青春山东,共享未来"国际青年交流大会、中华传统工艺大会、2022济南·日本进口商品博览会……一个个规模大、规格高、影响广的峰会论坛纷纷选择济南,让来自四面八方的嘉宾相聚泉城,在交流交锋中探索发展路径,在合作洽谈中找到契合点,这座城市的发展道路因此而越走越宽,城市的知名度和美誉度得以进一步提升。"驻华大使看济南"活动让宣传济南多了一条"官方渠道"。除此之外,济南市还借助中新社、中国日报、CGTN、中国网等媒体的国家形象综合展示平台,为打造泉水文化品牌,推出"洋主播看济南""走读山东 外国友人感知济南""泺源论坛·泉边对话 外国友人眼中的济南""国际友城 共话泉水"等系列活动,邀请外国友人游览济南的泉水,举办具有泉城特色的文化交流活动。

在"走读山东 外国友人感知济南"的系列活动中,通过邀请来自不同国家的外国友人走进泉城,畅游趵突泉、大明湖,感受济南泉水文化之韵,欣赏"山、泉、湖、河、城"竞秀之魅力,体验百泉竞涌之盛景。通过外国友人的视角、社交平台,向全世界推介泉水、推介泉城,让世界看到济南泉水的

壮丽，感受泉城济南的魅力。可以说，这些邀请外国友人参与的文化交流活动，不仅是泉水文化"走出去"的积极探索，更是主动融入世界、讲好中国故事的生动实践。

在系列活动的谋划过程中，我们着力抓住几个关键点：

一是注重多种形式传播。与美食、艺术品可以"走出去"不同，泉水作为一道风景、一种地标，只能通过现场的观赏、近距离的观看才能体验到它的魅力。将泉水以静态的形式呈现，制作出趵突泉雪糕、李清照形象书签等在内的多个品类的文创设计；以济南七十二名泉为代表的精品视频在海内外各主流媒体、自媒体的循环播放，形成立体传播态势，达到融合长远的宣介效果。

济南城市形象推介片《泉甲天下》登陆美国纽约时代广场

二是深度挖掘文化内涵。从趵突泉内李清照纪念堂瞻仰中国古代一代才女坎坷坚毅的一生，再到位于大明湖畔有"直捣敌营擒叛徒"的骁勇却壮志未酬的南宋豪放派爱国词人辛弃疾的纪念祠，温润的泉水演绎的不只是柔顺，更是镌刻在骨子里的勇敢与刚毅，向外国友人展现中华民族高洁的民族气节、高尚的爱国情怀，再现中华民族的崛起与不屈。

三是精心设计活动主题。推出的一系列外宣文化艺术交流活动，不仅是对济南这座城市的推荐，也是对中国形象的一种综合展示和宣传。因此，我们精心策划，每一期活动都有其特点，突出不同的主题。比如，拍摄《泉·城》系列视频百余部，将千泉之城济南的各个名泉，如月牙泉、黑虎泉、墨泉等，精心制作视频，突出每座泉独有的韵味，使泉水文化成为传播中国文化的友好使者。

四是注重文化交流合作。济南市以重点友城为突破口，加大国际友城宣传力度，先后在法国雷恩市和英国巴斯市建立"中华文化之角·尼山书屋"，拉近两国文化距离，引发情感共鸣。同时，寻找济南"本土"外国红人，聘请为"泉城推荐官"，发挥其群体影响力，助力济南泉水IP打造和海内外品牌形象宣传。

二、多矩阵宣传：在多元互动中推动文化交融

讲好中国故事，传播好中国声音，就是要讲清楚中华文化积淀着中华民族最深沉的精神追求，讲清楚中华优秀传统文化是中华民族的突出优势。向世界展现真实、立体、全面的中国形象，还要完善国际传播工作格局，创新宣传理念与运行机制，汇聚更多资源力量。

传播力决定影响力，话语权决定主动权。济南市为深入贯彻习近平总书记"5·31"重要讲话精神，全面落实中央和省委关于宣传工作的决策部署，2022年5月24日，正式成立济南国际传播中心（JICC）。济南国际传播中心立足国家战略发展大局，站在强省会建设全局和区域协调发展布局的高度，讲好打造黄河流域生态保护和高质量发展引领示范区的故事，加快建设国家中心城市的故事，推动省会高质量发展、推进新旧动能转换的故事。宣传泉水这一济南最亮丽的名片，创作推出一批展示泉水文化的优质外宣产品传播到海外，进

一步擦亮"天下泉城"品牌。同时，积极开拓海外社交媒体渠道，策划线上或线下的外籍粉丝互动，提高海外网友对济南的关注度和好感度，让世界更多人听到见济南声音、听得懂济南魅力。

2022年5月24日，济南国际传播中心成立仪式

济南国际传播中心主动适应国际传播的发展趋势，对内整合外宣资源，对外联动国际传播各个领域，积极构建境内与海外传播的融媒体生态，以丰富的信息资讯、独特的济南视角、广阔的世界眼光，开创济南国际传播新局面。

（一）依托主流媒体，展现济南泉水新面貌

近年来，济南主动加强与国内外新闻媒体、中央级新闻媒体的联系与合作，通过联合录制各种宣传片、纪录片、电视剧等方式不断加大对外新闻宣传力度。泉，是济南的根与魂，是济南走向世界的特色元素和亮丽名片。纪录片《遇见济南》的首集《水润泉城》，影片聚焦人们赏泉、咏泉、品泉、爱泉，在泉水边游玩嬉戏、泡茶饮酒等市井生活景象，生动描绘济南因水而生、因泉而兴的独特城市风貌和生态优势，真实、立体、全面展现人与自然和谐共生的壮美图景。

济南市制作的系列节目《你好，济南——外国友人看泉城》，一经推出迅速吸引国内外媒体聚焦，得到人民日报、央视频、央视频移动网、哔哩哔哩等央媒及全国头部媒体以及济南日报、济南时报、舜网、爱济南新闻客户端等多家省市主流媒体集体关注。前四期系列节目推出后，全网综合点击量逾千万，累计关注人次超过1100万，激发起国内外观众了解济南、走进济南的新热度。

（二）建立海外账号，搭建世界友城合作，开辟外宣新路径

济南市利用各平台建立海外传播账号，打破原来的"引进来"模式，将从"引进来"中"走出去"和全面"走出去"结合起来，开辟外宣新路径。一是建立海外媒体账号。济南国际传播中心分别在脸书、照片墙、推特、优兔四个海外社交平台注册账号，每天更新与济南泉水文化和济南发展相关的内容。目前，四个海外平台的粉丝量已经超过15万，累计点赞量超1亿次，济南国际传播中心下辖的16个垂直账号也在持续发力，争取将更多集多元化、趣味性、欣赏性于一体的图文、视频内容呈现在外国社交平台中。

（三）借船出海，借助外国友人的海外传播力，吸引更多海外目光聚焦

比如，《视听山东》系列的《泉水才是济南的正确打开方式！外国小哥Moses有话说》，通过视频拍摄以及直播的形式，让他们用外国友人听得懂、易接受的话语体系和表述方式鲜活生动地讲述济南。通过外国友人的心声，为济南和济南的泉水文化代言，让这座历史名城走向世界。

坚持以我为主、兼收并蓄，在不断提高自身文化软实力的基础上推进国际传播能力建设，讲好中国故事，向全世界展示自信、强大的中国形象。

三、突出"泉名片"特色：举办济南国际泉水节

截至2022年，济南国际泉水节已经举办十届。第十届泉水节以"助创典范

城 彰显软实力"为主题,设立天下第一泉风景区、明府城、县区分会场。泉水文化节通过不同主题、不同形式的展览,向世界推送魅力泉城。

在五龙潭公园、章丘明水古城开展"千泉之城"系列图书发布暨济南明泉影像展。以高精度照片配合现场灯光,通过评审精选的108处名泉的150张图片,全方位展示千泉风貌,让更多人领略济南泉水的天然魅力,助力泉城文化景观申遗。

济南国际泉水节

在趵突泉景区泺源堂开展"泺源论坛·泉畔对话"——中外推荐官眼里济南对话,邀请中外泉城推荐官代表、各界知名专家学者乘坐画舫,游历济南风景名胜,了解济南非遗传承文化。

在趵突泉景区泺源堂召开圆桌论坛,就护泉保泉、泉水文化等话题展开探讨,全面客观地向世界介绍济南、推介泉城,提升济南的城市软实力和国际影响力。

策划"泉"享世界·"创"新未来——文创济南设计作品展,以济南"山、泉、湖、河、城"为主题,集国内外优质设计力量,围绕济南独特的文化符号、经济社会发展情况等,创造出最具主旋律的文创济南设计作品,进行线上展示推广活动。

开展"泉甲天下 云上赏泉"泉水短视频展播。集纳从地面、航拍、水下等多角度拍摄的有关泉水的短视频,在市属重要新媒体平台进行集中展播。同时,联合学习强国客户端、人民日报客户端、央视频客户端、新华网客户端等央媒平台同步展播,让更多的泉水美景走出山东、走向世界。

发布"济南记忆"之泉水篇全媒体矩阵活动。依托济南记忆影像保护工程馆藏的300万张历史照片,从中筛选出清末至今的泉水元素照片,进行再次加工,通过古今对比、专家讲述、市民寻泉等多种形式制作新媒体产品,在央媒平台以及头部媒体平台发布,并在市属新媒体平台开设泉水话题,形成全媒体矩阵,找寻泉水记忆、领略泉水文化。

国际泉水节国际化、专业化、多元化水平越来越高,越来越多的国际友人融入泉城打造对外文化交流新平台当中,进而打造"泉甲天下,拾藏泉城"的泉水节,让世界通过泉水这个窗口更加真实、全面地了解济南、了解中国。

四、济南讲好中国故事的启示思考

济南泉水文化历经岁月变迁,不仅源远流长,而且为全世界普遍赞美和认同,这是济南走向世界、中国走向世界的又一重要文化符号。通过近几年来济南对外文化交流活动对"泉名片"的塑造,我们对用泉水讲述中国故事有了更深刻的思考与体会。

(一)坚定文化自信,主动拥抱世界

济南市各宣传部门立足自身优势开展对外宣传,举办各类高水平的文化交

流活动，在提升文化交流层次的同时，提升济南泉水文化的全球知名度和美誉度。将"引进来"和"走出去"有效融合起来，采取"网上"和"网下"相结合的方式，以"泉甲天下"的文化符号为着力点，通过举办系列活动，多角度展现泉水文化的独特魅力，用独特的泉水符号讲好中国故事，让世界感受蓬勃发展的中国。

（二）善于借力传播，打造特色文化品牌

讲好中国故事，传播好中国声音，是加强我国国际传播能力建设的重要任务。利用好我国主流外宣平台、网络平台，以及境外主流媒体和自媒体的传播平台，做好国际传播需要借力发力、借梯登高。深刻认识新形势下加强和改进国际传播工作的重要性和必要性，通过建立全面、立体的传播矩阵，蓄力加强国际传播能力建设，形成同我国综合国力和国际地位相匹配的国际话语权，为我国改革发展稳定营造有利外部舆论环境。

（三）注重形象包装，让济南走向世界舞台

当前，济南以什么样的形象走向国际舞台，是摆在国际传播工作中的一道重要命题。要让世界感知中国，就要学会国际表达，会说"世界语"，更要把握好"讲什么""怎么讲""谁来讲"，如何让文化载体与时代特征相结合，用独特的文化符号讲好中国故事，这些都需要我们坚持不懈地创新思考。济南国际传播中心的建立，让济南市有了外宣资源集聚、融合的平台，可以充分激发社会创意活力，汇聚全球智力资源，共同设计和完善济南对外传播形象，推动济南以富有鲜明特色和文化感召力的形象走向世界舞台。

（作者供图）

后疫情时代跨文化传播城市形象的实践探索
——武汉在德国"中国节"设展传播英雄城市形象

中共武汉市委宣传部

2022年是中德建交50周年，也是武汉市与德国杜伊斯堡市缔结友好城市关系40周年。9月9日至11日（当地时间），德国规模最大的三座城市"中国节"——北莱茵-威斯特法伦州"中国节"（杜塞尔多夫、科隆和杜伊斯堡三市）在杜伊斯堡市中心广场举行，逾千名德国民众齐聚莱茵河畔，共享中华文化盛宴。

为深化中德友谊，增进民心相通，武汉立足中华文化立场，在"中国节"活动现场设置展位，通过设立江豚塑像、赠送江豚玩偶和贴纸、拼装黄鹤楼模型、现场教唱汉剧、摆放汉欧班列车模等丰富多彩的形式，集中展示新时代英雄城市形象元素，精彩亮相活动现场，吸引大批游客驻足互动，取得良好反响。

杜伊斯堡市市长索伦·林克表示，杜伊斯堡市作为中欧经济联系的一个重要节点，和中国特别是武汉市从经济、文化、人文交流等方面都有很深的合作，"中国节"让更多的德国民众了解中国文化，增进中德以及杜伊斯堡和武汉的友谊。

一、主要做法与成效

近几年来，跨国、出境交流受到一定影响，如何有效地讲好城市故事，传播好城市声音，是国内城市推介城市形象亟须破解的课题。作为曾经的疫情防控主战场，武汉在"中国节"活动中，借助高光平台，畅通传播渠道，充分反映疫后城市的生机活力，巧妙展示英雄城市形象，走出了一条可资借鉴的国际传播路径。

（一）精心推介本土特色符号，展现城市生机活力

后疫情时代的武汉，经济恢复生机，社会重现活力，复苏重振成为主旋律和风向标。武汉成为世界观察中国之治的重要窗口。为有效借助"中国节"活动这一吸睛时刻，武汉精心挑选江豚、黄鹤楼、汉秀、汉剧等城市形象元素，并通过玩偶、模型、体验等多种形式，让国外受众在感受中华优秀传统文化的过程中，潜移默化地提升对武汉的好评度。

长江江豚形象可爱、坚韧乐观，又被称作"微笑天使"，是坚强乐观面对突如其来的疫情、坚决打赢疫情防控武汉保卫战的象征，也是实施长江大保护、践行生态文明建设思想的"代言人"。武汉是长江江豚的重要栖息地，也是长江流域重要的江豚研究与保护基地。武汉根据江豚的样子制作了400只江豚玩偶，并根据需要设计成大、中、小三种尺寸。同时，还精准抓住当地民众的使用喜好，设计制作了1000张江豚贴纸，以简洁、简便、简约的形式展示城市形象元素。

9月9日，400只武汉江豚玩偶一路漂洋过海，从武汉长江边来到德国鲁尔河畔，现身"中国节"。大量德国游客被呆萌、可爱的江豚吸引到展位前，纷纷与江豚塑像、玩偶合影留念。有的市民怀抱着现场发放的江豚玩偶，和友人交换江豚贴纸。可爱的江豚贴纸被游客争相贴在脸上、衣服上，形成流动性的人际传播。一群当地少年还在武汉展位前签名，手拿江豚玩偶向武汉市民送上中秋祝福："祝大家中秋快乐，我们爱武汉。"

在活动现场，武汉还赠送给杜伊斯堡市200本主题图书，以纪念两地结好40周年。这些书籍图文并茂、通俗易懂，既展现了中华优秀传统文化，又反映了武汉城市特色，吸引现场民众争相领取阅读。林克市长表示，十分感谢武汉市为友城40周年准备的200本书籍礼物。

同时,武汉的汉剧、杂技等本地文艺演出视频,也在现场的电子屏上循环播放。当地市民还踊跃参与有趣的体验活动:有的专注于《字绘武汉》图书的AR互动,感受武汉的科技范儿;有的尝试拼装黄鹤楼模型,寻找千年前的神话传说。

(二)精准抓取两地共性元素,传递英雄城市气质

武汉市与杜伊斯堡市是中德间第一对友好城市,武汉也是中国第一个聘请德国"洋厂长"的城市。自缔结友好城市关系40周年以来,两座城市在经济、文化、生态等方面的交流合作越来越频繁、越来越紧密,两地间的共性元素和结合点也越来越多。其中,武汉在1985年为杜伊斯堡动物园捐建了中国园"郢趣园",近几年又对其翻修重建提供了大力支持,一直为两市市民所津津乐道,成为友城合作的典范。

在世界百年未有之大变局的时代背景下,共同抗击疫情、祈祷世界和平、期盼美好明天,是人类的内心希冀,也是两市市民的共同心愿。此次"中国节"活动,恰逢中国传统佳节——中秋节。武汉结合团圆、美好、和平、发展等人类所共同追求的价值元素,通过两地共唱一首歌的形式,向现场传递新时代的英雄城市气质。

9月10日,武汉音乐学院师生合唱团与德国伯乐中文合唱团在线上合作,共同唱响经典中文歌曲《明天会更好》。优美的旋律、动听的曲调、高超的唱功吸引现场游客驻足聆听,有的还跟着哼唱。歌声响彻杜伊斯堡市中心广场,叩击现场每个人的内心深处,共同唱响两市对美好明天的向往,也为两国人民的友谊送上了暖暖的祝福。中德合唱一首歌活动,成为双方进行跨文化交流的成功范例。

另外,在武汉展位上,武汉汉欧国际物流有限公司还展示出了一幅中欧班列(武汉)与杜伊斯堡的铁路线路图,引来不少游客围观。2015年7月,武汉始发的中欧班列，就是将杜伊斯堡作为终点。两个同为物流枢纽的城市，因这趟列车更为紧密地联系在了一起。武汉至杜伊斯堡的班列，从经济贸易合作等方面，给双方带来实实在在的便利和实惠，也反映出武汉这座英雄城市在疫后复苏重振的雄厚实力和韧劲。在杜伊斯堡，还有一列行驶于鲁尔区的客运列车被命名为"中国武汉号（Wuhan China）"，车身上的中文篆体"汉"字十分显眼。在德国历史上，以外国城市命名客运列车，这也是首次。

（三）精细开展媒介推广，提升国际传播效能

活动前，武汉与新华社、国际在线、中国日报等中央主流外宣媒体提前谋划，精心策划"德国北威州'中国节'城市形象传播计划"，以中央媒体与地方媒体同频共振、传统媒体与社交账号集束发力、国内媒体与境外媒体遥相呼应的方式，形成精细化的分级、分类、分域传播"合奏曲"，将新时代英雄武汉形象推广至境内外。据不完全统计，截至9月15日，相关报道浏览量达1200万次。

中央主流媒体重点聚焦。人民日报在客户端推出《武汉亮相德国"中国节"》，称"武汉展位"精彩亮相杜伊斯堡市中心广场。新华社刊发报道《佳节共庆，友谊常青——武汉亮相德国"中国节"》，浏览量达105.5万，被40余家境内外主流媒体采用。参考消息在微信公众号发布《携江豚亮相 武汉惊艳德国"中国节"》，称武汉形象走进德国"中国节"引发外媒热烈关注。央视《新闻联播》节目，以及新闻频道、央视新闻客户端连续播发报道，展现"中国节"上黄鹤楼、江豚等城市元素。国际在线运用德语、英语、俄语等多国语言介绍"中国节"上的英雄城市形象。中国日报采写《德国北威州"中国节"圆满举行》，认为武汉是2022年"中国节"上的主角。此外，人民网、海外网、新华网、中新网、中国政府网等中央门户网站集中转发转载，形成一波热潮。

地方媒体、新媒体全媒推介。9月12日，长江日报、楚天都市报均在头版头条刊发活动专题报道，重点讲述活动现场游客对"武汉展位"各种城市形象展示品的喜爱。湖北日报、湖北广电、长江云、极目新闻、武汉广电及所属新媒体全端口推介武汉元素。新浪、澎湃新闻、凤凰新闻、百度、今日头条等新媒体平台均予以关注。武汉发布在微博、抖音等平台设置"佳节共庆，友谊常青"等话题，吸引大量粉丝点赞评论。

海外多地媒体广泛关注。德国首都电视台在《中国新闻》节目头条介绍"中国节"上的武汉元素，时长3分45秒。主题推广稿件 *Central Chinese City Wuhan Shines in Duisburg "Chinafest" during Mid-Autumn Festival* 在德国以德语、英语同步发布，并在第一时间被德新社等当地14家主流媒体、门户网站及重点资讯网站广泛转载落地。欧洲时报发挥旗下微信公众号矩阵传播功能，统一推出专题报道，覆盖德国、法国、英国、意大利、奥地利等欧洲主要国家，触及人次1173万。英国伦敦华人网（伦敦第一中文门户网站）报道称，武汉展台展示城市形象成为当日活动一大亮点。德国网红"阿福Thomas"现场接受采访时说："武汉是一座充满朝气的城市，一座非常有活力的城市。"

同时，武汉还通过在脸书、推特、优兔、照片墙等四大海外社交平台开设的12个账号，以图片、文字、视频形式，反映"武汉展位"的热闹景象，彰显城市形象元素，引发粉丝点赞并转发。

二、主要经验与启示

"中国节"活动不仅让德国市民亲身体验到丰富的中国文化，也让疫后英雄城市的真实状况有效传播到境外。武汉精彩亮相"中国节"成功实现"借船出海"，对服务国家对德总体外交，展现新时代英雄城市形象，提升国际传播效能都具有积极的意义。主要经验启示总结如下：

（一）提炼城市形象元素是提升国际传播效能的基础

国之交在于民相亲，民相亲在于心相通。要实现城市形象在对象国家的有效塑造，更好地提升国际传播效能，可以通过精准提炼亮点传播符号的方式，以新颖、特色满足受众的好奇心，讲好本土化故事，从而提升城市形象的吸引力和美誉度。江豚、黄鹤楼、汉秀、汉剧等就是代表武汉的特色元素，民族的就是世界的，这些元素以玩偶、模型、表演等形式，从网络或荧屏走到活动现场的时候，更能产生强大的传播力和影响力。

同时，要紧紧抓住体现两地共情的特色元素，坚持以全球视野构建融通中外的话语体系。比如，两地合唱团共唱同一首歌活动，就是以创新的形式，将两地市民对美好生活的共同向往，通过喜闻乐见、易于接受的方式展现出来，实现了中国故事的国际化书写，跨文化的国际传播创新。同时，共唱一首歌还让可信、可爱、可敬的英雄城市形象可视、可听、可感，达到润物无声、潜移默化地深入人心的效果。

（二）拓宽媒介传播平台是提升国际传播效能的关键

加强与境外主流媒体的内容与渠道合作，可以把我方信息有效地传播至世界，甚至扩大叠加传播效应和二次传播效果，从而推动国际传播提质增效。如在本次活动中，除了充分发挥新华社、国际在线、中国日报、海外网、中新网等国内主要外宣媒体的作用以外，还深度合作德国首都电视台、德新社等当地主流媒体，通过拓宽传播渠道获取事半功倍的良好传播效果。

同时，欧洲时报、英国伦敦华人网等海外华文媒体、网站也是不可或缺的传播平台。如发挥欧洲时报覆盖欧洲多个主要国家的特点，运用旗下微信公众号等新媒体功能，实现传播效果最大化。值得一提的是，德国网红"阿福Thomas"的出现是活动现场的一大亮点。他对武汉的赞誉，以其高知名度、高关注度带来高流量，让武汉的美誉度提升到新高度。

立身全媒体传播体系，要有力提升国际传播效能，通过充分发挥地方特色文化符号功效，实现东西方文化的本土化表达，不失为一条行之有效的路径。运用现代传播技术和手段，可以达到国内到国际的辩证与互动，从而为建构中华传统文化的特色话语体系，实现中国式的价值观阐释，提供一种实践探索。

（三）获取当地多方支持是提升国际传播效能的保障

从2011年起，北威州连续8年举办"中国节"活动，已经成为当地民众的传统文化盛事，知名度和影响力较大。本次城市形象传播项目，实际上是在疫情防控形势下的借船出海，是借助德国"中国节"活动搭建武汉展位、推介城市形象。因此，能够争取到当地官方、民间等各个方面的大力支持，就显得尤为重要。

2022年6月，武汉市市长与杜伊斯堡市市长视频会晤，共同签署两市合作备忘录，就加强人文交流、支持举办"中国节"等达成共识。武汉展位的搭建及展示活动也得到中国驻杜塞尔多夫总领事馆的悉心指导，对展位内容、形式均给予非常有益的建议。此外，中国驻杜塞尔多夫总领事、杜伊斯堡市市长均出席"中国节"开幕式，并发表热情洋溢的致辞，在武汉展位前驻足互动，也都助力城市形象出新、出彩。德国首都电视台、德国网红"阿福Thomas"在现场的采访报道，也让武汉元素进一步扩大了传播覆盖面，起到引流增粉的作用。武汉市驻德国友好交流联络站等民间机构的布展策划、协调沟通、传播推广，明显提升了武汉展台的吸引力、感染力。

链接全球资源　　创新国际表达
——面向海内外讲好黄山"国际会客厅"的故事

中共黄山市委宣传部

2022年3—4月，第三次阿富汗邻国外长会等多场外事活动在安徽黄山屯溪举办，成为北京冬奥会后我国最大规模线下主场外交活动。黄山市委宣传部主动靠前、抢抓机遇，聚焦高标准建设生态型国际化世界级休闲度假旅游目的地城市定位，深入推进"创意黄山　美在徽州"全球推介计划，链接媒体资源、搭建外宣矩阵、创新国际表达，面向海内外讲好黄山"国际会客厅"故事，全方位、多角度展示可亲、可爱、可敬的新黄山。

一、服务大国外交，讲好黄山"国际会客厅"的故事

周密部署，做好"事前"谋划。深入挖掘黄山大地上的历史文化，通过美景、美食、美图，宣传戴震、程大位等历史名人，弘扬徽剧、徽菜、漆器等优秀传统文化，向中央省级主流媒体主动供稿，体现屯溪诚信、热情、秀雅的城市气质，不断增强屯溪的国际传播力。新华社、中国日报、中新社分别报道《黄山历史悠久的屯溪区》《感受屯溪的历史气氛》《外交在屯溪，小城缘何成为世界会客厅？》等相关报道，其中《外交在屯溪，小城缘何成为世界会客厅？》报道在俄罗斯龙报网、美国侨报网、法国欧洲时报网、泰国星暹日报等众多海外媒体平台刊发，引发全球关注。

主动对接，做好"事中"服务。外事活动期间，严格按照有关要求，做好会务保障和配合工作，充分展示黄山开展外事活动的优势，以山清水秀的自然环境、和合精神的徽州文化、近年来疫情防控显著成效为着力点，不断提高黄山的国际影响力。新华社推出图文报道《画里有话｜迎客松下聚共识》，展示黄山热情好客、热爱和平的良好形象。3月31日，新华社每日电讯头版报道《一屏山水倾心绘 安徽筑牢生态屏障》，推介黄山山清水秀的自然环境，浏览量迅速超百万次。安徽日报、新安晚报等媒体分别进行了相关报道。

深入挖潜，做好"事后"提升。保持热度，以点带面，覆盖全市。充分利用"国际屯溪"关键词，进一步挖掘阐释宣介屯溪城市品牌、个性、气质，开展系列宣传，持续提升黄山国际化程度。中国新闻周刊、参考消息、南风窗等微信公众号分别推出《小城变身"外交大舞台"，屯溪凭什么》《安徽屯溪，这两天，再次成为"世界会客厅"》《听说屯溪出息了，可它到底在哪里》等相关报道，在朋友圈转载转发，呈刷屏之势。外事活动结束之后，组织媒体对有关企业、景区等地的服务保障回访，加大对黄山毛峰、祁门红茶、非遗漆器等接待用品的宣传，尽可能体现黄山国际接待能力水平，把"外事"变"商事"，对标博鳌、乌镇，力争更多RCEP、世界遗产对话等国际性论坛、会议在黄山落地。

二、构建全媒体矩阵格局，提升黄山"国际会客厅"传播效能

实施城市推介计划。根据省委省政府提出的"支持黄山高标准建设生态型、国际化、世界级休闲度假旅游目的地城市"战略定位，就如何面向全球，代表安徽、代表中国，独立发出黄山"国际范"声音，市委宣传部会同有关单位制订"创意黄山 美在徽州"全球推介计划。积极对接人民日报、新华社、中央广播电视总台、中国日报、中新社、中国网等中央主流媒体的海外宣传平台支持，聚焦黄山双招双引、特色产业、典型做法等，采取多种形式，全面推

介黄山。同时创新方式，拓宽渠道，面向海外，讲好黄山故事，传播黄山声音，展示真实、立体、全面的黄山形象。2022年重阳节联合河南卫视《重阳奇妙游》特别节目摄制，取景黄山、宏村、木坑竹海拍摄舞蹈《登高抒怀》，通过舞蹈以及"孟嘉落帽"的典故展现重阳节登高、赏秋、插茱萸的节日文化。被网友们赞为"被画面美哭"的节目一经推出就迅速刷屏、引爆全网，全网曝光量近50亿次。刷新了海内外对中华优秀传统文化的认知，影响广泛、宣传效果显著，面向全球，发出黄山"国际会客厅"的热情邀约。

搭建全新传播平台。不断加强宣传阵地建设，形成全方位、立体化、矩阵式宣传格局。与人民日报、新华社、中央广播电视总台、光明日报、经济日报、中国日报、中新社、中国经济周刊、凤凰卫视、香港卫视、香港大公报、香港商报、香港经济导报社、澳门日报等14家中央媒体和境外媒体；安徽日报、安徽广播电视台、安徽经济报、新安晚报、市场星报、中安在线、新民晚报、解放日报、上海电视台、浙江电视台、杭州日报等11家省级媒体和杭州都市圈、长三角地区媒体，以及人民网、新华网、央广网、央视频、国际在线、凤凰网、新浪网等7家网络媒体保持密切沟通联系，借筒发声，在全媒体平台发出黄山"国际会客厅"的最强音。

塑造大黄山宣传品牌。开设黄山海媒脸书平台账号"Amazing Huangshan"，实时展示推介黄山美景、美食、美图和徽文化，截至目前，黄山英文脸书页面共发布帖文50余条，粉丝总量在一周内实现从零到4万人的突破，并同步试运行黄山英文网站，系统化展示黄山国际会客厅的魅力。成功举办"2022年中国有约A Date with China"国际媒体主题采访黄山站活动，并推出相关报道：中国日报推出《【2022中国有约】"当老外与徽学相遇"——国际网红探访徽州古城 感受徽风皖韵》及英文报道《外籍人士珍视的中国珍宝》，阿塞拜疆国家新闻社、电视广播公司分别进行了相关报道，并在电视广播公司的优兔、照片墙平台分别发布了介绍黄山的视频，外籍自媒体人俄罗斯环环在微博和快手分别发布了活动视频，黄山"国际会客厅"的故事在全球传播。

三、传播徽州文化，全面擦亮黄山"国际会客厅"名片

加强国际对话，彰显徽文化软实力。以国际视野和创意思维，通过中国语境和中国叙事，用一座世界名山的高度、历史名城的厚度，频频与国际对话、向全球邀约。2021中外文化创意产业安徽发展大会、世界创意经济峰会"国际黄山"论坛等近30场活动轮番上演，跨越时空链接全球；促成纽约地区疫情暴发后首场旅游云推介，130余家英文媒体争相转载，1亿多海外读者持续关注。其中与纽约连线举行"创意黄山·美在徽州"中国黄山（纽约）文化旅游云推介活动，与会代表纷纷表示，通过此次活动，有效促进中美人文交流复苏，两地文旅交流互动的美丽故事在全球广泛传播，影响广泛，打出黄山"国际会客厅"的亮丽名片。

做好国际表达，展示创意黄山良好形象。2022年元旦和春节期间，市委宣传部积极对接，在纽约华尔街时报广场和英国伦敦特拉瓦加广场成功展示黄山形象，有效传播黄山和徽文化两大顶流IP。黄山风景区（黄山地质公园）作为中国国家公园代表，多年来多次参加世界地质公园、联合国教科文组织多品牌地会议，在实践景区可持续发展、世界自然文化遗产保护管理等方面分享了黄山案例，展示了黄山形象。2021年荣获联合国教科文组织国际自然与文化遗产空间技术中心（HIST）颁发的合作奖，让全球关注黄山，了解黄山，爱上黄山。

始终坚持向世界讲好黄山故事。坚持多维度扩大宣传，借力国内外主流媒体专业力量，善用互联网传播新兴力量，构建全媒体传播体系，全面提升国际传播效能，以新的表达讲好黄山故事，向世人展示一个真实、立体、全面的新黄山，着力提升全球影响力和美誉度。2021年选取一批在黄山工作生活的外国人，讲他们在这里的见闻感受，"小切口"讲"小故事"，推出了系列短视频，从国际视角展现黄山味道、徽州风情，通过海内外各类平台的推介和转

发，外交部还将这些短视频通过我驻外国使领馆向所在国推送，引发广泛关注和好评，这是"黄山故事"更是"中国故事"。

黄山的声音就是中国旅游的声音。黄山市委宣传部将持续推动黄山、徽州两大顶流IP强势出圈，利用外事、展会、推介等活动，强化拼盘开展国际强势媒体营销，与国内外大媒体、全媒体、新媒体，共同策划推出重点栏目，深化"创意黄山 美在徽州"城市品牌推介，全面提升黄山"国际会客厅"对外知名度和国际影响力，向世界讲好黄山故事、传播好黄山声音。

飞向全世界的中国名片
——山东潍坊用超级IP风筝讲好中国故事的探索与启示

中共潍坊市委宣传部

习近平总书记指出,要更好推动中华文化走出去,以文载道、以文传声、以文化人,向世界阐释推介更多具有中国特色、体现中国精神、蕴藏中国智慧的优秀文化。

以文载道讲好中国故事,把当代中国发展进步的主流展示好,把中国人民蓬勃向上的风貌展现好,这其中,潍坊风筝的国际传播是一个生动案例。

一、潍坊风筝:一个超级IP

世界上最早的风筝出现在中国,是国际风筝界一致的公论。中国最早的风筝,则发源于山东潍坊。

(一)凌空纸鸢,高入云端

中国古代著名哲学家墨翟(公元前468—376年)居鲁山(今山东潍坊青州西南部一带)时曾"斫木为鹞,三年而成,飞一日而败"。这就是世界上最早的风筝,距今已有2300多年历史。后来,墨翟把制造木鹞的方法传给他的学生鲁班,鲁班又加以改进,用竹制成"竹鹊",能在空中飞三日之久。

盛唐时期,"折竹装泥燕,添丝放纸鸢",纸鸢开始作为一种娱乐活动在坊间盛行。五代时期有一位名叫李邺的能工巧匠,把能发出声音的竹笛系在纸鸢上，风吹鸢起，发出"筝鸣之声"，于是便有了"风筝"这个名字，一直沿袭至今。

清朝中叶，潍坊开始出现专门从事风筝制作的民间艺人，曾做过七年潍县县令的诗人兼书画家郑板桥曾写过这样的诗来怀念潍县："纸花如雪满天飞，娇女秋千打四围。五色罗裙风摆动，好将蝴蝶斗春归"。

随着中国对外交往渐深，兼具艺术性、娱乐性和浪漫气质的潍坊风筝也开始流传到世界各地。英国著名学者李约瑟在《中国科学技术史》中，把风筝列为中华民族向欧洲传播的重大科学发明之一。

（二）空中艺术，享誉世界

2006年，潍坊风筝被列入首批国家级非物质文化遗产名录。2012首届中国非物质文化遗产博览会上，最能代表潍坊风筝特点的"龙头蜈蚣"风筝一举夺魁、斩获金奖。

作为世界风筝的发源地，潍坊已成为世界风筝文化交流传播中心，"国际风筝联合会"总部专门设在潍坊，这是世界上第一个国际组织设在中国的地级市。

潍坊国际风筝会是改革开放以来全国举办时间最早、坚持时间最长、经济社会效益最好、得到党和国家领导人表扬最多、获得重大荣誉最多的极少数国际性、综合性节会之一。

2005年，潍坊国际风筝会被联合国教科文民间艺术组织列入非物质文化遗产及民间艺术保护工程，并被国际节庆协会（IFEA）授予"中国最具国际影响力的十大节庆"。

目前，潍坊生产的风筝已遍及50多个国家和地区，世界上每四只翱翔的风筝就有三只来自潍坊，潍坊由此被世界各国人民称为"风筝的故乡"。

潍坊风筝，这个享誉世界的空中艺术，在漫长光阴岁月的洗礼中，成为潍坊独一无二的超级IP。

二、"飞向全世界的中国名片"

美国航空航天博物馆展厅里开门见山地写道:"人类早期的飞行器是中国的风筝和火箭。"

恰如一位外国风筝专家所说:"中国人民在两千年前就发明了风筝,这是举世公认的。风筝引起人类飞向天空的遐想,导致了世界上第一架真正飞机的发明。"

新时代,在潍坊,风筝早已成了和平、友谊的代表,成了一张亮丽的中国民俗文化名片,飞向全世界,表达着我们的善意与友好。

(一)以会为媒,开门迎宾

向国际社会讲好中国故事,当然要"走出去",但首先要"请进来",只有让国际友人亲自到中国走一走、看一看,尤其是连续不间断的几十年都来中国体验,才会身临其境地感受到中国改革开放以来日新月异般的巨大变迁。

1984年,潍坊市委、市政府为适应对外开放的新形势,创办了首届潍坊国际风筝会。这是改革开放以来在国内最早冠以"国际"字眼的综合性、国际性重大地方节会。

第一届潍坊国际风筝会共邀请了11个国家和地区的18支风筝代表队来潍坊放飞表演,取得了圆满成功。从此,潍坊国际风筝会每年举办一届,至2022年已成功举办了39届。

从最初11个国家和地区、18支风筝代表队,到现在包括美国、德国、南非、哥伦比亚、匈牙利等65个国家和地区、89支风筝代表队,从最初的只有数千潍坊市民观赛,到现在的全世界观众线上线下观赛,累计观赛人数超过了3.7亿人次,潍坊国际风筝会的影响力、传播力正如涟漪一样,持续扩大。历年来,美联社、朝日新闻、韩联社、美国福克斯电视台、美国哥伦比亚广播公司、德国电视台等20余个国家和地区的450多家媒体都进行了密集报道。

潍坊风筝会盛况

潍坊风筝会上玩耍的孩子

潍坊国际风筝会越办越大，"好声音"也越来越洪亮，世界由此窗口了解潍坊，也使潍坊更快地走向世界。

（二）爆款视频，"筝"入人心

新媒体时代，短视频因符合受众碎片化阅读习惯而大受欢迎，在热点事件的传播中起着越来越重要的作用。

潍坊抓住重要时间节点，聚焦国际关切的重大主题，找准中国与世界的共情点，主动设置议题，制作了爆款视频，引发广泛传播。

2022年4月24日，第七个中国航天日。潍坊风筝放飞场上，"中国空间站"风筝腾空而起，手持国旗的宇航员从空间站出舱，载人飞船与天宫空间站完美对接，一连串形象逼真的动作让观众啧啧称奇。

潍坊外宣部门由此制作发布了视频《潍坊空间站风筝》，外交部发言人、中国驻多个国家的大使以及中国空间站、CGTN、环球时报等媒体在海内外社交媒体发布该视频，观看人群超过20亿。

短视频接地气，容易走群众路线，严肃电影则可以更正式地搭建对外传播的桥梁。

"一只风筝，两种情感，跨越四海来相会；一个故事，两种文化，穿越历史到今天。"伴随着这首主题歌，纪录电影《风筝·风筝》在第38届潍坊国际风筝会上举行了首映式。

纪录电影《风筝·风筝》取材于60多年前中法合拍的电影《风筝》（新中国第一部中外合拍电影，也是新中国第一部彩色儿童电影）。1973年，法国总统蓬皮杜在出访中国后曾说："艺术和电影实际上推动了外交，电影《风筝》已经上映15年了，它在中法两国之间建立起深刻的人文交流。"纪录电影《风筝·风筝》以电影《风筝》为线索，讲述了当年电影台前幕后的故事。通过影片中三位小演员60年后的重逢和新时代与风筝有关的中法人物故事，回望并展示了当年中法两国人民通过电影梦结下的友谊。

2021年《风筝·风筝》在中法两国公映,再次架起中法友谊的桥梁。

(三)以民相亲,促国相交

2017年5月14日,习近平主席出席"一带一路"国际合作高峰论坛开幕式并发表主旨演讲时指出:"国之交在于民相亲,民相亲在于心相通。"

作为风筝之都,潍坊不仅盛产风筝,还拥有全国最多的风筝扎制技艺非遗传承人,这些从村子里走出的传承人,就像风筝一样,走出国门,以民相亲,促国相交。

生于风筝世家、从事风筝扎制30余年的郭洪利是潍坊风筝省级非遗代表性传承人,近10年来,他先后赴美国、法国、荷兰、比利时、丹麦、瑞典等30多个国家和地区进行风筝放飞与扎制展演,开展风筝文化艺术交流讲座。

同样出生于风筝世家的传承人谭新波是亚洲风筝联合会副主席,他每年都会收到来自不同国家的风筝赛事邀请。目前,他参加过的风筝节达130多场,遍布美国、韩国、马来西亚等地。还曾在韩国釜山世界民间体育大会中获得风筝类别唯一金奖,并在马来西亚柔佛州国际风筝大赛中被评为"世界十大风筝明星"。

他们让世界各地友人更多了解中国传统非遗文化的同时,也在世界各地传播了中国好故事、好声音。

(四)鸢飞四海,谊传八方

一边开门迎客来,一边主动串门去,近年来,潍坊积极在海外举办各种风筝文化交流活动,在讲好潍坊风筝故事的同时,向世界传播好中国声音。

2022年5月、6月,潍坊分别与韩国、马耳他开展了"中国风筝工坊云课堂"活动,来自8所学校的约300名小学生参加了风筝制作活动。马耳他前总统、社会福利基金会主席普雷卡为学生代表颁发了"中国风筝工作坊参与证书"。普雷卡主席表示,马耳他和中国保持着密切关系,风筝节活动是一种巩固友谊、加深理解和彼此尊重的方式,为年轻人提供更多了解中国和中国人民的机会。

9月,由斯德哥尔摩中国文化中心和潍坊市人民政府主办的"中国潍坊风筝展"在斯德哥尔摩中国文化中心隆重开幕，展览全面展现了中国（潍坊）风筝文化所独具的艺术魅力。在场嘉宾兴趣盎然，表示希望今后能看到更多类似的文化活动。

（五）借筒传声，声可加疾

在国际社会上讲好中国故事，要奏响"交响乐"，把"自己讲"和"别人讲"结合起来。"一手独拍，虽疾无声"。

潍坊有很多外籍教师和国际留学生，他们对中国的发展、中国的善意有更为切身的体会，要帮助他们更深入熟悉中国文化、感知中国发展，推动他们成为中国故事的见证者、中国声音的传播者、中国形象的推广者。

2022年7月份，潍坊组织了本地高校的美国、日本、韩国、波兰、赞比亚等十几个国家的外教和留学生，开展了一场风筝文化之旅。而在近几届的潍坊国际风筝会上，潍坊都会组织数百名留学生进行放风筝活动，通过拍摄短视频、照片等方式向他们的祖国和家乡介绍潍坊、介绍新时代的中国，这些留学生大部分来自"一带一路"沿线国家，在风筝的牵线搭桥下，加深了彼此沟通，播下了友好合作的种子。

三、风筝牵线、文化搭台、经济唱戏

风筝飞得高，潍坊的站位更高。潍坊注重把国际风筝会打造成一个资源集聚的平台，吸引更多资源要素来助力潍坊的发展。

（一）办好一次会，搞活一座城

时至今日，潍坊国际风筝会已成为一个集风筝、文化、旅游、招商四大板块于一体的综合性、国际性盛会。

内容越来越丰富、形式越来越新颖、市民参与度越来越高的风筝会不仅做大做强了风筝产业，还催生带动了鲁台经贸洽谈会、中国画节·文展会、中日韩产业博览会、寿光蔬菜博览会等多个在潍坊市内举办的节会，发展出相当规模的会展经济，起到重要的"助推器"作用。2018年，在全国省会及地级城市会展竞争力指数排名中，潍坊市名列第22位。

连续39年成功举办国际风筝会，潍坊在各个方面都发生了巨大的变化，这既是传播好中国声音的绝佳平台，又为讲好中国故事提供了最生动的案例素材。

（二）风筝飞出去，外汇赚进来

利用风筝牵线，潍坊不仅把中国传统文化、民俗艺术传播出去，把中国的形象展示出去，还借势借力做大了潍坊风筝产业，产业和非遗技艺形成了良好的正向循环。

1984年，首届潍坊国际风筝会举办之前，潍坊的风筝生产厂家只有20多家，规模小、品种少，年销售额仅有几十万元。如今，潍坊的风筝生产企业和个体户发展到600多家，从业人员达到8万人。在吸收传统风筝精华基础上，相继开发出了夜光风筝、冲浪风筝、特技运动风筝等产品，产品远销欧美、东南亚等50多个国家和地区，年销售额达到20多亿元。

近年来，潍坊生产销售的风筝牢牢占据国内市场份额的85%、国际市场份额的75%。潍坊已当之无愧地成为中国风筝第一城、世界风筝第一城。

四、风筝外宣的思考与启示

时至今日，潍坊风筝受到越来越多国际友人的喜爱，成为推动中华文化走出去的重要载体，潍坊以风筝为载体的国际传播已经取得初步成效，境内外媒体常态化报道，网络媒体不时产生舆论热点。就潍坊风筝数十年的国际传播实践来说，有三点启示可供参考：

（一）讲好中国故事需要久久为功的韧劲

流水不争先，争的是滔滔不绝。对于国际传播来说，讲好中国故事，传播好中国声音，需要聚焦聚力，更需要持之以恒、久久为功的韧劲。潍坊国际风筝会始于1984年，历时已39年，见证了潍坊的进步变化，更见证了中国改革开放的巨大成功，见证了中国的全面进步。39年坚持不懈、越办越好的潍坊国际风筝会本身就是一个典型的中国好故事。潍坊国际风筝会展示的、传播的不仅仅是潍坊与时俱进的风筝艺术，更是一个可信、可爱、可敬的中国形象！

（二）建构"一声音、多声部"的国际传播统一战线

"一手独拍，虽疾无声"。单一的传播主体必然带来国际传播的单调，而单调的国际传播必然带来国际话语权的势单力薄。在新时代的对外传播中，潍坊建构起"一个声音、多个声部"的国际传播统一战线。一方面，全面拓展国际传播朋友圈，厚植国际人脉，发挥"借嘴说话"优势，精心打造"外国人讲中国故事"品牌；另一方面，着力构建国际传播协同协作全链条工作体系，注重发挥民间艺人、海外华人、在潍留学生"润物细无声"的传播作用，鼓励支持各类主体投身国际传播工作，努力形成国际传播"大合唱"。

（三）一项事业只有造福人民才能永远蓬勃

宣传不应该只问投入不问产出，真正有效的传播既能产生声誉等无形资产，也能带来实实在在的经济效益，这样的宣传才是可持续的正向宣传。持续广泛的正面传播，将带动产业发展，有助于激励更多群体主动参与正面传播，形成对外传播的同盟军，壮大宣传的力量。前文提到，风筝飞出去、外汇赚进来。在潍坊，有8万人直接受益于风筝产业的蓬勃发展，这8万人背后是8万个家庭。一滴水只有流入大海才会永不干涸，一项事业只有造福人民才能永远蓬勃。

（作者供图）

第六部分

"Z世代"国际传播：
影响"影响未来的人"

依托"汉语桥"中文教育
向海外"Z世代"讲好山西特色中国故事

中共山西省委宣传部

海外"Z世代"是各国社会未来的中坚力量,正处于价值观形成的重要时期,对中华文明有着强烈好奇心,可塑性强、工作空间大,是当前对外文化推广的重要对象。为做好海外"Z世代"工作,依托教育部中外语言交流合作中心举办的"汉语桥"中国语言文化体验项目,山西开展丰富多彩的国际中文教育团组交流活动,讲好山西特色中国故事。

一、精准选取对象,多措并举招纳国外"Z世代"

为强化受众针对性,聚焦"一带一路"沿线国家和地区的"Z世代",承办高校采取多种方式拓宽招生渠道。通过院校官网、微信公众号和其他新媒体平台发布招生简章,联络巴基斯坦信德农业大学、阿联酋扎耶德大学孔子学院等海外友好院校给予宣传推广支持,招募往届优秀营员(国际学生)当海外宣推志愿者,利用海外人脉资源增加招生落地频次,吸引了来自埃及、越南、印度尼西亚、巴基斯坦、阿联酋、阿尔及利亚等36个国家的1000余名"Z世代"汉语爱好者踊跃报名。这些学生中,90%以上来自"一带一路"沿线国家和地区,且多数为在校大学生。他们学习中文兴趣浓烈,是中华文化爱好者,也是我们借助"汉语桥"平台,扩大知华友华"朋友圈"的重要抓手。

二、主动设置议题，精心谋划配强力量资源

组织专家对项目内容、实施方案和预期成效等进行专题论证，确保活动导向明确、可操作性强。配强工作力量，承办高校成立工作专班，选拔具有跨文化交流实践经验或海外访学经历的专家学者、具备丰富教学经验的任课教师组建教学团队。提升网络传播技巧，积极对接中文联盟平台，组织教学团队参加直播平台操作使用培训，多次开展实地试讲试播，保证教学质量的高起点、高标准。为提高课程内容的适配性，采取下发调查问卷、参阅优秀案例等方式，确定了匹配学员中文基础兼具山西地域特色的课程选题。比如，针对埃及学员人数较多的实际，承办高校抓住中国与埃及同为世界文明古国这一共情点，设置山西古建民居文化体验课程，既满足埃及学员了解中国古建文化的愿望，又激发了他们进一步学好中文的热情。

三、内容形式多样，讲好山西特色中国故事

针对"Z世代"群体思维敏锐活跃、兴趣爱好广泛、注重共享体验等特点，各高校采取直播授课与录播课程相结合、语言学习与文化体验相配合的方式，穿插在线辅导、视频赏析、互动答疑等环节，给学员留下了深刻印象。在开营仪式上，播出极具山西味道的宣介片，推出唢呐独奏《正月十五闹雪灯》、舞蹈串烧《彩虹》（*The Rainbow*）等地方特色演出。任课教师将初识中国和简识山西、传统服饰和礼仪等内容融入中文学习直播课程中，帮助学员在提高汉语听说读写能力的同时，对山西特色文化有了更加全面的认识与了解。以文化"云体验"为主的录播课程，设置了"中国文化讲座""体验中国文化""博物馆探秘""留学山西"等四个板块，满足了不同国家学员多元化的学习需求。山西民居建筑类型特点、历史脉络和人文底蕴等知识的讲解，帮助学员感受山西民居建筑独特魅力和文化内涵，领悟了中国古代建筑艺术的

博大精深。集中线下参观体验山西晋中国家农高区未来农场、农业人工智能（AI）技术，向外国学员展示了中国解决农业、农村、农民这一关系国计民生问题的智慧与方案。来自德国、巴基斯坦和孟加拉国的3名在晋留学生以外国人的视角，"云游"山西博物院和晋祠博物馆，与学员分享山西大地上从古人类起源到明清时期汇聚的历史与艺术精华，展现了山西5000年文明进程中的精彩之处。中国日报、新华网、中新网等多家中央外宣媒体和山西电视台全英语新闻资讯节目《Exploring Shanxi 发现山西》以及中国日报英文专版《Discover Shanxi 发现山西》等省内外宣平台报道转载，"报台网微端"的立体联动、"图文音视频"的融合传播，引发海内外"Z世代"群体的高度关注与大量转发，为世界体验山西、感知中国营造了良好的外部舆论环境。

阿斯图开创中俄人文交流合作领域的新路径
—— 高校联盟创新对外传播的成果与思考

黑龙江省人民政府新闻办公室　哈尔滨工业大学

2022年6月1日至3日，2022中俄工科大学联盟（阿斯图）第五届年会成功举办。第五届年会由中俄工科大学联盟主办，第六届中方轮值主席单位西安交通大学承办，共吸引盟内55所中俄高校200余名代表参会。据不完全统计，中俄工科大学联盟成立11年来，在阿斯图框架下共举办83场中俄高校师生科技人文交流活动，近10万名中俄师生从中获益，阿斯图中俄院校长短期互派学生规模累计5000余人，影响力持续增强，在推进中俄高等教育合作交流方面作出了不可忽视的贡献。

一、创设背景

21世纪以来，随着中俄关系不断向前迈进，中俄人文交流实践大放异彩并取得丰硕成果，双方合作领域不断拓展，合作内容不断丰富，合作模式不断创新。作为新时代中俄全面战略协作伙伴关系的重要组成部分，人文交流在丰富两国关系内涵、夯实两国关系基础、提升两国关系水平方面始终发挥着不可替代的作用，现已成为除政治、经济以外的第三大支柱。

在两国多领域深层次人文交流的推动下，2011年3月6日，首个中俄同类高校联盟——中俄工科大学联盟（Association of Sino-Russian Technical

第六部分 "Z世代"国际传播：影响"影响未来的人"

联盟成立大会

Universities，英文缩写"ASRTU"，简称"阿斯图"）在中国深圳成立，联盟由哈尔滨工业大学与莫斯科鲍曼国立技术大学共同发起，是在我国"中俄人文合作委员会""中俄总理定期会晤委员会科技合作分委会、航天合作分委会"框架下的高等教育领域有效交流平台。联盟共吸引75所精英大学加盟，其中包括56所正式成员学校和19所观察员学校。

二、发展历程

（一）基于"民间外交"渠道，助力国家和地方中俄人文交流合作

作为"中俄人文合作委员会"框架下的高等教育领域有效交流平台，一直以来，阿斯图对标国家和地方对俄合作战略，形成了从国家到地方，从地方到高校的多层级、多维度合作平台构建，为国家和地方人文交流计划实施推进提供基层保障。2013年6月，阿斯图联盟中俄双方签署《青岛宣言》，宣言指

出，我们共同认识到在中俄两国战略伙伴关系下赋予阿斯图联盟的发展机遇，尤其是在中俄两国领导人强调加强中俄两国青年人文交流的形势下，阿斯图联盟发挥了应有作用，引领了中俄两国高校教育与科研合作，使命光荣。联盟常设主席单位分别为中俄双方的牵头发起院校哈尔滨工业大学和莫斯科鲍曼国立技术大学，双方校长出任常设主席，以国家和地方中俄人文交流计划为指引，负责联盟顶层设计规划，同时分管副校长为联盟中俄执行长，负责联盟整体发展计划制订及推进实施。

阿斯图友谊火车计划

　　成长至今，联盟合作内容日益丰富，从科技人文交流到基础设施和互联互通建设、从师资培养到联合攻克科技前沿难题；合作内涵不断延伸，从学生、学者联欢、联谊活动到创新创业大赛、联合研制微纳卫星；合作影响广泛深远，两国高校合作足迹南至香港、澳门，北达圣彼得堡，横跨欧亚大陆，合作方式不断创新，从对开通阿斯图友谊列车、举办阿斯图校园开放日再到出版阿斯图文化系列丛书、主题巡展。2017—2019年，阿斯图连续三年成为黑龙江省"中国—俄罗斯博览会"教育科技重点交流平台。2021年，凭借在助力人才与学术交流、国际合作等方面作出的积极贡献，阿斯图被写入《2021中国的航天》白皮书。

（二）注重可持续性，打造推动中俄人文交流的长效保障机制

除联盟常设主席单位规划联盟顶层设计以外，为确保联盟不断向前发展，工作计划有序推进，联盟采用"轮值主席"机制，每届轮值主席单位由联盟成员选举产生，每届任期2年，由双方校长出任轮值主席［首届轮值主席：哈工大与鲍曼（2011—2013），第二届轮值主席：同济与圣光机（2013—2015），第三届轮值主席：西工大与莫航（2015—2017），第四届轮值主席：华南理工与乌拉尔联邦（2017—2019），第五届轮值主席：哈工大与鲍曼（2019—2021），第六届轮值主席：西交大与东北联大（2021—2023），第七届轮值主席：中石油（华东）与俄石油（2023—2025）］。联盟年会每两年召开一次，定期举行常设主席、轮值主席工作会务机制，由轮值主席单位协助常设主席单位共同引领带动盟内院校合作交流。作为具体工作推进的执行者，联盟常设秘书处设在联盟常设主席单位，负责联盟日常工作运行。联盟内还建立"阿斯图联络员"机制，不定期举行联络员工作例会，及时通报联盟最新建设发展情况，总结前期工作进展，夯实后续计划执行。同时，中俄双方在盟内先后积极搭建中俄青年创新创业大赛平台、精英人才培养平台、校企科技产业平台、国际学术交流平台、高端联合科研平台、中俄青年人文交流平台，全面促进中俄高校间合作常态化、机制化、项目化、平台化，确保联盟的可持续发展。

（三）主题科学明确，形成阿斯图发展与人文交流"互助闭合式"实施路径

作为首个中俄同类高校联盟，经过多年发展与积累，联盟不断更新发展理念，创新合作模式，丰富交流内容，并逐渐探索出一条特色鲜明的阿斯图创新发展实施路径，为中俄同类高校开展合作树立了典范，在助力中俄人文交流工作方面成效显著。

如流程图所示，在"服务国家外交战略"方面，作为一份"民间外交"力量，联盟首先要配合国家总体外交战略，面向国家顶层中俄人文交流计划，为两国"一带一路"建设与"欧亚经济联盟"战略对接、"中俄人文合作委员会""中俄总理定期会晤委员会科技合作分委会"等中俄两国间的重要合作机制贡献阿斯图的智慧和力量。2016年组织中俄盟校在俄罗斯莫斯科出席参加中俄大学校长峰会（中俄副总理级别）；2018年组织中俄盟校在俄罗斯叶卡捷琳堡出席参加第五届中俄博览会首届中俄地方合作论坛并作主旨发言（中俄部长级）；2019年组织中俄盟校在俄罗斯圣彼得堡出席参加中俄人文合作委员会第二十次会议配套活动——中俄综合性大学校长圆桌论坛（中俄副总理级别）。

在"服务地方创新经济发展"方面，联盟充分利用大学与区域发展紧密联系，根据大学所在区域的合作需求为"大学与大学""大学与城市""大学与地区"的互动对话搭建合作平台。目前，联盟中方院校自北向南分布在中国21座城市，俄方院校自西向东分布在俄罗斯23座城市。2014年组织中俄盟校参加哈尔滨中俄大学校长论坛；2015年组织中俄盟校参加西安丝绸之路经济带沿线国家教育合作交流会，并推荐俄方盟校加入"丝绸之路大学联盟"；2019年、2021年以及2022年组织中俄盟校高水平专家出席国际产学研用合作会议（哈尔滨）。在"服务高校合作交流"方面，联盟遵从双方大学的实际需求，契合各自学科发展，征询制订阿斯图年度交流计划，促进盟内高校师生学术往来交流、前沿科学技术合作、高质量智力资源共享、创新型人才培养等，充分发挥阿斯图平台优势，扩大高校国际合作"朋友圈"，为大学发展建设提供更多开放思路，提升大学国际核心竞争力。近年来，联盟先后提出"ASRTU Lab+""ASRTU Valley""ASRTU Innovation+""ASRTU Tech+""ASRTU Science+""ASRTU Companies+""ASRTU Campus+"等项目理念全方位推动高校科技创新、校企务实合作，开放式协同创新成为盟内高校合作交流的特色和亮点。

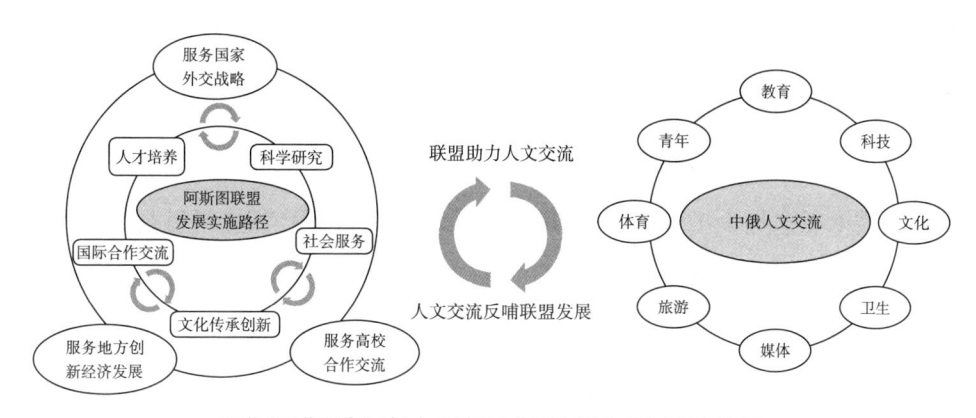

第六部分 "Z世代"国际传播：影响"影响未来的人"

阿斯图联盟发展与人文交流"互助闭合式"实施路径

联盟在助力"中俄人文交流"的实施过程中，通过面向"国家外交战略"、服务"地方创新经济发展"、对标"大学合作交流"的有机结合，发挥精英大学优质资源的聚合效应，带动区域地方合作，助力国家间人文交流，使联盟成为两国政府促进教育科技合作的重要抓手；另一方面，"高层次平台"和"求真务实口碑"进一步激发双方高校参与联盟活动的积极性，与国家和地方人文交流机制建立稳定的上升通道，联盟的建设发展同时也得到不断的完善和优化，从而实现"联盟助力人文交流，人文交流反哺联盟发展"的最终目标。

三、经验与启示

（一）充分发挥"先头军"引领作用

在阿斯图联盟示范引领下，随后在中俄两国外交、教育、科技主管部门的倡导下，艺术类、区域类、经济类、教育类、交通类、医科类、综合类等中俄高校积极响应，纷纷结对发起成立大学联盟，中俄高等教育"网络化""集群化""同类化"合作特色凸显。《中俄总理第十九次定期会晤联合公报》指出，中俄工科院校联盟、中国东北地区与俄罗斯远东和西伯利亚地区大学联盟、经济院校联盟、师范院校联盟、艺术院校联盟和医学院校联盟对推动两国教育合作发挥着重要作用。2020年9月，中俄总理定期会晤委员会科技合作分委会第二十四届例会举行，会议指出，中俄工科大学联盟工作成效显著，支持联盟成员单位在以下领域开展科技合作：联合建立小型空间卫星、信息技术和计算机技术（包括人工智能）、智慧能源和可再生能源、先进材料及其处理技术、环境保护（包括"绿色工程"）和机器人技术。会议支持联盟进一步发展与其他中俄及国际专业高校联盟的合作交流，包括丝绸之路大学联盟、中俄医学、教育、经济和综合性大学联盟等。

（二）务实推进创新领域合作

2021年11月25日至26日，2021阿斯图中俄材料科学与材料加工技术学术研讨会在线成功召开。作为2020—2021中俄科技创新年活动之一，该会议由中俄工科大学联盟主办，喀山国家研究型技术大学承办，共吸引中俄双方21所高校和科研院所约50位学者参会。会议围绕材料科学与技术、数学建模以及材料科学现代教学法三大主题开展交流研讨，旨在加强学科交叉融合，为中俄专家及青年学者往来搭建高水平学术对话平台，务实推进材料领域研究与合作。为应对疫情防控常态化背景下国际合作交流新挑战，联盟充分利用互联网技术，突破物理边界，推出"云阿斯图"计划（ASRTU Cloud），通过云校、云展览、云研讨、云讲座等多种形式，实现盟内院校教育资源共享，打造后疫情时代中俄科技人文交流"服务器"，让"云端"合作不掉线、交流更便捷。

（三）贴近国家发展战略需要

展望未来发展，阿斯图已开展专业子联盟建设工作，以三原色RGB（红、绿、蓝）为基础，其中ASRTU GREEN代表绿色、环境、环保、碳中和方向，已由中国石油大学（华东）以及俄罗斯国立石油天然气大学（国家研究型大学）牵头成立；ASRTU BLUE代表航天航海、新材料方向；ASRTU RED代表人工智能大数据、信息技术方向。阿斯图专业子联盟致力于推动盟校间开展形式多样的交流合作，在联盟框架下构建更多元化、更有特色的专业合作平台，为促进中俄两国人才培养、科学研究、社会服务、文化传承创新等更多领域人文交流合作和构建人类命运共同体贡献更多智慧和力量。

（作者供图）

展示大国自信的大融合国际传播实践
——"Z世代"中日韩青少年系列交流活动案例解析

中共湖北省委宣传部

为深入贯彻习近平总书记系列重要讲话精神，着力做好国外青少年群体工作，2022年8月23日至24日，湖北省委宣传部、湖北广播电视台联合中国公共外交协会、中日韩合作秘书处，在武汉共同举办"Z世代"中日韩青少年系列交流活动。这是新冠疫情以来中日韩三国青年首次在中国展开面对面交流。在中宣部国际传播局支持指导和各有关方面密切配合下，活动成果丰硕，亮点频出，各方反响良好。

一、基本情况

2022年是中韩建交30周年、中日邦交正常化50周年。习近平总书记同韩国总统尹锡悦互致贺函，强调中韩要做好邻居、好朋友、好伙伴，共创两国关系更加美好的未来，更好造福两国和两国人民。习近平总书记在向日本首相岸田文雄致电慰问时表示，愿同他一道，推动构建契合新时代要求的中日关系。此次策划实施"Z世代"中日韩青少年交流活动，以丰富多彩的文化交流推动三国民众特别是年轻人加强对话、增进了解，极大提振了人们对于中日韩三国深化合作的信心。

活动以线上线下结合、国内国外联动方式进行，分开幕致辞、主题对话、非遗展示、参访活动四部分。中国公共外交协会会长吴海龙、湖北省政协副主席尔肯江·吐拉洪、中日韩合作秘书处秘书长欧渤芊、时任日本驻华大使垂秀夫、韩国驻华大使郑在浩、外交部亚洲司司长刘劲松出席开幕式并致辞，中日韩青少年、自媒体博主、民间友好人士及主流媒体代表等参加活动。围绕"三国'Z世代'携手向未来"主题，青年代表就文化交融与跨文化传播、"Z世代"青少年担当等话题展开对话，实地参访湖北省博物馆、昙华林历史文化街区，体验"长江边的非遗故事"非物质文化遗产展，在交流探讨互动中探寻文化共同点、情感共鸣点，加深了解，增进互信。参与活动的网红、自媒体嘉宾纷纷通过短视频、直播等方式记录活动花絮、分享个人感受。

"Z世代"中日韩青少年系列交流活动开幕式现场

二、主要亮点

活动聚焦青少年，着力推动传承传播中华优秀传统文化、发挥青年能量、提升日韩民众对华好感。呈现四大亮点：

（一）深挖"共情点"，内容设计兼顾三国特色

活动深挖三国青年共情点，以润物无声的方式，将中日韩"和而不同、和合共生"的东方文化理念植入三国青年心里。在"邂逅"中日韩三国传统文化对话环节上，以"汉字"为桥梁展开话题讨论，引出600个中日韩常用共通汉字的知识点，增进日韩青年代表对中文的理解；以正在北京展出的"东方吉金——中韩日古代青铜器展"为例，介绍三国国宝级青铜文物和古代青铜文化。在探寻中日韩一衣带水的历史之"缘"环节，三国代表畅谈"筷子文化圈"，分享传统音乐故事，讲述庆祝传统节日的文化习俗，分享美食里的情感共鸣。

（二）聚焦"Z世代"，细节呈现注重青年定位

活动所有内容和细节都紧扣三国"Z世代"受众群体，从嘉宾到主持，再到参与活动的观众和网友，都让"Z世代"挑大梁、唱主角，着力在日韩青少年心中厚植文化友谊种子，培养知华友华力量。

来自湖北荆州的李则乐是参与活动年龄最小的嘉宾，他虽然只有9岁，但已经学习日语多年，在现场与日本纪录片导演竹内亮交流学习体会，讨论中日语言、文化异同。除了在中日韩三国有影响力的青年代表外，日韩青年群体代表、在鄂日韩留学生代表、湖北优秀青年代表等也以线上形式参与对话讨论和现场互动，三国青少年情谊在一轮又一轮交流中持续升温。

（三）突出"参与感"，互动体验拓展传播路径

"Z世代"是国际传播主力，只有充分调动"Z世代"的力量，才能更好地讲好中国故事。在活动设计上，着重强调"参与感"，为这些有传播力的青少年量身定制活动内容。活动第一阶段，策划推出"我眼中的中国"短视频，邀请三国青少年代表以vlog自述方式，讲述他们眼中的中国，记录各自在中国生活的故事，讲述与所在城市的不解之缘。10位在北京、成都、南京、武汉等地生活的中日韩青年代表展示了各地的自然风光，分享了对于三国在各领域深化

合作的美好期许。鼓励青少年代表拍摄制作短视频，既提升了他们的参与感，又增进了他们对于三国友好交往的真实感悟。

中日韩青少年代表拍摄vlog讲述他们眼中的中国

活动现场，中小学生用中日韩三国语言演绎广受"Z世代"喜爱的"神曲"《孤勇者》，武汉青年代表带领日韩青年一起体验汉剧表演和非遗项目，在轻松活跃的气氛里，三国青年热情互动，许多日韩青年将自己在活动中参与到的、观察到的，用文字、图片、视频等形式在海外社交媒体分享展示，吸引更多关注，进一步放大传播效应。

（四）打好"地方牌"，好感传播促进民心相通

对湖北而言，日韩是重要贸易伙伴、进口来源地和投资来源国。以湖北为主要拍摄取景地的电视剧《三国演义》在日韩广为人知，湖北与日韩在携手抗击新冠肺炎疫情上也留下了很多佳话。湖北有大量的"中国故事""中日韩故事"可讲，这些脍炙人口的故事素材有助于日韩青年更全面深入地认识和了解中国。

"Z世代"中日韩青少年代表感受荆楚非物质文化遗产独特魅力

立足湖北特点，活动邀请三国"Z世代"嘉宾聚首武汉，参观以"长江边的非遗故事"为题的湖北省非遗展，历史厚重的马口陶、活灵活现的武汉面塑、巧夺天工的英山缠花、栩栩如生的大冶刺绣，这些荆楚非遗的独特魅力，让日韩"Z世代"赞叹不已。在昙华林历史文化街区，他们"沉浸式"游街打卡，体验歌舞表演、书法展览等文艺活动，近距离感受湖北的悠久历史和现代风貌。

三、传播效果

（一）多平台立体化宣介，国内外影响力持续扩大

人民日报、新华社、中央广播电视总台等中央媒体以及湖北省内主要媒体对活动进行了全面报道，形成了较大声势。开幕式当天，仅在新浪微博发布的话题讨论量就超过1000万。外交部、中日韩合作秘书处、中国公共外交协会等

在官网上转载了相关报道，部分央媒以及中国驻日本大使馆、中国驻韩国大使馆、中日韩合作秘书处通过推特、专线等海外传播渠道等发布了活动内容。

同时，组织湖北省海外社交媒体账号集群围绕"对话中日韩Z世代"主题，聚焦文化交融与跨文化传播，以中日韩三种语言加强内容推送，紧贴海外受众喜好，持续推出"Z世代青年说""三国文化漫谈""微记Z世代""TA们有主张""我们眼中的Z世代"等多个栏目，在海外互动量超100万次。

活动还引发了海外特别是日韩媒体的高度关注，以英、日、韩等语种对活动侧记、嘉宾反馈等进行报道。初步统计，已联动近百家海外媒体发布或转发，热度仍在持续发酵中。值得一提的是，法新社、日本共同社、韩联社等媒体发布了主题稿件，对活动予以报道。每日新闻网站、京都新闻网站、福井新闻、冲绳时报、德岛新闻、山形新闻、福岛民友新闻、伊势新闻、J-CastJapan等一大批日本媒体刊播了活动消息，韩国文化日报、韩国每日经济新闻等韩国媒体以及韩国本土搜索引擎Naver等均跟进报道，形成了主流媒体带动地方媒体、行业垂类媒体的立体传播格局，实现了"广覆盖"和"深扎根"融合。

（二）与会嘉宾高度肯定，参与青年反响热烈

活动引发与会嘉宾和青少年的热烈反响。时任日本驻华大使垂秀夫表示，在中日邦交正常化50周年之际，湖北举行这次活动具有重大意义，这次的相聚能成为今后的一个种子，为未来中日韩三国合作打好基础。韩国驻华大使郑在浩认为，活动为三国青少年之间的合作提供了非常好的契机，应当持续开展这样的交流与合作，加深对彼此文化的尊重和理解，尤其是青少年是未来的主人，他们之间的交流和相互理解是三国友好的重大基础。

中国公共外交协会会长吴海龙表示，由于疫情等各种原因，这几年中日韩青少年鲜有相聚机会，这次交流活动使三国青少年聚首武汉，增进彼此理解互信，提升了三国青少年间的好感度和认知度。中日韩合作秘书处秘书长欧渤芊表示，活动为三国青年提供了文化交流与共享的平台，三国青少年要以此为契机，加深对彼此的了解和认识，携手共创美好未来。

日籍纪录片导演竹内亮表示，这是他第一次参加多边青年交流活动，今后他将继续走访中国各地，记录真实的中国，促进日本青年人对中国的理解和认知；生活在湖北宜昌的韩国自媒体博主陈荣恩表示，活动期间正值中韩建交30周年纪念日，她将拍摄制作更多好的作品，为韩中两国交流作贡献。四川凉山的彝族小伙苏正民在现场发出邀请，希望日韩朋友去他的家乡大凉山体验中国农村新风貌，感受新时代中国人民的幸福生活。

四、经验启示

回顾此次国际传播实践活动，我们体会到：一是必须着力构建大融合一体化工作格局，统筹国内国外、网上网下、内宣外宣、央媒省媒资源，不断增强重大活动传播的整体性和聚合力。二是必须着力拓展新兴媒体传播渠道，推进媒体深度融合，建强自有新媒体平台引流吸粉，充分发挥各类新媒体端口的功能，深化与境外媒体、商业媒体、社交媒体、自媒体等交流合作，促进各种技术手段、传播渠道、推送方法为我所用。三是必须着力增强国际传播工作力度，适应全球传播格局，改进外宣话语体系，抢占具有世界影响力的境外新媒体平台，充分报道境外嘉宾和友媒记者正面评价。四是必须促进新闻报道创新呈现，坚持效果导向，适应碎片化传播趋势，重视多样化传播需求，跟随互动化传播进程，不断丰富报道形态种类，打造符合受众期待的创意产品。

（作者供图）

促进"Z世代"文化交流　传播中华优秀传统文化
——重庆开展"亚欧青少年自然探索大赛"的探索与思考

重庆市人民政府新闻办公室

为深入贯彻习近平总书记系列重要讲话精神，有效增进中外"Z世代"青少年文化交流，大力弘扬和传承中华优秀传统文化，2021年6月1日至2022年6月，重庆市政府外办、市政府新闻办、市教委、市城市管理局、市文化旅游委、市林业局联合亚欧地区相关机构，共同举办"走进四季·爱上万物"亚欧青少年自然探索大赛活动。经过周密安排、精心筹备和多方协同，活动收获丰硕成果、亮点频出。

一、基本情况

习近平总书记强调，要让广大青少年"亲近自然、了解自然、保护自然，培养热爱自然、珍爱生命的生态意识，学习体验绿色发展理念"。重庆市通过6个市级部门发动、500多家相关机构推动、1600多家媒体、学校联动，策划推动本次活动落地落实，有效增进青少年对自然的热爱，提升了中外"Z世代"文化交流，同时也实现了高站位、大声势、广覆盖的宣传效果。

活动总体共分为春知花、夏知草、秋知树、冬知药4个比赛阶段，共10个子活动贯穿全年。主要包括：春知花·亚欧青少年百花摄影大赛；夏知草·亚欧青少年自然笔记本大赛、"中国草"亚欧青少年文创设计大赛；秋知树·亚欧青少年寻找原乡古树活动、亚欧青少年古树名木讲解大赛；冬知药·亚欧青少年草药标本大赛。同时，穿插开展"百花迎华诞，笑脸祝福党"庆祝建党100周年活动、荣昌非遗"三秀"中国草体验活动、铜梁原乡"三艾"艾草体验活动、南山植物园"夏知草"自然体验活动。累计参加学校4875个次、覆盖

春知花·亚欧青少年百花摄影大赛

夏知草·亚欧青少年自然笔记本大赛

秋知树·亚欧青少年古树名木讲解大赛

冬知药·亚欧青少年草药标本大赛

学生826万人次，征集作品8656件，表彰获奖学生2427名、指导老师488名，建立亚欧自然教育基地46个、亚欧自然教育联校67个。

通过亲身参与，让亚欧青少年代言一株花、一种草、一棵树、一味药，走进四季、爱上自然，在五彩缤纷、万紫千红的大自然里拍百花、画千草、讲万树、制标本，通过拍摄、笔记、解说、制作家乡的花、故乡的草、原乡的树、他乡的药，与万千植物相依相伴、共同成长，让他们留住根、守住魂、放飞梦，让自然和文化涵养中外青少年共同的绿色梦想。

二、自然探索国际传播效果良好

活动受到媒体广泛关注，国内主流媒体、国外媒体及海内外社交媒体都对活动进行了多语种、多形式的宣传报道，扩大活动影响力，取得了良好的国际传播效果。

（一）多平台多形式宣介，国内国际影响力美誉度高

活动以英语、俄语、日语、泰语、越南语、韩语、马来语等8种语言进行了海外全媒体推广，人民日报、新华社、CGTN、中国日报、央视频、光明日报、中新社等中央媒体海外平台等纷纷刊载活动相关报道。在脸书、推特、优兔、图享平台开设活动官方账号，同时通过iChongqing英文网站以及脸书、推特、优兔、照片墙等账号矩阵开展国际传播，推出活动相关稿件和推文1.5万篇

（条）。活动参与学生及家长也在海外社交平台进行了个性化的分享。在重庆日报、重庆电视台、重庆国际传播中心、重庆网络广播电视台、华龙网、上游新闻、智汇八方、新重庆客户端等媒体新闻网站及客户端及时转载重点报道。商业传播平台腾讯、微博、抖音、今日头条、百家号、搜狐等均做了重要稿件的转载推送。

在图文、视频、海报等报道形式基础上，活动还特别注重多元化、分众化传播，创新推出航拍8次、视频直播6场。活动直播通过央视频、人民网、学习强国、光明网、微博、今日头条等平台在国内推送，同时通过推特、脸书、照片墙等海外社交平台向国际推送，国内外观看人数超1118万人次、点赞达2000万个。

（二）参与青少年反响热烈，外籍专家高度肯定

通过深度参与活动，促进中外"Z世代"青少年热爱自然、保护自然的意识，激发他们对中华优秀传统文化的热爱，在交流实践中增进友谊和文化认同。外籍少年Kim DoHyun表示，为了能完成作品，自己非常认真地学习了中医药方面的知识，记住了30多种草药的特征和用途。外籍少年Luna Qiu说，花草树木都是大自然的馈赠，每一朵花、每一株草、每一棵树都是独一无二的，人类应该更加爱护它们，保护好我们赖以生存的地球环境。外籍少年Emiri Kanagawa表示，参加这次活动是一次非常精彩的经历，填补了头脑中一些"空白"，比如以往自己只知道香樟树可以用来制造书架和柜子，现在知道它还可以用来治疗胃肠炎，而这是中国古人早在1000多年前就发现了的，真是不可思议！中国少年胡馨月说，参加活动后发现全世界的小朋友对自然的热爱都是相同的，虽然比赛有得有失，但大家的目标都是一致的，那就是探索自然、保护自然。

对活动的圆满举办，一些外籍专家也纷纷表示肯定。英国人类学学者James Alexander认为，这项活动有助于青少年通过亲近自然树立正确的价值

观，在以后的人生中保持健康包容的心态，避免产生狭隘、偏执的处世态度。丹麦作家Mikkel Larsen表示，开展这样的活动能让青少年学到更多有益的知识，增进对自然的了解，并希望可以在丹麦设立专场，好让自己的孩子报名参加。重庆诺林巴蜀外籍人员子女学校校长Dino Gisiano说，作为参与活动的学校之一，很高兴有机会和各国各地区的学校互相交流并结对，这对学校更好地开展学生自然教学、人文教学非常有帮助。

三、自然探索活动特色鲜明

本次活动是认真落实中宣部《关于加强国外"Z世代"工作的方案》文件精神，以自然文化教育为重要载体，以"Z世代"群体为传播对象开展的重要自然文化交流活动，为传承传播中华传统文化、培养更多知华友华力量作出了积极贡献。

（一）深挖切入点，主题兼顾国际性、话题性、宣介性

在中宣部国际传播局指导下，重庆市政府新闻办主动服务国家外宣大局，认真策划、稳步推进，聚焦"自然""文化"两大热点话题，以润物无声的方式，让"植物同根、文化同源"的理念深植中外青少年头脑之中，让中华传统优秀文化进入海外亿万家庭。抓住青少年对自然的探索欲、求知欲，通过"创作+比赛"创新性的活动形式，搭建符合青少年心理特点的交流交往平台，引导中外"Z世代"营造情感"共通性"与身份"共在性"，建立"参与—互动—传播"的传播机制。活动自策划之初就注重创新，跳出传统办会理念，深度挖掘"交流"和"宣介"的结合点，巧妙将一花、一草、一树、一药和传统时令等文化元素融入作品创作和比赛评选中，探索创新传播方式和交互形式，对外宣介推广效果突出。

（二）聚焦青少年，精心设计活动各个环节和细节

活动着眼中外青少年，聚焦青少年感兴趣的话题，通过引导重庆和亚欧国家的青少年就近走进自己的家乡、故乡、原乡、他乡，代言一朵花、发现一株草、讲好一棵树、认识一味药，以走进自然、爱上万物的方式，培育他们热爱家乡、关注自然的情怀。活动设置百花摄影、文创设计、寻找古树、古树名木讲解、草药标本制作等环节，促进中外"Z世代"群体在人文交流活动中的共同认知、情感共鸣和互动行为。抓住青少年处于价值观念形成的重要窗口期，对中华文明有强烈好奇心理等特点，加大"请进来"和"走出去"工作力度，抓早抓小厚植文化和友谊的种子，培养更多知华友华力量。活动所有环节、细节均紧扣中外"Z世代"青少年这个受众群体，使青少年有更多自然人文获得感、体验感。活动以比赛的方式引导青少年关注生态保护、生物多样性、碳中和、自然科普、物种故事和珍稀濒危植物，为中外青少年热爱自然、保护自然架起了桥梁和平台。亚欧青少年通过一年的时间，走进一千多个自然保护区、植物园以及亚欧地区的山川河流进行实地探访和了解，并把他们在大自然观察到的各种植物拍成照片、写成日记、做成视频、画成笔记本封面、制成标本，让中外青少年在领略自然之美中感悟文化之美、陶冶心灵之美，同时也增强了他们保护大自然、热爱大自然的意识。充分发挥青少年群体的文化活力，最大限度调动他们的积极性，为自然主题的国际交流和中华文化国际传播增添助力。

（三）突出参与感，通过深度体验拓展传播路径

创作作品是沉浸式的脑力活动，参加比赛是倾注情感的精彩经历，热衷于创作、比赛是中外"Z世代"青少年追求丰富人生体验的共同特性。在各项活动设计上，注重将参与感摆在重要位置，力求让参与青少年头脑开动起来、双手活动起来，通过图文、短视频、直播等宣传形式，增强观众代入感，从而扩大传播效果。同时活动还引导中外青少年多层次、多维度的线上交流和参与互动，成千上万的中外青少年将自己在大自然当中观察、拍摄、制作的作品传到推特、优兔、脸书、照片墙等海外社交平台进行展示，特别是重庆的青少年的作品在海外展示后，得到了海外青少年的关注，让他们对中华大地物华天宝、

第六部分 "Z世代"国际传播：影响"影响未来的人"

山川秀丽产生亲近感和好感，使中外青少年保护自然的意识在交流中得到了提高。由此，活动在传播过程中赋能中外"Z世代"青少年，变被传播者为下一个新的传播者，从而激发传播裂变效应。优秀作品还将陆续在海内外社交平台展播，活动影响力持续发酵。

（作者供图）

弘扬历史文化　聆听美丽中国
——成都创新孵化"民乐也疯狂"短视频IP

中共成都市委宣传部　成都传媒集团

成都市全面贯彻落实习近平总书记关于传承弘扬中华优秀传统文化系列重要指示精神，坚定文化自强自信，以承载中华传统文化基因的民乐为载体，创新孵化"民乐也疯狂"短视频IP，成功破圈传播。截至目前，"民乐也疯狂"短视频全网播放量超2亿次，仅优兔平台近20个作品播放量超过10万次，已加入优兔全球合作伙伴计划（YPP）。该项目2022年获得中共中央宣传部"Z世代"专项资助，成为中国传统文化走向海外，面向世界展现可信、可爱、可敬的中国形象的重要品牌。

一、基本情况

"民乐也疯狂"作为传统文化与互联网+结合创新孵化的短视频IP，以"Z世代"为主要创作群体、目标受众，面向高校、社会招募组织民乐乐手，在城市文化场景演奏中华传统民乐，以"民乐艺术+城市文化"形式，创作生产符合海外互联网传播规律的音乐视频，不断提升作品的文化内涵、艺术价值，弘扬中华历史文化。

目前，"民乐也疯狂"创作精品短视频100余条，乐手从四川音乐学院的4名青年发展至今，出镜乐手超过100名，成为国内最受关注的创意团队之一。

第六部分 "Z世代"国际传播：影响"影响未来的人"

演奏民乐乐器竹笛、二胡、古筝、琵琶、唢呐、板胡、笙、打击乐、中阮、埙、箫、尺八等数十种，吹奏、打击、丝竹、弹拨、拉弦五大类民乐乐器全覆盖。演出场景包括成都、北京、上海、深圳、西安、武汉、厦门、长沙、澳门等20余个中国历史文化名城，推介中国城市知名文化地标、新兴生活美学场景200余个。

"民乐也疯狂"在成都新地标熊猫基地"笋子"塔下演奏

凭借优质稳定的内容策划，"民乐也疯狂"在优兔、照片墙、脸书、抖音、哔哩哔哩、视频号、小红书等国内外主流视频平台收获超过120万的用户关注。作品屡获国内外重磅奖项，在中央网信办、共青团中央联合主办的"第五届中国青年好网民"案例征集中入选"优秀故事"，《东盟多国语言X民乐版成都》获第二届中国-东盟友好合作主题短视频大赛铜奖。《民乐也疯狂》与《只此青绿》《舞千年》《冰雪中国》等文化作品一并受到国家广电智库肯定，成为国际传播内容扩展到音乐、舞蹈、体育运动领域的典型代表，展现当代中国人生活方式、文化传统，引导各国民众认同喜爱中华文化。

二、主要做法及成效

"民乐也疯狂"致力于推进中国故事和中国声音全球化、区域化、分众化表达，以传统民乐为纽带、以大美中国为舞台，柔性开展海外传播。

（一）主动融入国家外宣活动，积极奏响主旋律

立足国家重大活动、重要节点，用传统民乐传播中国声音。为庆祝澳门回归祖国21周年，"民乐也疯狂"在成都丹景台取景，演奏《七子之歌》，被新华社列为重点推广选题，人民日报、中联社、团中央等多渠道转发。庆祝香港回归祖国25周年之际，与香港艺人周柏豪联动，共同奏响《狮子山下》，登上央视庆祝香港回归特别节目，优兔、照片墙平台播放量均超10万次。为迎接党的二十大胜利召开，与新华社联合精心策划，合作拍摄"百筝齐鸣"主题短视频，联合10个城市、100位古筝乐手，采用"民乐合奏+合唱团"形式，齐奏歌曲《万疆》，献礼党的二十大。目前，正面向"一带一路"沿线国家和地区，联动百名"Z世代"影响力人物征集主题作品，配合我国主场外交活动在海外社交媒体发布，持续增强国际传播力。

在成都武侯祠红墙映衬下，百筝齐鸣共奏《万疆》

（二）突出内容风格特点，传播中华历史文化

在选题策划上，紧扣中国传统节日节庆，创作鲜活立体的中华文化传播精品，展示传统文化魅力吸引受众。新春伊始，在成都洛带古镇客家土楼里，策划演奏符合中国传统佳节氛围的《囍》，全网播放量超过2000万次，其以独特内容风格，吸引海内外关注。秋分时节，在成都平原郊外"中国农民丰收节"现场，策划演奏《稻香》，优兔、照片墙播放量两小时突破10万次。端午节期间，推出特别策划《离骚》，以"Z世代"青年视角"忆屈原、祝安康"，视频在CGTN全球播出，央视网、学习强国首页推荐，China Plus、Culture-facebook、熊猫之城优兔、照片墙等海外新媒体平台同步播放，覆盖160多个国家和地区、超过1.5亿观众。《环球时报》高度评价"民乐也疯狂"内容创作，英文版整版推介报道。

（三）精选全国民乐场景，展示大美中国形象

将中国传统乐器、当下流行音乐、中国城市地标场景结合，创作兼具民族文化特色和城市风貌风格的传播精品，面向海外展示立体多样的中国形象。首条短视频《起风了》，在成都百米楼顶停机坪，民乐声融合成都远近城市地标，公园城市图景徐徐铺开，画面张弛有力，乐曲婉转生动，视频一经推出，即收获海内外播放量近1000万次，引发广泛关注。"民乐也疯狂"IP以成都为起点，团队拍摄足迹遍布全国，北京故宫场景下的《霍元甲》、万里长城上的《千里之外》展示了中国悠久历史和雄伟建筑，在杭州拍摄的《九张机》展现了江南园林的精致文雅，上海黄浦江的《江湖撰事录》充满了科技文创风。

（四）加强联动跨界协作，提升海外传播力影响力

以优质内容创作为依托，加强与乐团、乐手、歌手、媒体、部门、学校协作，借助专业优势、品牌实力和海外渠道，强强联合，提升国际传播力和影响力。五四青年节，联合四川交响乐团17位乐手共同演奏《曼声长歌》，以赵一曼的故事为背景，鼓舞"Z世代"青年的爱国热情。与成都七中学生乐团联合

演奏《孤勇者》，与新华社共同策划创作《万疆》，跨界联合粤剧大师、非遗醒狮演出《雄狮少年》《拜新年》等曲目，充满趣味性和民俗风格。联合共青团中央、CGTN、央视网等机构策划《离骚》，充分借力央级媒体海内外全媒体平台扩大传播，协作类视频海内外平均阅读量1000万次。

中外乐手、中西乐器珠联璧合创作《爱乐之城——成都》

三、思考与启示

（一）以中华文化为源泉，构建对外话语新体系

习近平总书记在党的二十大报告中指出，坚守中华文化立场，提炼展示中华文明的精神标识和文化精髓，增强中华文明传播力影响力。"民乐也疯狂"从民俗、节庆等历史文化中挖掘内容，进行创造性转化、创新性表达，在国际互联网语境获得认可。这种探索表明，把"中国"作为最大IP资源，找准中华传统文化内核，打造对外传播新话题、新内容，构建对外话语新体系，推动中华文化更好走向世界。

（二）以传统民乐为纽带，探索国际传播新形式

音乐是世界共通语言，是人类情感外在表达。通过音乐普世性对外呈现，更易于受众接受和认同。"越是民族的，就越是世界的"。"民乐也疯狂"植

第六部分 "Z世代"国际传播：影响"影响未来的人"

"民乐也疯狂"在广州地标"小蛮腰"前演奏《春节串烧》

根民族传统、创新表现手法，以民乐为纽带，将传统民族乐器、现代流行曲风、传统文化节日、现代城市地标有机融合，以国际传播最可视、最可感的短视频为媒介，利用音乐这一全世界人民都能"无障碍交流"的艺术形式，采用突出风格差异的表现手法，结合生动有趣画面，将中国现代鲜活立体城市形象带向国际舞台，探索出一条国际传播新思路。

（三）以"Z世代"为重点，开创国际传播新局面

"Z世代"是移动互联网原生代，偏爱社交媒体和新潮表现形式。"民乐也疯狂"创作伊始，即以"Z世代"为主要创作群体，签约参与拍摄的百余名乐手全部为"Z世代"青年，用全新理念诠释传统文化，提升了内容品质和国际影响力；以"Z世代"为主要目标受众，用精美短视频、新潮民乐等传播形式，增强中华文化在海外青年群体的感召力与亲和力；依托优兔、推特、脸书、抖音国际版、哔哩哔哩等全球社交媒体和短视频平台进行推广，讲好中国故事，扩大海外受众群体，增强了传播的有效性，不断开创国际传播新局面。

（作者供图）

第七部分

创新方式方法:
探索提升国际传播效能新路径

"外眼看贵州"外宣品牌探索地方国际传播新路径

贵州省人民政府新闻办公室

发挥地方特色优势，用国外受众易于接受，听得懂、听得进的语言讲好中国故事，增强传播的亲和力和实效性，是中央对于地方国际传播工作提出的要求，也是贵州国际传播工作近年来探索的方向。

"外眼看贵州"外宣品牌是贵州省委宣传部（省政府新闻办）按照中央要求，立足国际视野，正确把握传播规律，深入挖掘地方资源，充分运用讲故事这一国际传播的最佳方式，运用"借嘴说话"的方法，让多彩贵州进一步走向世界，用地方形象助推树立中国形象的创新探索。

一、积极参与主场外交，用贵州发展故事印证中国发展现实

"外眼看贵州"外宣品牌牢牢把握正确政治方向和舆论导向，以新时代十年贵州生动实践彰显习近平新时代中国特色社会主义思想真理力量、实践伟力、世界意义。各类国际外交场合为我们做好外宣工作提供了最佳契机，2021年，贵州省积极争取"国际青年中国行"活动来到贵州，精心安排活动线路，精准提供贵州素材，来自8个国家的青年领袖首站走进贵州，了解贵州在脱贫攻坚、生态保护、大数据产业发展、科技创新等领域的发展情况，了解中国共产党党史，了解贵州作为习近平总书记称赞过的党的十八大以来党和国家事业大踏步前进缩影的真实面貌，以贵州的发展实际让来访嘉宾深刻感受到百年来

在中国共产党领导下中国取得的突出成就，贵州行中两位青年门杜、谭嘉煦（Joshua Domicick）作为该活动的外籍青年代表给习近平总书记写信汇报此次活动后对中国的体会，获得总书记回信，寄望外籍青年为构建人类命运共同体贡献力量，回信得到央视《新闻联播》头条播报。举办"中外青少年口播中国·脱口秀中文活动（贵州站）"，吸引了来自海外30多个国家和地区100多名青少年主动担纲"多彩贵州讲述人"，他们通过视频、图片等方式向海内外讲述"我与贵州"的故事，吸引海内外广泛关注。其中，仅以"打卡吧！贵州"为标签的微博话题浏览量达到了1139.6万次，"全球中外青少年线上交流会"直播活动1小时内同时在线观看人数达到623万人。

二、精准对接受众口味，树立可信、可爱、可敬的中国形象

"外眼看贵州"外宣品牌探索初衷就是立足受众立场，从国外不同受众角度选取其可信、可亲的人物和方式来讲述贵州故事。针对国外对中国有一定研究深度的观众，我们制作投播了观点类产品《从世界到中国——对话贵州》高端访谈节目，邀请了热情为中国发展代言的厦门大学外籍教授潘维廉、Discovery探索传媒集团副总裁及著名纪录片制作人魏克然、清华大学外籍教授福鑫、北京师范大学教授大卫·巴拓实等从各自不同的研究角度，对贵州在脱贫攻坚、乡村振兴、大数据发展、文化旅游、生态文明建设等方面成效进行深入浅出的阐释解读，用贵州案例帮助国际社会更深刻理解中国式现代化的主要特征。针对国外"Z世代"青年，策划制作《第三只眼看中国——多彩贵州篇》，邀请不同国家网红主播来到贵州，以各自不同的视角、不同的拍摄手法，向不同的粉丝群体讲述贵州自然人文、非遗文化、山地运动、大数据发展等故事，把我们想说的通过外籍网红主播变成其粉丝想听的。系列短视频海外社交平台投播仅2个月，总阅读量就达3139万次，总观看量449.6万次，互动量30.1万次；海外通讯社及网站累计转载5214次，总阅读量8603万次；国内平台

第七部分　创新方式方法：探索提升国际传播效能新路径

《从世界到中国——对话贵州》高端访谈之　　　《大V说贵州》英日俄三语种百集系列片
"魏克然——宝藏贵州为何极具吸引力"海报

总观看量1.34亿次。外交部发言人华春莹在其推文中也引用该项目中视频点赞贵州风光，取得良好传播效果。

三、深耕地方特色文化，生动讲述贵州故事

文化认同是最基本的认同，也是最深层次的认同。中华文化积淀着中华民族最深沉的精神追求。"外眼看贵州"系列充分挖掘贵州多彩文化特色，借助外籍人士力量，融入各类外宣产品。创新策划《大V说贵州》百集系列多语种短视频，以中华优秀传统文化、古朴浓郁民族风情、神奇秀美自然风光为切入点，通过音乐、美食等人类共通的语言，通过海外视频分享平台及社交媒体平

279

台进行传播，观看量超过157万次，总播放时长超过300万分钟，让中国声音、贵州故事传遍全球。策划制作《有朋自远方来》国际传播轻综艺节目，由贵州少数民族大学生邀请外籍留学生朋友在假期来到各自民族村寨作客，体验贵州各民族同胞像石榴籽一样紧紧团结在一起的真实生活，融合发展的生动故事。

《第三只眼看中国：多彩贵州篇》之《美国一家人在侗寨的惊喜发现》

"外眼看贵州"外宣品牌为什么有力量？重要的不仅是外籍人士的这个身份，更是被尊重的立场、被真实呈现的人物关系，以及被真实记录的体验过程，主要有以下几个方面的价值呈现：

一是"真实"让外国人讲中国故事的可信度更高。在《第三只眼看中国：多彩贵州篇》中，8位外籍主播用vlog的方式记录下自己在贵州的所见所闻，一切表达都变得真实、客观且有趣。片中随笔式的记录既彰显个人的兴趣爱好，又有一些对贵州发展的个人思考，既体现小温暖，又带有无偏见的认知。在《帅小伙亚当的"梵天净土"之旅》一集中，作为旅游爱好者的他，以游客的身份来到贵州，在世界遗产梵净山，他被茫茫云海所震撼，也被这里对野生动植物保护所做出的努力所感动。该视频共计663条外媒网站转载发布，实现总阅读量1090万次。有外国网友直接在视频下评论道："这简直太美了，一定要去贵州旅游。"

二是"尊重"让中国故事跨文化传播更有效。在《第三只眼看中国：多彩贵州篇》番外片中，意大利籍主播瑞丽直接是被赋予外国人讲述故事和传播故事的权利，拍摄的过程中，主创团队没有给瑞丽提出任何"宣传"的需求，充分发挥了vlog创作的自主性，通过"第一现场"呈现，她深入贵阳的大街小巷，凌晨一点去体验贵阳夜市生活、五点去排队买贵阳网红"糯米饭""老素粉"，等等，她的真实需求和真实体验，为"传者"与"受众"创造了对话的可能，让中国故事的跨文化传播获得巨大反响。《老外在中国喜欢凌晨出门，因为永远不知道，在中国凌晨会发现什么》单集网络传播量一天突破200万，登上哔哩哔哩热搜榜。

三是"自信"让中国形象可信、可爱、可敬。对外传播的关键是要把中国的价值和中国的真实状况呈现出来，让世界更好地理解和了解。在《从世界到中国——对话贵州》系列高端访谈节目中，我们立足于近十年贵州取得的历史性变化和成就，充分发挥"意见领袖"在国际传播中的引导作用，邀请原巴西旅游部部长、工业和贸易部副部长福鑫，Discovery探索传媒集团副总裁、著名纪录片制作人魏克然等外籍专家对贵州的发展变化进行解读，通过贵州一域之成就向世界展示中国方案和中国智慧，提升中国话语说服力，为中国在当前国际舆论场斗争中赢得主动和先机。

四是"融通"让传播效益实现最大化。互联网时代，对外传播的主体已经不仅仅局限于传统媒体和传统认知的范畴，而是呈现出日益丰富、多样的传播格局。从地方的角度，既要依托中央和国外主流媒体"走出去"，也要注意到社交媒体的赋能使得"人人都是麦克风"，人人都是国际传播的重要参与者，要不断强化互联网思维，善用新媒体新技术，把握国际传播领域移动化、社交化、可视化的趋势，充分发动自媒体、"草根"、外国人等加入讲故事行列，共同构建国家和地方形象。

四、总结

  以外眼看中国，以老外的视角讲述中国故事、传播中国声音，丰富和提升讲好中国故事的外宣话语，是落实习近平总书记"要精心做好对外宣传工作，创新对外宣传方式，着力打造融通中外的新概念新范畴新表述，讲好中国故事，传播好中国声音"重要论述的有力举措，必将会吸引更多外国人士关注中国、了解中国、来到中国，扩大国际合作的"朋友圈"，对新时代我国对外宣传工作具有长远的战略意义。

（作者供图）

中华优秀传统文化创新走进美国中小学课堂
——"秦兵马俑数字教育"国际传播案例

中共陕西省党委宣传部　秦始皇帝陵博物院

博物馆作为社会公共文化服务机构，肩负着文明交流互鉴的历史责任，博物馆文物是国家的文化"金名片"，为海外民众了解中国优秀传统文化提供了重要窗口。在新媒体时代，博物馆内外环境的深刻变化提醒我们：博物馆必须紧跟时代脉搏，不断扩展社会功能，顺应博物馆文物数字化的时代发展需要，利用数字技术进行世界范围内的保护、研究、展示和宣传。

一、案例背景

2017年，秦始皇帝陵博物院开展"互联网+中华文明"行动计划，该计划的实施，积极推进了文物信息资源的开放共享。2010年美国史密森尼学会提出创建数字化史密森尼计划，"史密森尼学习与数字访问中心"诞生。该中心利用先进的网络传播系统，为个人学习者通过网络平台最大限度地获取博物馆丰富的藏品资源、项目信息和学习资源开发模式和方法。秦始皇帝陵博物院以此为契机，将"互联网+中华文明"创意行动计划和史密森尼线上平台相结合，推出"秦兵马俑数字教育"项目并分期上线秦文化学习模块，探索优秀历史文化海外传播新模式。"秦兵马俑数字教育"是以秦文化和秦始皇帝陵博物院的文物数字资源为核心内容，根据美国多个中小学课程标准和哈佛大学教育学院思维训练课方法，依托美国史密森尼数字教育平台创建的线上教育项目，由秦始皇帝陵博物院、西安电子科技大学、美国史密森尼学会等单位共同研发。该项目立足专业角度解读文物，旨在通过博物馆数字资源，为美国青少年学生讲述中国古代文明，特别是秦文明的内容，激发学生的学习兴趣，并提高海外青少年对中华优秀传统文化的理解与认知，同时探索加强中外博物馆教育合作的新途径。

史密森尼数字教育平台为美国及英语语言国家公众提供免费公共教育服务，是美国中小学生师生在社会、艺术及历史等学科方面教学和学习知识的主要来源之一，同时也是众多海外学习者、研究者进行跨文化研究的专业资料来源。

二、主要做法

项目组按照受众本位理论，详细研究美国中小学教学大纲、教育标准及哈佛大学教育学院思维训练课方法，依据《大学、职业和公民生活框架——社会科课程国家标准》《国家核心艺术标准》《艺术大学预修课程》《共同核心国家标准》和《历史课程标准》等五个适用范围更广的美国中小学课程标准，细分美国中小学各阶段课程需要，持续创建美国中小学艺术教育、社会教育和历史教育等学科的数字教育课件，并运用科学的方法评估其在美国中小学及其他教育机构的应用，每个季度进行所有数据分析并做出报告；另外还抽样进行学校课堂调研、问卷调查和不同形式的访谈，收集老师和学生关于使用本项目的反馈信息，以便完善和加强项目薄弱环节。该项目目前已完成关于美国中小学艺术、社会和历史3个学科12个模块的内容并在史密森尼数字教育官方网站和海外主要社交媒体上推广宣传。

借助史密森尼学会主流学习平台在美国教育领域的权威性和影响力，"秦兵马俑数字教育"项目于2017年以博物馆数字资源的形式逐步进入美国中小学课堂。通过课件的新颖性和便利性，引起美国师生对秦文化学习的兴趣和热情，启迪美国中小学生对中华优秀传统文化的理解与认知，拓展了中美博物馆数字资源教育合作新领域。2022年2月，美国博物馆联盟将"秦兵马俑数字教育"项目内容收录进其数字教育库，该项目是唯一被收录在美国博物馆联盟数字教育库的中国博物馆数字教育资源。这是继美国史密森尼数字教育平台之后，秦文化在美国推广和传播的又一主流公共学习平台。此外，为适应更多群体，特别是广大海外青少年的学习和浏览特点，2022年，项目组还在拼音国际版、脸书、推特、优兔上分别创建"秦兵马俑数字教育"账号，并采用相关短视频进行推广宣传。

另外，在该数字教育项目的基础上，秦始皇帝陵博物院联合西安电子科技大学为美国学生分阶段（正常教学季和寒暑期）开展"秦陵兵马俑云上课堂"线上活动。自2021年10月以来，美国东部城市的育英小学（Washington Yu Ying Public Charter School）、西德维尔中学（Sidwell Friends School）、MKA中学(Montclair Kimberley Academy)、北卡罗纳州夏洛特分校（North Carolina at Charlotte）等学校的数百名学生通过云端，以进入直播课堂和观看录播课程的方式参加"秦陵兵马俑云上课堂"线上教学活动。在参加线上教学之前，学校老师都会带领学生先进行"秦兵马俑数字教育"的学习。帮助其了解秦陵秦俑的考古发掘、保护修复和文物背后所蕴含的历史、艺术及科学价值，真切感受世界第八大奇迹的魅力，加深对中国古代历史文化的理解与认知。

总之，"秦兵马俑数字教育"项目采用"中国博物馆—美国主流学习平台—美国课堂—美国中小学师生"路径，贴近美国中小学不同群体受众需求特点，采用精准传播方式，让中华优秀传统文化和美国中小学课堂握手，形成课堂教育的长远影响。选择权威平台、优化渠道、传播持续创新是该项目有力推进的关键点。

"文物医院"开展"秦陵兵马俑云上课堂"直播活动

三、创新亮点

"秦兵马俑数字教育"为持续性开展项目。2021年至今，在项目前期成果的基础上，项目组充分利用秦始皇帝陵博物院文物数字资源，深入挖掘博物馆文物内涵及文物背后的故事，融合贯通博物馆教育"讲什么、为何讲、给谁讲、如何讲"的内容及形式，除了继续研究、编撰和设计适用美国中小学课堂的系列英语课件模块并在史密森尼数字教育平台上对公众免费开放外，为了使项目效果更具直观性与趣味性、更贴近使用者所在地域，教育的实际需求与要求，项目组于2011年底开展了"秦陵兵马俑云上课堂"项目，对"秦兵马俑数字教育"项目进行了延伸与扩展。通过"秦陵兵马俑云上课堂"，秦始皇帝陵博物院的老师们对远在美国学校的学生们进行异地面对面线上教学，课堂气氛活跃，互动性强，同学们能积极主动地参与到课程当中，每节课都受到师生的一致好评和喜爱。

　　加大项目的合作广度和深度，丰富文化交流内容，扩大海外受众覆盖面，有效地讲好秦俑故事，传播好中国声音，是本项目持续发挥世界遗产地在国际文化交流中的目的与宗旨。"秦兵马俑数字教育"及"秦陵兵马俑云上课堂"这种不受时空限制的教育形式有利于将博物馆文物藏品蕴含的历史、科学、艺术及审美价值准确、即时、便捷地传播到美国中小学课堂，进而对探索中华优秀历史文化海外传播的方式及路径多有裨益，同时也开创了博物馆教育国际交流的新视野和新思维。

"我是文物修复师——学修兵马俑"线上教育体验活动

四、案例意义

　　本项目是秦始皇帝陵博物院与美国史密森尼学会数字教育资源的首次合

作，为中华优秀传统文化海外推广和传播提供了基于互联网语境的线上传播新模式，为更广泛的中外博物馆教育合作探索出新路径。特别是在后疫情时代，研究利用不受时空条件限制的博物馆数字教育合作，能够拓宽博物馆的教育实现路径，对世界遗产地的可持续发展具有深远意义。

博物馆国际交流合作是中华文化海外传播的重要手段之一，也是展示国家形象、提高文化软实力的有效途径。此次中美博物馆数字教育的合作，成为中美博物馆之间数字化合作的先驱和典范。在海外讲好中国故事需要途径、需要氛围语境、需要方式方法，更需要与时俱进。在互联网语境中，在跨文化传播的层面，如何利用好当下流行的数字化技术和互联网平台，秦兵马俑史密森尼数字教育尝试出新思路与新方法，有较强的借鉴意义和推广价值。

（作者供图）

搭建视听传播的"广西枢纽"畅通面向东盟的"视听桥梁"

——以第四届中国—东盟视听周为例

中共广西壮族自治区党委宣传部　广西壮族自治区广播电视局

一、基本情况

2019年2月20日，中国—东盟媒体交流年开幕式在北京举行，中国国家主席习近平向开幕式致贺信，希望双方媒体做友好交往的传播者、务实合作的推动者、和谐共处的守望者，讲好共促和平、共谋发展的故事，为共建更为紧密的中国—东盟命运共同体作出更大贡献。为深入贯彻落实贺信精神，国家广播电视总局、广西壮族自治区人民政府共同主办中国—东盟电视周。这是首个由国家广播电视总局和省区联合举办的国际性电视周，旨在通过联合制作、互译互播、评选推优、展览交易、技术研讨、学术研究、人才培养、项目合作等方式推动中国与东盟各国广电视听内容交流交易、技术交流创新、平台共建共享、文化互通共融。

中国—东盟电视周作为中国—东盟媒体交流年保留项目，每年举办一届，自2019年以来，已连续举办四届，并于2022年根据国家广播电视总局的统一部署紧跟新时代广电视听业态发展新趋势，从"电视周"升级为"视听周"。广西壮族自治区广播电视局以中国—东盟视听周组委会秘书处名义牵头承办系列活动，精心谋划每届活动，以"中国—东盟视听周"（以下简称"视听周"）

为契机，进一步打造中国—东盟媒体领域互联互通、互学互鉴的机制性平台，全方位推动中国—东盟视听领域的交流合作。

2022年9月6—13日，第四届中国—东盟视听周在广西南宁成功举行。本届视听周邀请柬埔寨新闻部共同主办，以"新时代 新视听 新机遇 新未来"为主题，充分调动青年力量和视听力量，促进中国—东盟视听交流合作，赋能中国—东盟视听创新发展。本届视听周举办了第四届中国—东盟视听周开幕式和闭幕式、中国—东盟青年主播创造营（第二季）、中国—东盟视听周译制展播活动、2022中国—东盟视听传播论坛、中国—东盟友好合作主题短视频大赛优秀作品展播，发布《中国—东盟视听国际传播十年发展报告》等"五活动一报告"，聚焦展现中国和东盟国家深化广电视听合作的"非凡十年"，积极探讨和展望未来合作与发展，取得多项成果。

二、主要经验和做法

（一）强化活动顶层设计，紧扣国家外交政策和外宣方向

本届视听周围绕重大外交活动、重要时间节点筹备设计系列活动，按照中央赋予广西的"三大定位"，积极融入国家"一带一路"建设、"西部陆海新通道"建设，全面展现"非凡十年"，组织撰写发布《中国—东盟视听国际传播十年发展报告》，致力推动视听周成为践行中国—东盟"友好交往的传播者、务实合作的推动者、和谐共处的守望者"的重要平台。

（二）拓展对外合作模式，实现活动"联动海内外，线下走进东盟"

本届视听周实行海内外多方位联动，拓展视听合作模式。活动邀请柬埔寨新闻部共同主办，联合柬埔寨国家电台、柬埔寨国家电视台共同承办系列活动，邀请柬埔寨、缅甸、老挝部级领导视频致辞。在国家广播电视总局国际合作司的支持下，视听周译制展播活动实行"双向互译互播"，既推动国内视听作品"走出去"，又将海外优质视听作品"引进来"，同时联动国内10个省区

共同展播东盟优秀视听作品。宣传方面，充分调动柬埔寨国家电视台、柬华日报、泰国TNN新闻频道、脸书、抖音国际版等海外媒体平台打开国际宣传局面。视听周开幕式晚会线下创设中国南宁和柬埔寨金边双会场，并进行线上联动。

2022中国—东盟视听传播论坛高端对话现场

（三）整合平台资源和外宣力量，助力建设以广西为枢纽的对外宣传机制性平台

本届视听周将宣传任务压实到活动承办方，同时由视听周组委会宣传组进行融合统筹，统筹央媒、区媒、市媒、县媒及海外媒体平台各级媒体资源，实现宣传效果最大化，充分发挥广西"一湾相挽十一国，内外联动东中西"的区位优势，助力形成以广西为枢纽，以中国—东盟视听周等活动为支点，"10+1"多国共同推动，中国—东盟视听传媒机构广泛参与，数千部作品双向传播的交流合作新格局。

（四）紧抓青年力量和视听力量，畅通面向东盟的传播渠道

第四届视听周深入贯彻落实习近平总书记关于加强和改进国际传播工作的指示和关于青年工作的重要论述，继续举办中国—东盟青年主播创造营和中国—东盟视听周译制展播活动。以青年力量和视听力量推动中国—东盟人文交流合作不断深化。青年主播创造营以青年的角度，以网络直播、短视频微记录的方式，生动讲述在RCEP（区域全面经济伙伴关系协定）实施下中国与东盟的新合作、新机遇，本季共制作了17条短视频在海内外各大媒体平台推出，发布研学动态信息合计近1000条，已有69家媒体平台发布青年主播研学短视频，视频总阅读量、播放量超210万次。

三、工作成效

（一）紧扣主题主线，把握时代需求，积极服务建设中国—东盟命运共同体

一是坚持以习近平总书记关于加强和改进国际传播工作系列重要论述为指导，策划视听周活动方案。本届视听周坚持以习近平主席致2019年中国—东盟媒体交流年贺信精神、致第18届中国—东盟博览会贺信精神、在中国—东盟建立对话关系30周年纪念峰会上的重要讲话精神和致第五届中非媒体合作论坛贺信精神为根本遵循，按照中宣部和国家广播电视总局2022年国际传播工作有关要求，以全域联动、务实合作为原则，结合广西区位优势，高站位、大格局精心策划活动方案。在国家广播电视总局国际合作司和广西壮族自治区党委宣传部的精心指导下，《第四届中国—东盟视听周总体方案》充分体现主动对接国家外宣工作格局、服务中国和东盟双方视听交流需求、积极服务建设中国—东盟命运共同体的指导思想。

视听周开幕式设置"新时代——视听传播，逐梦十年"篇章，展示中国—东盟广播电视和网络视听领域的合作，开启双方视听交流合作新时代。中国—东盟青年主播创造营（第二季）以"逐梦这十年"为主题，以中国和东盟青年视角讲述中国和东盟各国十年发展故事，凝聚青年力量，激发青春活力。2022中国—东盟视听传播论坛纳入第19届中国—东盟博览会高层论坛，现场发布并解读《中国—东盟视听国际传播十年发展报告》，全面展现中国—东盟视听交

第七部分　创新方式方法：探索提升国际传播效能新路径

第四届中国—东盟视听周启动仪式

流传播"非凡十年"，并在高端对话环节设置"大视听""未来电视"等话题进行碰撞探讨，为推动中国—东盟视听交流发挥出行业引领和智库支持作用。

二是立足行业特色，把握视听行业发展趋势，将"电视周"升级为"视听周"。第四届中国—东盟视听周将活动范围从单纯的电视渠道，拓展到了广播、电影、网络视听平台，实现视听周平台的服务性和有效性不断提升。通过进一步深挖中国—东盟视听周文化内涵和品牌资源，拓宽中国—东盟媒体交流合作渠道，推动一批合作项目落地，促成一批视听产品交易，搭建多种共享平台，实现各方技术交流合作等实际成效，辐射带动电视、广播、电影和网络视听平台等中国—东盟视听产业发展，全方位提升中国—东盟视听周品牌价值，进一步筑牢人文交流和民心相通的基础。

（二）落实疫情防控，创新视听科技，拓展中国—东盟视听交流合作新形式

中国—东盟视听周组委会秘书处克服疫情带来的影响，严格贯彻落实疫情防控措施，创新使用视听新技术，将视听周办得既安全又精彩。

一是拓展中国和东盟国家线下交流互动，做到"安全""交流"两不误。在确保疫情防控措施落实落细的前提下，视听周线下举办开幕式和2022中国—东盟视听传播论坛。在中国—东盟青年主播创造营（第二季）为期1个月的研学阶段，来自7个国家的24名青年主播走进中国南宁、钦州、成都及柬埔寨金边开展线下研学活动。视听周期间，疫情防控措施完善得力，执行高效到位，保证了视听周疫情"零发生零感染"，真正做到"安全""交流"两不误。

二是突出"双向互译互播"，实现中国和东盟国家云上共享视听盛宴。视听周开幕式首次创新设置中国（广西南宁）与东盟国家（柬埔寨金边）"1+1"双会场形式，两地以网络视频的方式互动，中柬两个会场的演员在"云上"同跳柬埔寨的传统舞蹈、同唱中国经典影视歌曲、双语同译一部剧，并一同云游打卡、体验传统文化。通过大量创意互动，创新融合中国与东盟国家的文明互鉴、文化交往，拓展了中国和东盟各国视听文化往来交流的新形式。译制展播活动实现"双向互译互播"，共有49部共计178集优秀视听作品在中国、柬埔寨、泰国、印尼、越南、老挝、缅甸等7个国家的61家主流媒体频率频道和新媒体平台播出。

三是展示广电视听新技术，方案应用可视化。2022中国—东盟视听传播论坛举办期间，活动会场设置广电视听新技术和应用展，以"线上+线下"的形式展示广电5G、云计算、大数据、人工智能等方面的新技术、新产品、新服务，为观众呈现新时代广播电视和网络视听公共服务的新模式。

（三）探索联动机制，深化务实合作，推动中国—东盟视听合作项目落地见效

本届视听周以活动承办为契机，充分发挥机制性平台作用，持续深化务实合作，取得丰硕成果。

一是推动中国—东盟视听交流合作项目落地。2022中国—东盟视听传播论坛为中国—东盟广播电视和网络视听交流合作项目提供交易平台，推动项目落地落实，实现互惠共赢。论坛期间，共有10个项目通过线上和线下的形式进行签约。签约项目较往届覆盖范围更加广泛，涵盖广电视听领域战略合作框架协议、东盟市场合作项目开拓、中国—东盟跨境电商直播合作、内容合拍合作、视听节目播出授权和海外发行等多个方面。项目的签约落地，将为进一步推动中国—东盟人文交流和民心相通注入强大动力。19位中国和东盟国家的专家、学者在论坛上聚焦中国与东盟国家在广电视听领域的交流合作经验与前景，围绕RCEP背景下广电视听产业的机遇与挑战，以及广电视听技术创新展开深入讨论交流，积极为广电视听传播新技术、新业态、新内容发展献言献策，让听众深入了解行业发展趋势，感受未来视听发展变革。

二是探索多平台协同联动合作机制。筹办初期，视听周组委会秘书处面向全国征集视听周各项活动方案，联合承办活动，调动全国广播电视和网络视听行业以视听周为窗口参与开展面向东盟的人文交流。展播活动协同广东、福建、四川、海南、重庆、甘肃等10省市区共同参与中国—东盟视听周译制展播活动。视听周展播节目覆盖海外观众人口约2亿，海外新媒体平台点击率超500万次。

（四）打通多层渠道，构建传播矩阵，形成海内外宣传新格局

本届视听周宣传工作通过畅通渠道、资源整合，统筹央媒、区媒、市媒、县媒分层次、全平台发稿，海外媒体平台赋能支持，构建了新的联通海内外、畅达区市县的合力传播矩阵，为视听周期间各项活动开展营造良好氛围。

中国—东盟青年主播创造营（第二季）在境内外再次引发关注，已有人民日报、新华社、中央广播电视总台、柬埔寨国家电视台等115家国内外媒体平台重点报道研学盛况，新闻报道近300篇，相关话题量超百万。央视新闻频道、经济日报、广西日报、广西广播电视台、柬埔寨国家电视台、柬华日报、泰国TNN新闻频道等在内的多家海内外媒体平台，爱奇艺、咪咕视频、抖音、快手、广西视听等新媒体平台对视听周进行了报道传播，发布相关稿件800余篇，发稿量及转载量均是历年之最。

四、思考和建议

广西作为中国—东盟开放合作的前沿和窗口，"一带一路"有机衔接的重要门户，在深化中国与东盟国家交流合作上具有不可替代的战略地位和作用。为更好开展面向东盟的视听交流活动，推动中国—东盟媒体领域合作不断走深走实，对于今后工作我们有如下思考和建议：

一是以中国—东盟青年主播创造营等活动为实施载体，开展国际青年视听传播计划面向东盟地区的活动，促进国际青年人才在视听传播领域的创意分享、理念沟通、内容合作与研学互访等方面的交流合作，为建设更为紧密的中国—东盟命运共同体奉献青春智慧。

二是以中国—东盟视听产业基地为着力点，发展广西广播电视和网络视听产业。通过在中国—东盟网络视听产业基地设立中国—东盟广电技术联合实验室或创新中心，引进国内一流科技创新资源入驻，整合国内大学、科研院所、企业资源，构建"南宁渠道"，吸引东盟籍科技人才入桂工作，共同开展面向东盟国家的科技创新合作研发，集中力量开展科技攻关、人才培养和技术示范，培育孵化智慧广电新技术应用。提升基地运营能力和产业支撑能力，为中国—东盟人文交流发挥积极作用。

三是实施"中国—东盟合拍计划"，打造国际化传播视听精品。围绕双方在政治、经济、文化、体育、旅游、社会发展建设中友好合作、互助互惠、共同发展的主题特点合拍制作纪录片、专题片、系列短视频等精品视听节目。组织参加中宣部、外交部、国家广播电视总局等对外传播推优扶持评选活动，积极参加国际影视节展，推动国际化传播。

（作者供图）

与时代同频共振
——宁波微电影节的文化出海之路

宁波市人民政府新闻办公室

春耕夏耘，秋收冬藏。2022年9月，在收获的季节，第七届宁波微电影节全球征片正式开启，意味着一场专属于短片创作的电影人的盛会的到来。作为中国大陆唯一被国际短片联盟（SFC）认可的电影赛事，每年活动举办期间，会吸引来自全球各地众多电影从业者参与其中。

2022年宁波微电影节选定印度尼西亚为主宾国，旨在借助印尼G20轮值主席国东风，依托宁波微电影节（NSFF）与印度尼西亚MINIKINO电影周（MFW）两大影节品牌共建合作，加强影片海外巡展，提高海外传播声量。印度尼西亚驻沪总领事戴宁为本届电影节发来贺电，祝福所有参与本届电影节的制片人、演员、编剧、导演取得成功，同时表示，印度尼西亚与浙江（宁波）一直保持着友好关系，多年来双方经贸往来呈指数级增长。今后双方将继续保持合作，在表演艺术、文化娱乐、电影等领域搭建两国文化交流的桥梁。

一、从地方到国际，NSFF与时代同频

随着新媒体的发展和新技术对传媒领域的影响日增，短视频平台异军突起，电影领域为了适应以信息碎片化为代表的新媒体技术环境和以大众文化消费为代表的新欣赏习惯，产生了一种新型网络影视艺术形态即微电影。微电影

是国内的叫法，国际上通行的名称是短片（Short film），被誉为电影的基石。威尼斯、柏林等国际电影节都设有短片单元。宁波微电影节就是在这种时代背景下产生，并逐渐从地方文化活动成长为国际级短片电影赛事。

宁波微电影节源于2013年宁波市微电影大赛，由宁波广播电视集团创办，每年一届。2016年起由中共宁波市委宣传部牵头主办并升格为宁波微电影节，2019年接轨国际，更新名称为"Ningbo Short Film Festival宁波微电影节"，简称NSFF，2020年5月获准加入国际短片联盟（Short Film Conference，简称"SFC"），成为亚洲第七个、中国大陆唯一被SFC认可的国际级短片电影赛事。2021年电影节首设主宾国模式，与希腊Drama国际戏剧短片电影节建立合作关系，邀请希腊担任当年主宾国，电影节举办期间，宁波诺丁汉大学为主宾国专设"希腊影片展"，宁波正式开启了以电影节为平台的国际文化交往模式。

宁波微电影节国际短片论坛

10年来，宁波微电影节（含大赛）已积累作品5000多部；挖掘和培养了近千

第七部分 创新方式方法：探索提升国际传播效能新路径

参加宁波微电影节的外国嘉宾

宁波微电影节颁奖典礼

名极具潜力的新锐导演、演员、编剧、摄影等主创人员；催生影视企业及影视从业人员数以千计；作品点击量超过8亿次，影响波及全球40多个国家和地区。香港著名电影人、香港电影金像奖原主席文隽评价称，宁波微电影节有多年办短片奖经验，从选片、评奖到颁奖、几个环节做得都很好，这个平台对很多青年导演来说非常重要，他们可以利用这个平台去展示他们的才华。浙江传媒学院华策电影学院副院长李晋林表示，他见证了宁波微电影节的发展壮大，影片的质量逐年提升，评选方式不断创新，与国际接轨，国际影响力也越来越大。

二、搭建平台，NSFF成为宣传城市文化的国际窗口

每年宁波微电影节举办期间，国内国际知名电影人及从业者齐聚宁波，以NSFF为平台共同探讨行业发展趋势及艺术创作交流。希腊Drama国际戏剧短片电影节艺术总监亚尼斯泽表示他特别关注中国的微电影，大多数作品在构思、导演、摄影方面都在艺术上达到完美。

SFC国际短片联盟副主席、新西兰秀美短片电影节主席、韩国釜山短片电影节执行委员长、意大利都灵短片电影节秘书长、意大利十六短片电影节选片人以及英国、韩国来宾亲身感受了中国的微电影节，对宁波微电影节的专业程度和发展前景高度认可。参加过两届宁波微电影节的韩国著名电影人，釜山国际短片电影节理事长车旻哲说："我看了不少来自中国和海外的影片它们有着各式各样的类型和风格。我认为NSFF展示出了宁波电影行业和电影文化的勃勃生机。"

邵氏影视、新影圈创始人邵馨莹女士在第二届宁波微电影节论坛交流时表示，邵氏影视作为一家国际化网生电影导演孵化平台，会一直致力于帮助扶持全世界有才华的年轻导演，为他们提供投资孵化、品牌推广、全球化商业变现服务，在实现电影梦的同时，使其作品走出国门，走向国际。

2018年宁波微电影节与印度尼西亚共和国驻上海总领事馆展开合作，成功举办中国—印度尼西亚文商旅交流会、影视文旅嘉年华、印度尼西亚影片展

等活动，促成宁波市电影家协会与印尼国家电影发展中心签署《宁波—印度尼西亚影视合作意向书》。国际评委法国克莱蒙·费朗国际短片电影节创始人罗杰·葛宁表示，他特别喜欢宁波微电影节的中国短片，也希望宁波的这些宝藏短片能够在克莱蒙·费朗展映并进入市场交易。

2020年，受疫情影响，宁波微电影节在"云上"举行，主办方增设了以"向世界介绍中国，向中国展示宁波"为主题的短视频单元，宁波的非遗项目、民俗文化、历史古迹、传统美食等通过作品得到展示，让更多人了解宁波、了解中国的文化和历史。

车旻哲认为，"多元"和"跨界"是宁波微电影节身上较为鲜明的标签，也让世界看到宁波打造"中国的东方影都、中国影视文化发展的标杆"，奋勇向前的"加速度"。

三、电影创造价值，以内容生产赋能城市发展

近几年，影视文旅、剧本杀、密室逃脱等线下娱乐业态已经在娱乐消费的发展中成为内容IP的重要发展方向。艾媒咨询数据显示，2021年中国剧本杀行业市场规模已经达到170.2亿元。多年来，以宁波微电影节为平台，集聚了众多国内外优秀青年导演、编剧等新兴影视专业人才，越来越多的优秀编剧参与到剧本杀的创作中，也有越来越多的影视 IP 衍生成为密室逃脱的重点项目，用优质内容赋能城市产业发展就是电影为这个城市创造的价值。

在2021年第六届宁波微电影节上，剧本杀单元首度以正式单元身份出现，近10%的参赛短片作者已有意愿将其短片改编为剧本杀作品，进一步拓展了影视产业链，业内人士评价，这一创新举措将对国内外短片电影节及短片行业的发展产生深远影响。

2022年，在宁波官方的有力推动下，作为"剧本杀"升级版的"电影杀"率先抢入如火如荼的全国市场。"电影杀"通过将纸质剧本内容拍摄成电影，以

观影方式取代玩家读本环节，帮助玩家更高效、更有代入感地获取信息。它是文艺的创新，是科技和文艺的结合。是未来可以帮助VR科技、电影公司、演员、剧本杀店家、剧本杀发行等多产业共同富裕的综合新业态。同年9月，"盛剧云甬"——中国·宁波2022首届剧本杀&电影杀行业交流会在宁波举行，70个来自全国各地的"剧本杀"发行商汇聚宁波，吸引了众多剧本游戏店家参与。业内人士认为，"电影杀"比"剧本杀"更有视觉冲击力，又兼顾了游戏互动性，结合VR眼镜带来的超强沉浸体验，"电影杀"会是下一个线下社交娱乐的流行趋势。

2022年2月，宁波微电影节第四届最佳影片金螺奖得主、宁波微电影节导演扶持计划入选导演李臻执导的短片电影《女孩的聚会》在宁波开机。李臻曾获"宁波微电影节—博地影业青年导演计划"扶持，扶持的长片项目《少年残像》荣获2021金鸡电影创投大会最具潜力导演、评委会推荐项目、先力电影器材特别关注项目，并入围第六届"青葱计划"十强。从宁波启航的青年导演李臻这次带着新作再次回归宁波，她表示，宁波对于自己来说很特别，对短片能在宁波开拍并得到宁波微电影节的支持表示万分感谢，希望将来还有更多的机会来宁波创作拍摄以及分享交流。

四、"草船借箭"，利用国际联盟传播中国故事

电影是文化走出去和国家形象建构的载体，改革开放之后很长一段时间，由于文化上强弱的不对等，中国电影曾一度在国家形象和文化软实力建构方面处于被动状态。21世纪，随着中国综合国力的不断提升，中国电影在制作技术、产业运营、市场规模、国际影响等方面发生了翻天覆地的变化，艾媒咨询预测，2023年中国电影票房将突破1000亿元人民币，在全球范围内的电影行业处于领先地位。

2020年宁波微电影节成功加入国际短片联盟（SFC），借助该平台，电影节组委会启动国际文化合作项目，致力于帮助中国优秀青年影人走出国门，推荐中国优秀短片在国际知名影展上频频亮相，"草船借箭"传播中国故事。

目前，宁波微电影节已与国际A类赛事德国柏林电影节、韩国釜山国际短片节、希腊Drama国际戏剧短片电影节、法国克莱蒙费朗国际短片电影节、新西兰秀美短片电影节、意大利都灵短片电影节等17个短片节建立合作关系。2022年5月，宁波微电影节在意大利Ennesimo短片节设立《中国聚焦》单元，集中展映4部优秀短片作品；6月又在意大利弗利市十六国际短片节设立"中国宁波NSFF短片展"，展播最新的宁波城市宣传片及获奖作品，得到了当地居民的热烈欢迎和积极好评，取得良好传播效果。

韩国著名电影人车旻哲认为，参加电影节是年轻一代导演作品得到关注和展示，自身得到成长的绝佳机会，这个阶段你去帮助他、发现他，这就是最重要的价值。很多著名的导演在拍摄长片之前，都会用短片证明自己。在戛纳电影节上斩获"金棕榈"、在奥斯卡金像奖（Oscars）中斩获四项大奖的韩国电影《寄生虫》的导演最早就出自釜山国际短片电影节。

2019年在宁波市外办和意大利驻上海总领馆支持下，电影节组委会邀请了三洲四国五大电影节主席成功举办"NSFF国际短片论坛"，同时成功推出"青年导演扶持计划"并首次投入200万元对两名获奖作品导演进行电影创作孵化。2021年，在第六届宁波微电影节上，哈萨克族导演杜曼·布尔列斯汗的短片《收获月影的季节》一举夺得最佳短片、最佳导演两项大奖。导演杜曼·布尔列斯汗1992年出生于新疆阿勒泰地区，这部获奖短片为其第一部个人导演作品。

路漫漫其修远兮，当前，受文化、意识形态等诸多因素影响，中国电影的国际传播遇到了很多困难，也还有很长的路要走。2023年是中国正式开启全面建设社会主义现代化国家的开局之年，相信在今后，包括宁波电影人在内的中国电影人会以更加专业的工匠精神，创作出更多脍炙人口的优秀文艺作品，宁波微电影节会将这些作品推广到全世界，让拥有不同宗教、文化背景的人们了解一个真实的中国，走出一条属于中国电影人的独特的文化出海之路。

（作者供图）

搭建世界级传播平台　奏响对外宣传最强音
——桂林国际传播能力建设的实践探索

中共桂林市委宣传部

2022年10月16日，习近平总书记在党的二十大报告中强调，加强国际传播能力建设，全面提升国际传播效能，形成同我国综合国力和国际地位相匹配的国际话语权。2021年4月，习近平总书记亲临桂林视察，赋予桂林打造世界级旅游城市的新使命、新要求，为桂林发展确标定向、擘画蓝图。

为深入贯彻落实习近平总书记关于国际传播工作和视察广西"4·27"重要讲话精神及对桂林工作的重要指示要求，贯彻落实好中央关于外宣工作重要部署，桂林市委、市政府充分发挥各项优势，与中央主流媒体合作率先在境外挂牌成立首个国际融媒体中心，将编辑部传播平台前移海外，将国内融媒体产品制作与海外传播紧密结合，实现内宣外宣联动，对外讲好打造桂林世界级旅游城市、漓江生态环境保护、乡村振兴、红色文化保护等故事，将桂林这张"世界级名片"越擦越亮，全力打造桂林国际新形象，让世界了解桂林、关注广西、爱上中国。

第七部分　创新方式方法：探索提升国际传播效能新路径

一、放眼全球视野，以海外传播平台展示桂林世界级旅游城市的新内涵

（一）聚焦桂林新定位，构建立体城市形象

习近平总书记赋予桂林打造世界级旅游城市的新使命，全市上下牢记总书记嘱托，感恩奋进，按照"世界眼光、国际标准、中国风范、广西特色、桂林经典"要求，锚定世界级山水旅游名城、世界级文化旅游之都、世界级康养休闲胜地、世界级旅游消费中心"四大定位"，创造宜业、宜居、宜乐、宜游的良好环境。桂林也因之迎来了提升城市品牌形象的关键机遇期。桂林国际新形象的打造，正需要一个与世界级旅游城市发展定位相匹配的国际传播平台。国际融媒体中心的应运而生，对进一步提升桂林对外知名度和影响力产生关键性作用。

（二）依托独特生态资源，全力擦亮金字招牌

桂林是大自然赐予中华民族的宝地，素有"桂林山水甲天下"之美誉。习近平总书记参加党的二十大广西代表团讨论时反复叮嘱一定要保护好桂林的山山水水，桂林山水只能"甲天下"决不能"乙天下"。桂林市全面贯彻落实习近平总书记的重要指示精神，持续保持突出的生态环境优势，坚决当好保护桂林山水的"二郎神"。全市森林覆盖率71.87%，桂林市区空气质量优良天数达344天，优良比例达94.2%，地表水环境质量状况名列全国第三名。漓江入选生态环境部首批美丽河湖案例，漓江流域生态环境保护经验做法获国务院第八次大督查通报表扬。绿水青山是桂林的金字招牌，也是桂林搭建海外平台开展国际传播的重要依仗。以国际融媒体中心为核心的桂林外宣矩阵，通过信息发布、媒体报道、文化交流、网络传播等渠道，向全球展示大美桂林，让世界人民了解真实全面的中国。

（三）厚植历史文化底蕴，对外讲好桂林故事

习近平总书记在党的二十大报告中指出，要坚守中华文化立场，提炼展示中

华文明的精神标识和文化精髓，加快构建中国话语和中国叙事体系，讲好中国故事、传播好中国声音。桂林历史文化底蕴深厚，迄今已有2100多年建城史。中原文化与岭南文化交汇融合，甑皮岩文化、秦代灵渠古代军事水利文化、桂海碑林摩崖石刻和山水诗文文化、桂林古宋城文化、明代靖江王府王陵藩王文化、红军长征湘江战役红色文化、西南剧展抗战文化以及少数民族民俗文化异彩纷呈，山水人文旅游资源在全国乃至世界首屈一指。在大外宣格局下，桂林发挥地方文旅独特的对外传播优势，依托国际融媒体中心展示桂林山水文化名片，塑造城市品牌形象，讲好中国城市故事，全面、立体地展示中国国家形象。

二、构建海外矩阵，以多元化表达为打造桂林世界级旅游城市鼓与呼

（一）善于借船出海，实现对外传播窗口前移

桂林借力新华社及新华网丰富的海外传播渠道和强大的策划传播能力，在全国地级市中率先在海外挂牌成立国际融媒体中心，将"编辑部端口"前移美国纽约曼哈顿，并在脸书、推特、照片墙、优兔等四大海外社交媒体开设桂林账号，实现国际传播运营机构和运营模式提档升级。策划线上线下推广活动，精准定位传播产品和传播对象，使用符合海外受众文化表达、思维逻辑、价值理念的话语体系，提供更符合受众需求的外宣产品。桂林网红"Teacher Liu"向海外受众推介桂林山水文化习俗系列vlog，其作品《划船歌》浏览量达1.7亿次以上；融合山水、民俗、非遗等桂林元素的中国二十四节气系列宣传视频，在境外主流社交平台广泛传播，观看量达1000万次以上。

（二）强化队伍建设，形成海外传播合力

城市形象传播是多维的、立体的，一支各司其职、高效协作的外宣队伍是真正发挥出海外传播平台优势的核心关键。以桂林国际融媒体中心为枢纽，由桂林市委宣传部牵头，组建工作专班，联动中央、自治区级主流媒体，17个

县（市、区），100多个市直单位、7个驻桂高校、300多个网络新媒体以及150多个本土网络达人，有效整合各种媒介资源和生产要素，形成统一指挥、统一策划、统一部署的扁平化指挥体系。建立海内外联动工作机制，在中国桂林和美国纽约曼哈顿组建专业团队，分别负责内容的采集、筛选、编辑、加工、生产和海外社交媒体运营、渠道分发传播、传播效果分析、外宣活动策划实施、外宣舆情环评等，奏响内外宣一体发展的"交响乐"。开展"2022年媒体看漓江""2022年桂林市新媒体宣传月"等系列主题活动，海内外媒体同步策划推送。在第十二个中国旅游日，通过中国日报社海外脸书账号、中国日报网、桂林日报社全媒体用英语直播"探索中国喀斯特之美"主题活动，广受全球网友好评和点赞，点击量超100万次。

（三）汇聚各方力量，传播"世界的桂林"

加强与CNC、CGTN、中国日报、中新社等中央外宣媒体的合作交流，策划桂林外宣推广活动并针对不同的传播重点进行海外多语种的图文、视频等专项传播，CNC推出《习近平时间｜桂林春意浓 山水自难忘》《全球连线｜桂林：以秀美山水 会四海宾朋》《全球连线｜世界级旅游城市的建设之路：从呵护山水开始》《习近平时间｜绿意中国》4个短视频，总播放量达600多万次，一大批具有海外影响力的知名人士被成功圈粉。在脸书、推特、照片墙、优兔等海外社交媒体总互动量超30多万次，桂林海外账号对外宣传总曝光量达2500多万次。外交部发言人赵立坚、中国驻巴基斯坦文化参赞兼巴基斯坦中国文化中心主任张和清等"外交大咖""点名"桂林官方海外账号"Guilin China"，并在个人海外账号发布多张桂林山水的美图。

三、坚持内容为王，以优质外宣产品奏响桂林国际传播最强音

（一）深度挖掘地方资源，增强国际传播力

积极邀请境外的自媒体、驻中国的外国网红到桂林体验山水风光、人文历

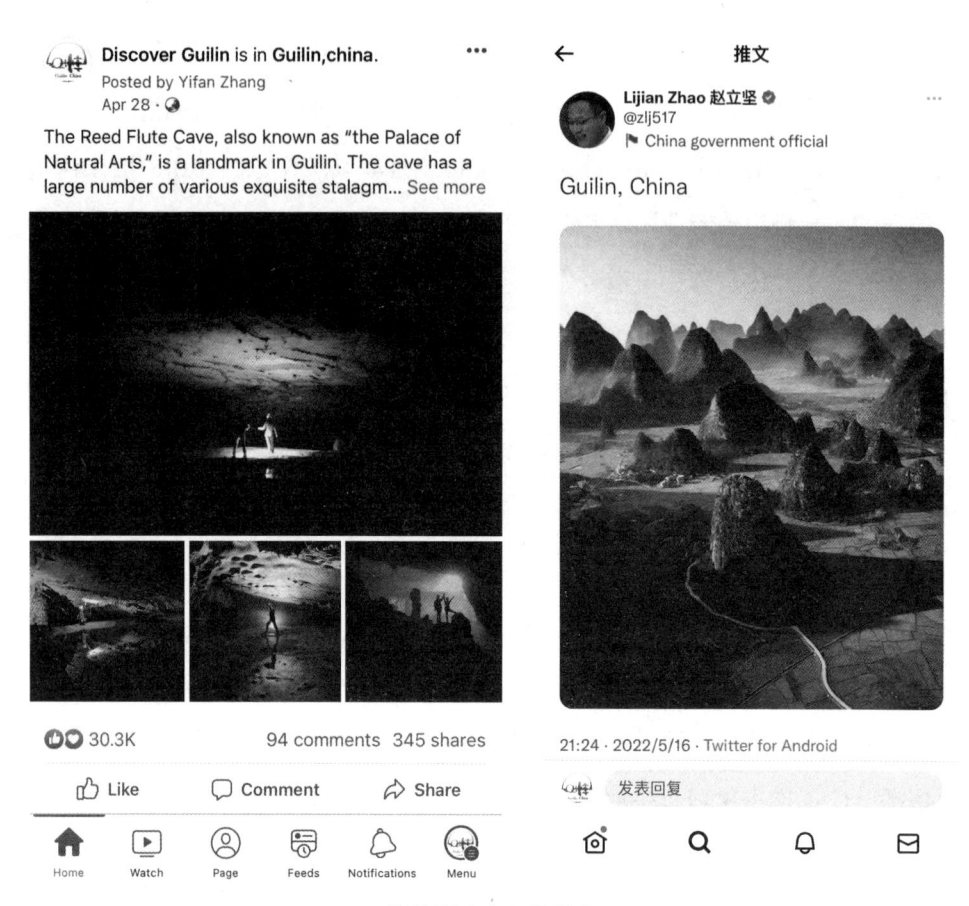

海外影响力日益扩大

史，以外国人的视角讲述桂林好故事，俄罗斯籍知名网红"俄罗斯环环"到桂林阳朔拍摄"走读中国之外国网红看大戏"Vlog，引发海内外热烈反响。通过游历的形式，策划西蒙到桂林体验非物质文化遗产和民族舞蹈、骑行、攀岩、热气球、滑翔、桨板、电竞、穿越机、动漫Cosplay、街舞等"Z世代"青年喜爱的活动，推出Making Chinese Coffee with Simon, Simon spend Lantern Festival with locals等系列视频。发挥桂林文旅外宣优势，在桂林文旅脸书账号就"三月三"特色节事进行专题报道，通过图文、短视频及线上互动活动，推出"阳朔攀岩"、桂林非遗等热点话题向世界传递了不一样的桂林之美，将"三月三"的文化力量与桂林精彩的民俗活动进行全球传播，内容曝光量达36万次，总互动量达到4万次。2022年2月,桂林文旅脸书账号传播力指数排名全国旅游城市第二。

外国网红深入体验桂林文化

(二)紧跟海外传播热点,增强舆论引导力

开展国际传播效果月评估,根据评估结果实时调整国际传播策略,切实提升对外传播效果,桂林海外社交账号仅用半年时间吸引大量海外"粉丝"关注,账号粉丝总量达6.5万。紧跟国际国内形势,做好热点话题的对外传播。在北京冬奥会赛事期间,桂林策划推出《萌娃戏冰雪》微视频,在海外迅速掀起一股"冰雪运动"热潮。注重因势利导,发挥名人影响力的叠加效应。在外交

部发言人赵立坚点赞桂林山水后，密集推出桂林的象鼻山、漓江、河灯歌节、桂林石刻、龙脊梯田、绝美星空等风光人文类帖文，引起众多海外受众的共鸣和互动；在桂林本地网红"Teacher Liu"开始受到网络关注时，海外编辑部迅速与桂林融媒体指挥中心人员进行联动，将相关视频进行二次传播，持续制造热点话题，推出系列爆款产品。

（三）丰富外宣产品形态，增强全球影响力

在新媒体时代，针对各类新媒体传播移动化、碎片化、个性化的特征，一方面注重微传播、轻应用的内容生产，策划推出《老外带我游桂林》系列、*Australian expat enjoys mooncake-making in Gongcheng, Making dried persimmons with Barrie V*等一系列桂林主题外宣产品，在桂林官方海外优兔平台、新华社英文客户端、新华社海外脸书及优兔等媒体平台总曝光量达100万次以上；另一方面注重轻量化、可视化的内容生产，精选100集《可可小爱社会主义核心价值观系列》动画，译制《可可小爱进东盟》，翻译成英文、缅甸文、柬埔寨文及越南文等东盟国家语言，面向东盟国家发行，推动中华文化走出去。此外，桂林还充分利用外国人讲中国故事的方式展示中西方文化交融的成果。南非建筑师"疯子鹰"伊恩来到桂林，深深被美丽的山水和淳朴的民风吸引，选择定居阳朔工作和生活，亲自设计、建造"秘密花园"民宿，并成为当地知名"洋向导"。每一个在桂林生活或生活过的外国人成为一个"行走的桂林故事"，让桂林的国际形象更加真实、立体、美好。

（作者供图）